SADDAM HUSSEIN

JUDITH MILLER / LAURIE MYLROIE

THE NEW YORK TIMES / HARVARD UNIVERSITY

SADDAM HUSSEIN

Biographie eines Diktators und die Geschichte seines Landes

VERLAG MARTIN GREIL GMBH

Titel der bei Times Books, New York, erschienenen
Originalausgabe:
„Saddam Hussein and the Crisis in the Gulf".
Copyright 1990 by Judith Miller and Laurie Mylroie.

Aus dem Amerikanischen übertragen
von Hansjürgen Jendral.

Die Kapitel „Von der ‚kleinen' Invasion zur großen Schlacht",
„Im Bombenhagel", „Der Diktator am Ende?"
wurden von Hansjürgen Jendral verfaßt.

Copyright 1991 by Martin Greil Verlag, München.
Umschlaggestaltung: Roberto Patelli, Köln
Satz: Kurt Schindler, Bild- und Textverarbeitung GmbH München
Gesamtherstellung: Mohndruck Gütersloh
Alle Rechte vorbehalten.

ISBN 3-89430-005-1

Inhalt

Einführung

Ein schrecklicher, monströser Krieg hat die Welt sechs Wochen lang in Atem gehalten. Er war und ist – wie seit den unseligen Jahren von Adolf Hitlers Drittem Reich nicht mehr – mit einem einzigen Namen verbunden: Saddam Hussein. Beinahe hätte dieser Mann die halbe Welt in Brand gesteckt, mit einem kleinen Teil unserer geschundenen Welt ist es ihm gelungen: Kuwait brennt immer noch, seine lodernden Ölfackeln, welche die Umwelt auf unabsehbare Weise schädigen und vergiften, bleiben als flammendes Merkmal einer Katastrophe für Menschen und Natur zurück. Die Welt beteiligt sich an den Aufräumungsarbeiten; sie werden, ideell und materiell, psychologisch und politisch, noch Jahre dauern. Saddam Hussein hat unendliches menschliches Leid über sein 17-Millionen-Volk, über das kleine Kuwait und über die Familienangehörigen der gefallenen alliierten Soldaten gebracht, die sich unter dem Mandat der Vereinten Nationen zusammenfanden, um das Völkerrecht zu schützen und die Golfregion vor dem Zugriff eines maßlosen Tyrannen zu bewahren.

Saddam Hussein war weder ein Selbstmörder noch ein Geisteskranker, ihn trieb keine „Todes-Sehnsucht". Geschützt im atombombensicheren Bunker überstand er das gewaltige Bombardement, während seine Landsleute zu Abertausenden elendiglich starben. Er stimmte dem Rückzug zu, als er militärisch am Ende war, und versuchte auch daraus noch politisches Kapital zu schlagen.

Wer ist und wie ist dieser Saddam Hussein? Wie konnte die arabische, die islamische und auch die westliche Welt in diese Katastrophe geraten? Wie entwickelte sich dieser Irak, der auf eine jahrtausendealte Kultur baut, in dem einst das „Paradies" beheimatet war? Wie funktionierte das Terror-System der Bath-Partei, die Saddam seit 1979 zu seinem Spitzel- und Folterinstrument machte? Wie erging es dem Scheichtum Kuwait, bevor es durch die Hölle mußte? Was ereignete sich in Saddams erstem grausamen Krieg, als er den Iran überfiel? Wie verhielt sich die westliche Welt, als Saddam Hussein schon frühzeitig seine Flammenzeichen an die Wand schrieb? Wie lauten die Fragen der Zukunft? Gibt es einen dauerhaften Frieden? Die Welt erwartet eine gewaltige Aufgabe.

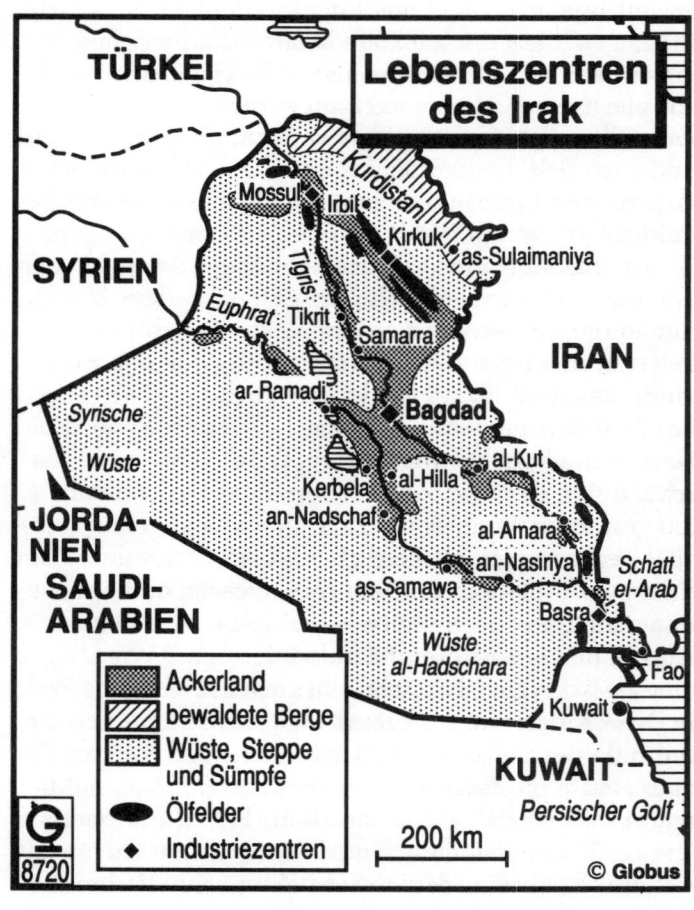

Raubüberfall

Im 8. Jahrhundert vor Christus entschloß sich Abu Dschafar Al Mansur, der zweite Kalif des Irak, eine Hauptstadt zu bauen, die seinem mächtigen Königreich angemessen war, dem alten Reich der Sumerer und Babylonier. Er ließ seinen besten Architekten kommen und befahl ihm, eine Stadt zu entwerfen, wie sie noch nie zuvor gebaut worden war. Der Architekt erstellte einen einzigartigen Plan: eine Stadt in der Form eines Kreises. Im Zentrum dieser neuen Stadt befand sich der Palast des Kalifen, und alle Untertanen des Kalifen wurden gleich weit von diesem Mittelpunkt angesiedelt.

Aber Mansur konnte sich eine solche Stadt nicht recht vorstellen. Deshalb ließ der Architekt von seinen Helfern einen breiten Graben anlegen, der genau die Ausmaße der künftigen Stadt markierte. Dieser Graben wurde gefüllt mit Holz und Stroh. Dann bat der Architekt seinen Kalifen zu einem Aussichtspunkt im nahegelegenen Vorgebirge, von wo aus man einen guten Überblick über die Grundrisse der neuen Stadt hatte. Auf das Kommando des Architekten hin wurde die Füllung des Grabens in Brand gesteckt. So bekam der Kalif einen Eindruck von seiner künftigen Hauptstadt. Die Flammen rasten durch den Graben und formten einen perfekten Ring aus Flammen – einen Feuerkreis: Bagdad.

Mitte September 1990 befand sich Saddam Hussein in seinem geheimsten Heiligtum – dem Präsidentenpalast in Bagdad –, jetzt eingekreist von einem politischen Feuersturm, den er selbst entfacht hatte.

Seine Invasion und Besetzung des kleinen Kuwait oder die „Revolution vom 2. August", wie es von der staatlich kontrollierten Presse des Irak triumphierend verkündet wurde, hatte die Welt in einer Weise in Aufregung versetzt, wie er es sich nicht hatte vorstellen können. Die Vereinten Nationen hatten, auf Antrag der Amerikaner, rasch hintereinander fünf Resolutionen beschlossen, die

die Invasion verurteilten. Man forderte Saddams bedingungslosen Rückzug aus Kuwait und die sofortige Freilassung der 3000 Amerikaner und der Tausenden von anderen westlichen Staatsangehörigen, die als Geiseln genommen worden waren. Viele von ihnen hatte Saddam zu militärischen Einrichtungen und chemischen Fabriken bringen lassen, damit sie dort als „menschliche Schutzschilde" gegen einen möglichen Angriff dienen konnten. Und der UN-Sicherheitsrat, traditionellerweise gelähmt von ideologischen und oft auch unbedeutenden Auseinandersetzungen, hatte einstimmig einen Finanz- und Handelsboykott des Irak und seines Öls verabschiedet. Das Ölgeschäft machte ja 95 Prozent des irakischen Außenhandels aus. Die Welt hatte sich geschlossen gegen Saddam Hussein gestellt.

Wie war die geopolitische Situation des Irak? Im Norden liegt die feindliche Türkei. Die Türken, Mitglied der NATO, tief in der Schuld der Amerikaner und eifrig bestrebt, in die Europäische Gemeinschaft aufgenommen zu werden, waren unter den ersten, die sich an die Seite der Vereinigten Staaten stellten. Präsident Turgut Özal hatte Präsident Bush in einem Telefongespräch in der Nacht der Invasion versichert, daß er die Öl-Pipelines, die vom Irak durch die Türkei zum Mittelmeer führen, schließen lassen würde. Damit würde ein Drittel des irakischen Exports von seinen Märkten abgeschnitten sein. Am nächsten Morgen führte Özal weitere Telefongespräche, um auch andere, darunter König Fahd von Saudi-Arabien, zu überzeugen, sich nicht der irakischen Einschüchterung zu fügen.

Westlich des Irak liegt Syrien, geführt von Saddams erbittertstem Gegner, Hafis Assad. Syrien und der Irak waren schon lange miteinander verfeindet, wegen ideologischer und persönlicher Streitigkeiten zwischen ihren Führern und wegen der noch frischen Erinnerung an Syriens glühende Unterstützung für den Iran, einen nichtarabischen Staat, im Irak-Iran-Krieg. Syrien war ein unbarmherziger Feind Israels und des, wie man es dort

nennt, amerikanischen Imperialismus' in der Golfregion. Syrien war ebenso ein Zufluchtsort für Terroristen, einschließlich jener, die 1988 maßgeblich an
dem Anschlag auf das PanAm-Flugzeug über Lockerbie
in Schottland beteiligt waren – die mörderischste Aktion,
die jemals gegen amerikanische Zivilpersonen gestartet
wurde.

Aber auch Damaskus hatte sich eifrig an dem von den
Amerikanern geführten Boykott beteiligt. Präsident
Assad unterstützte seinen neuentdeckten „Feind seines
Feindes", indem er ein Anfangskontingent von 3200 syri-
schen Soldaten stellte, die dazu beitragen sollten, Saudi-
Arabien gegen eine irakische Aggression zu verteidigen.
Syrien war anfangs nur einer von drei arabischen Staaten
außerhalb der Golfregion, die sich so verhielten. Anfang
September versprach Syrien, den Saudis weitere 20 000
Soldaten, 270 sowjetische Panzer und Artillerie zu
schicken.

Ebenfalls westlich des Irak und südlich von Syrien liegt
Jordanien. Nach der Invasion verblüffte König Hussein
von Jordanien die US-Regierung, als er Washington
wegen der Entsendung von Truppen zur Verteidigung
von Saudi-Arabien kritisierte. Saddam Hussein wußte,
daß es sich der König kaum leisten konnte, jenes Land
vor den Kopf zu stoßen, das Jordanien gegen eine israelische Bedrohung beschützt hatte und das ihm rund 95
Prozent seines Erdöl-Bedarfs lieferte. Mehr noch, der jordanische König hatte sich während des langen Kriegs mit
dem Iran eng an die Seite von Saddam gestellt und bewunderte in gewisser Weise den irakischen Diktator, den
er als den ersten Araber ansah, der sich seit Gamal Abdel
Nasser gegen den Westen gestellt hatte. Aber sogar der
„mutige kleine König" (so wurde König Hussein von
Jordanien seit langer Zeit in Diplomatenkreisen genannt)
hatte dem Embargo zugestimmt. Und er war Ende
August eilends in die USA gereist, um Präsident Bush zu
erklären, warum er nicht noch mehr Entgegenkommen
zeigen konnte. Nein, König Hussein, Saddams Namens-

vetter, würde wohl kaum eine Unterstützung für den Irak sein.

Östlich vom Irak liegt der Iran, der schiitisch-fundamentalistische Rivale um die Vorherrschaft in der Region, den Saddam 1980 angegriffen hatte und gegen den er acht Jahre lang Krieg bis zum Waffenstillstand vom August 1988 führte. Auch Teheran hatte anfangs dem Embargo zugestimmt. Um den Iran zu neutralisieren, war Saddam im August gezwungen, auf den Schatt Al Arab und seine wertvollen Wasserwege zu verzichten, die er im Krieg erobert hatte – sein einziger Zugang zum Golf, ehe er Kuwait besetzte, und sein einziger Erfolg in einem Krieg, der mehr als eine Million Tote gefordert hatte. Der Krieg zwischen dem Irak und dem Iran war der blutigste in dieser Region seit der mongolischen Invasion im 13. Jahrhundert.

Teheran schien Saddams Geste zu würdigen. Am 12. September forderte Ajatollah Ali Khamenei, der oberste religiöse Führer des Iran, in einer Rundfunkansprache einen „Heiligen Krieg" gegen die Vereinigten Staaten, um die amerikanischen Truppen zu zwingen, den Golf zu verlassen. Er versprach ferner, der Iran würde Nahrungsmittel, Medikamente und andere „humanitäre Hilfsgüter" an den Irak liefern. Aber Saddam wußte, daß die iranische Führung tief zerstritten war, und es schien weitgehend unklar, ob Teheran, das dringend westliche Gelder, Unterstützung und Technologie brauchte, um sein vom Krieg verwüstetes Land wieder aufzubauen, es riskieren konnte, den Westen vor den Kopf zu stoßen, indem es das Embargo offen mißachten würde. Vielleicht eine kleine Mogelei, ja. Aber echte Unterstützung schien unwahrscheinlich zu sein. Mehr noch, iranische Politiker übten schon Druck auf die Golfstaaten aus, um herauszufinden, welche Vorteile für den Iran herausspringen könnten, falls er das Embargo strikt befolgte. Nebenbei gesagt, war die Feindschaft zwischen dem Irak und dem Iran so groß, das Mißtrauen so tief, daß Saddam besonders wachsam gegenüber iranischen Versprechungen sein mußte.

Die bedrückendsten Sorgen aber bereitete ihm Saudi-Arabien im Süden. Vor der Invasion hatten die Saudis keinem einzigen fremden Soldaten erlaubt, saudischen Boden zu betreten. Schon die Beschäftigung von technischem Personal zur Wartung der militärischen Ausrüstung, die die Saudis in Milliardenhöhe von den USA erworben hatten, war ein Grund für Spannungen. Riad hatte versucht, bei der Lösung der Krise zu vermitteln, jetzt wurde es von der Invasion überrascht. Aus gut unterrichteten Kreisen verlautete, König Fahd habe in der Nacht der Invasion „vor Angst gezittert". Aber Mitte September nutzten die stets wachsamen und vorsichtigen Saudis viele inoffizielle Kanäle, um arabische Nachbarn und George Bush aufzufordern, das Problem Saddam Hussein zu lösen – mit dauerhafter Wirkung. Nun waren sie auch großzügige Gastgeber für mehr als 200 000 Soldaten aus über 20 Ländern. Rund 140 000 davon stammten aus den USA.

Die kuwaitische Exilregierung ihrerseits warb beharrlich um amerikanische Hilfe, indem sie einen ständigen Stützpunkt im Scheichtum anbot, wenn die regierende Sabah-Monarchie wieder in ihre alten Rechte eingesetzt würde. Und Bahrain hatte sich entschieden, den Vereinigten Staaten und Großbritannien zu erlauben, militärisches Personal zu stationieren, um die militärischen Einrichtungen betriebsbereit zu halten.

Oman, das nach dem Sturz des Schahs von Persien eines der wichtigsten Nachrichtenzentren für die Amerikaner geworden war, zeigte sich auch sehr hilfreich. Ägypten, Iraks historischer Rivale, dessen Armee nur die zweitstärkste in der Region nach Saddams Truppen war, stimmte Anfang September zu, sein anfangs recht unbedeutendes Aufgebot von 2000 Luftwaffensoldaten in Arabien um zwei Divisionen aufzustocken – ungefähr 30 000 Soldaten – und dazu noch acht Handelsschiffe zu stellen, die Panzer und Artillerie transportieren konnten. Saddam Hussein sah sich einem eindrucksvollen Waffenarsenal an der Grenze zu Saudi-Arabien gegenüber:

Hunderte von M-1-Panzern und gepanzerten Fahrzeugen; Flugzeuge, mit dem AWACS-Radar-System ausgerüstet, die die saudischen und amerikanischen Kampfpiloten mit Informationen versorgten; Flugzeuge, mit den Bezeichnungen EF-111 und EC-130, die so ausgerüstet waren, daß sie das irakische Nachrichtensystem empfindlich stören konnten, mehr als 1000 Hubschrauber; Kampfflugzeuge, Kampfbomber; Flugzeuge, die Erdziele angreifen konnten sowie Bomber, einschließlich der F-15, F-16, A-10 und Harrier; F-111 und F-117 waren auch in der Türkei stationiert; F-14, F/A-18 und A-6 befanden sich an Bord der Flugzeugträger „Eisenhower", „Independence" und „Saratoga"; und B-52-Bomber waren auf dem Stützpunkt der kleinen Insel Diego Garcia im Indischen Ozean stationiert und konnten von dort in die Kämpfe eingreifen.

Bis Mitte September sah sich Saddam, der selbsternannte oberste Kommandeur und Führer der irakischen Truppen, eingekreist in einer militärischen und wirtschaftlichen Weise, die sogar sein Überleben bedrohte.

Wie war es dazu gekommen?

Westliche und arabische Kenner der Materie unterscheiden sich in ihren Analysen darin, wann und warum sich Saddam entschlossen habe, gegen seinen Nachbarn vorzugehen. Viele Regierungsmitglieder in Washington und auch viele Nahost-Experten meinten, daß Saddams Motive „spontan" entstanden seien. Und obwohl er zuerst 30 000, dann 70 000 und schließlich 100 000 Soldaten knapp einen Monat vor der Invasion an der kuwaitischen Grenze hatte aufmarschieren lassen, glaubten viele immer noch, er würde nur mit dem Säbel rasseln, um Kuwait zu zwingen, sich seinen Forderungen zu beugen. Aber gut unterrichtete arabische Quellen und einige amerikanische Politiker widersprachen dieser Interpretation. Sie bestanden darauf, daß Saddams Motivation weder improvisiert noch spontan entstanden sei, räumten aber ein, daß sie sich auch in der zutreffenden Einschätzung seiner wahren Ambitionen geirrt hatten. Im nachhinein betrachtet, so argumentierten sie, sei alles ganz eindeutig verlaufen: Saddam Hussein hatte Kuwait wegen des Geldes und des Landgewinns besetzt; der Angriff war gut geplant; seine Strategie wurde schon ab Februar 1990 in die Tat umgesetzt, bereits sechs Monate vor der Invasion.

Politische Beurteiler aus dem Westen und aus Arabien stimmten dieser Einschätzung weitgehend zu. Die Verstimmung und der Ärger der Iraker gegenüber Kuwait und den anderen Nachbarn am Golf hatten sich seit dem Waffenstillstand im Krieg gegen den Iran im August 1988 immer mehr verstärkt. Richard W. Murphy, früher Abteilungsleiter für den Nahen Osten und Südasien im amerikanischen Außenministerium unter der Regierung von Ronald Reagan, meinte, schon während des ganzen Konfliktes mit dem Iran habe sich der Ärger von Saddam und seiner Clique immer stärker entwickelt, denn sie glaubten sich viel zuwenig unterstützt in dem Kampf gegen einen Staat, dessen gewalttätiger islamischer Fundamentalismus die gesamte Region bedrohte.

„Ich war beeindruckt, wie konstant die Iraker 1988 dieses Thema immer wieder ansprachen", erinnert sich Murphy, „sie waren deutlich verärgert darüber, daß die Araber und, in der Tat, auch die gesamte Welt sich keinesfalls erkenntlich zeigten für die irakischen Opfer in dem Krieg, daß keiner von uns all das positiv einschätzte, was der Irak für uns alle getan hatte."

Obwohl er ihn selbst begonnen hatte, glaubte Saddam, die Iraker seien im Iran verblutet und gestorben in einem Krieg, der die Scheichtümer vor der Zerstörung und der Eroberung durch die nichtarabischen Perser beschützt hatte. Für die Araber am Golf war das Leben relativ normal weitergegangen. Gewiß, die Golfstaaten hatten Geld und Waffen für diesen Krieg bereitgestellt. Aber das war nach der Meinung von Saddam nicht genug.

Acht Tage vor seiner Invasion in Kuwait hatte Saddam bei einem Treffen mit April Glaspie, der amerikanischen Botschafterin in Bagdad, seiner Entrüstung freien Lauf gelassen. „Wer war denn da, als es galt, die Golfstaaten vor dem Iran zu beschützen?" hatte er zu ihr gesagt, so jedenfalls berichteten es gut unterrichtete Kreise, die den Inhalt ihres Fernschreibens an die Regierung in Washington kannten. „Wer sonst würde einen Bodenkrieg geführt haben, um den Iran zu stoppen? Hätten sie es ertragen können, zehntausend Soldaten in einer einzigen Schlacht, in einer Woche zu verlieren und dann einfach mit den Achseln zu zucken und weitere zehntausend Männer zu opfern, ohne daß sie gezwungen gewesen wären, ihre Politik zu ändern, weil sie die öffentliche Meinung unter Druck setzt?"

Ja, der Irak war mehr oder weniger siegreich aus dem Krieg hervorgegangen. Die iranischen Truppen hatten es nicht geschafft, das Versprechen des Ajatollah Ruhollah Khomeini, nämlich Saddam zu besiegen, in die Tat umzusetzen. Teheran mußte um Frieden bitten (wohl auch deswegen, weil Saddam in diesem Krieg Gas eingesetzt hatte; die Redaktion). Aber es war ein Pyrrhussieg: Denn der Irak war ruiniert, die Bevölkerung durch den fast ein Jahrzehnt dauernden Krieg erheblich dezimiert. Glaubwürdige Schätzungen gehen davon aus, daß circa 120 000 Iraker in diesem Krieg getötet wurden. Etwa 300 000 wurden verwundet, viele von ihnen so schwer, daß sie kein normales Leben mehr führen können.

Die finanzielle Lage des Irak war schier aussichtslos. Das Land litt Not. Bei Beginn des Krieges hatte Saddam Hussein rund 30 Milliarden Dollar bar zur Verfügung; am Ende des Krieges schuldete das Land der übrigen Welt knapp mehr als 70 Milliarden Dollar, ungefähr die Hälfte davon den Golfstaaten. Saddam und alle Araber wußten, daß diese Schulden nie zurückbezahlt werden konnten. Saudi-Arabien war sogar bereit, die Kredite aus seinen Büchern zu streichen, hörte man von einem Diplomaten. Aber Kuwait brachte immer wieder diese Schulden quasi als ein Handelsobjekt ins Spiel, sobald der Irak territoriale Forderungen stellte oder mehr Geld nach Ende des Krieges verlangte. Die Kuwaitis waren es schon gewohnt, vom Irak unter Druck gesetzt zu werden, denn die Streitigkeiten um die Grenze zwischen dem Irak und Kuwait dauerten nun schon mehr als fünfzig Jahre. Wie steht es um eure Schulden bei uns, pflegten die Kuwaitis höflich, aber bestimmt immer wieder zu fragen. Und wie steht es damit, im Austausch mit der Streichung dieser Schulden die Grenzen Kuwaits anzuerkennen, hieß es weiter. Was also eigentlich die Kompromißbereitschaft Kuwaits andeuten sollte, machte Saddam wütend. Im nachhinein betrachtet, wiesen einige Diplomaten darauf hin, daß die Kuwaitis die irakische Invasion verhindern oder zumindest hätten verzögern können, wenn sie etwas behutsamer mit dem mächtigen Nachbarn umgegangen wären. „Wenn der Löwe hungrig ist", sagte ein US-Politiker, „sollte man ihm nicht sagen, es gäbe nichts mehr zu essen."

Im Februar erkannten nur wenige Diplomaten und Beobachter, daß sich die Lage erheblich verschlechtert hatte.

Die Israelis entdeckten beunruhigende Truppenbewegungen der Iraker mindestens ein Jahr vor der Invasion. Zum Beispiel waren Militärkreise höchst alarmiert, als der Irak drei neue Raketenbasen an der Grenze errichtete. Aber amerikanische Experten meinten, daß der Februar der Monat war, in dem sich Saddam darauf vorbereitete, was im nachhinein wie eine kalkulierte Politik wirkte, um die Spannungen zwischen dem Irak und dem Westen zu vergrößern, um Unterstützung bei den Arabern zu finden und seine wirklichen Absichten zu verschleiern – nämlich sich ein Stück abzuschneiden von dem großen Reichtum des Nachbarn. Wenn Saddam schon bereit war, Israel und die Vereinigten Staaten herauszufordern, was würde er erst den schwachen, nicht verteidigungsfähigen Golfstaaten antun, wenn sie sich nicht seinem Willen unterwarfen? Je stärker er wurde, darin stimmen auch die arabischen Quellen überein, um so bedrohlicher wurde die Lage für die Golfstaaten. Obendrein wirkten Saddams herausfordernde Tiraden gegen den Zionismus und den Imperialismus wie ein Appell an die sogenannten „arabischen Massen", wiesen sie doch Saddam Hussein als einen Führer nach dem Herzen der Araber aus, der alle besiegen konnte. Diese Attacken machten es auch schwierig für die Golfstaaten, Amerika, die Schutzmacht Israels, um Hilfe zu bitten. Schließlich dienten Saddams Tiraden gegen Israel und die Vereinigten Staaten als Verschleierungstaktik für seine wirklichen Absichten, sich Geld und Land zu verschaffen.

Diese Strategie klappte, wie die Ereignisse seit dem Februar beweisen. Am 12. Februar startete John Kelly, der damalige Abteilungsleiter im amerikanischen Außenministerium für den Nahen Osten und Südasien, eine Reise durch die Golfregion, die in Bagdad endete. Aus der Sicht der Araber und auch der Amerikaner schien diese Reise ein Erfolg zu sein. Kelly fand angeblich nur wenige Hinweise darauf, daß Saddam zutiefst beunruhigt sei wegen seiner finanziellen Schwierigkeiten oder daß sich sein Ärger gegenüber den Golfstaaten noch verstärkt hätte. In Washington bestätigten US-Politiker, daß die Reise als ein positiver Schritt im Hinblick auf Amerikas Anstrengungen, Saddam zu „mäßigen", betrachtet wurde, und es schienen sich positive Beziehungen zwischen Washington und Bagdad zu entwickeln. Zwei Tage später jedoch sendete die „Stimme Amerikas" einen Kommentar, der zum Sturz aller Diktatoren dieser Welt aufforderte, einschließlich Saddam Hussein. Die Botschafterin April Glaspie versicherte den Irakern, daß dieser Kommentar nicht der offiziellen US-Politik entspräche. Aber er war von Washington gutgeheißen worden. Dieser Kommentar, nach Kellys Abreise, brachte die Iraker in Wut, und sie zeigten sie auch deutlich.

Am 19. Februar versammelten sich die Ministerpräsidenten des Arabischen Kooperationsrates (ACC) in Bagdad, um den ersten Jahrestag dieses Zusammenschlusses zu feiern. Der ACC war als regionale Organisation, bestehend aus dem Irak, dem Jemen, Jordanien und Ägypten, nach dem Krieg zwischen Irak und Iran eingerichtet worden, um die wirtschaftliche und sicherheitspolitische Zusammenarbeit zwischen den wichtigsten Verbündeten des Irak zu fördern. Die Saudis hatten nie viel von dieser Einrichtung gehalten, aber Kuwait fand die Idee gut, glaubte es doch, sie würde die Aufmerksamkeit des Irak vom Golf ablenken und eher auf den „Fruchtbaren arabischen Halbmond" richten. In der Tat, so der Unterstaatssekretär des kuwaitischen Außenministeriums in einem Interview im Februar 1989, sei der Irak „auf der Suche nach der Rolle, die er in der Region spielen könnte", und glücklicherweise habe ihm der „ACC den Weg gezeigt".

Bei diesem Treffen überraschte Saddam seine Kollegen mit der Aufforderung an die Vereinigten Staaten, ihre Kriegsschiffe aus dem Persischen Golf abzuziehen. Amerikanische Politiker in Washington zeigten sich verblüfft über diesen Vorstoß von Saddam, aber schließlich schätzten sie ihn doch weitgehend falsch ein, als eine Überreaktion auf den Kommentar der „Stimme Amerikas". Fünf Tage später, auf dem ACC-Gipfeltreffen in der jordanischen Hauptstadt Amman, verstärkte Saddam Hussein seine Forderungen. Er stellte den arabischen Staaten vor, daß die wachsende Schwäche der Sowjetunion den Vereinigten Staaten die Rolle der einzigen verbleibenden Supermacht im Nahen Osten zuspiele und daß Amerikas Hauptinteresse darin bestünde, so meinte er, Israels Interessen zu vertreten. Er wiederholte seine Aufforderung an die USA, den Golf zu verlassen, und warnte davor, daß Israel die Araber in den kommenden fünf Jahren angreifen könnte. „Wir sehen die glänzenden Lichter des heiligen Jerusalem", sagte er zu den arabischen Staatsmännern. „So sind die Zeichen auf dem Weg zur Befreiung Jerusalems klar und deutlich."

Das war Saddam Husseins öffentliche Haltung. Sozusagen privat und persönlich jedoch war Saddams erstes Ziel das Geld. Ein prominenter Diplomat berichtete, daß Saddam bei einer nichtöffentlichen Sitzung des Gipfels gesagt habe, es interessiere ihn überhaupt nicht, ob die Golfstaaten bereit wären, ihm seine Schulden zu erlassen (er nahm ja die Streichung dieser Schulden ohnehin als gegeben an), sondern er verlangte ganz im Gegenteil noch mehr Geld. „Ich brauche 30 Milliarden Dollar", soll Saddam zu seinen arabischen Kollegen gesagt haben, so berichten es glaubhafte Quellen. „Geht los und sagt denen in Saudi-Arabien und am Golf, daß ich sehr wohl weiß, wie ich das Geld bekomme, wenn sie es mir nicht freiwillig geben."

Vom ägyptischen Präsidenten Hosni Mubarak, einem Mann, der keineswegs zu Wutausbrüchen neigt, wird berichtet, daß er wütend reagiert habe: „Ich werde mich nicht erpressen lassen."

Saddam Hussein verließ die Konferenz abrupt, das Treffen wurde abgebrochen.

Am 9. März startete Saddam Hussein eine andere unerwartete und offensichtlich unangemessene Aktion. Der staatenlose Journalist Farzad Bazoft, ein gebürtiger Iraner, der im Irak für die britische Zeitung „The Observer" arbeitete, wurde plötzlich vor Gericht gestellt, nachdem er fünf Monate unter Anklage der Spionage für Israel in einem irakischen Gefängnis verbracht hatte. Bazoft war während eines törichten Besuchs in einer irakischen Raketenfabrik südlich von Bagdad festgenommen worden. Er wollte eine mysteriöse Explosion untersuchen, die sich dort im September ereignet hatte. Die meisten Diplomaten glaubten, daß es der Irak nicht riskieren würde, die Briten zu verärgern, die ihn ebenfalls im Krieg gegen den Iran unterstützt hatten. Aber er stellte den Journalisten dennoch vor Gericht. Bazofts plötzliches Erscheinen vor einem irakischen Gericht schockte die westlichen Journalisten und die politischen Kenner der Szene. Der Schauprozeß war besonders deswegen eine Provokation, weil sich just zur selben Zeit prominente Iraker in London mit britischen Studenten und Diplomaten trafen, um die Beziehungen zwischen beiden Ländern zu verbessern. Monate zuvor hatte Bazoft, wie die meisten Menschen, die im Irak eines Verbrechens angeklagt werden, ein Geständnis abgelegt. Innerhalb von nur einer Woche wurde er zum Tode verurteilt und hingerichtet. Auch andere, zufällige Ereignisse dienten Saddams Ziel, die Spannungen in der Region zu verstärken und die Aufmerksamkeit auf die Zwistigkeiten zwischen dem Iran und dem Westen zu lenken. Am 22. März wurde in Brüssel Gerald Bull offensichtlich von Profis ermordet. Man fand ihn vor seinem Wohnhaus, mit dem Gesicht nach unten, fünf Kugeln im Rücken und 20 000 Dollar in bar in seiner Tasche. Der eingebürgerte Amerikaner Bull war entscheidend an der Entwicklung jener irakischen Superkanone beteiligt, die Artilleriegeschosse über Hunderte von Kilometern abschießen sollte. Es war überall zu lesen, daß Agenten des israelischen Geheimdienstes „Mossad" Bull umgebracht hätten. Dann, am 28. März, wurden in Amerika und in Großbritannien mehrere Iraker verhaftet, die versucht hatten, Kondensatoren nach Bagdad zu schmuggeln. Diese hochentwickelten technischen Geräte braucht man unter anderem für die Entwicklung von nuklearbetriebenen Raketen.

Am 2. April wies Saddam in einer langen, ausschweifenden Rede Behauptungen zurück, der Irak wolle Kernwaffen bauen; er brauche sie nicht, weil er über genügend binäre chemische Waffen verfüge. „Bei Gott", sagte er, „wir werden das halbe Israel vom Feuer zerstören lassen, wenn es versucht, irgend etwas gegen den Irak zu unternehmen." Plötzlich richtete sich die Aufmerksamkeit der Welt, einschließlich der von Washington, auf den Irak und sein chemisches Waffenpotential, genauso wie es 1988 gewesen war, als Saddam Hussein Gas gegen kurdische Zivilisten einsetzte, um eine Rebellion im nördlichen Irak niederzuschlagen.

Mitte April schrieb Saddam dem iranischen Präsidenten Haschemi Rafsandschani einen privaten Brief und bot ihm als Gegenleistung für eine Beendigung des Streites zwischen beiden Ländern territoriale Zugeständnisse und die Heimkehr von Kriegsgefangenen. Westliche Geheimdienste erfuhren Monate später von dieser Offerte, und amerikanische Politiker betrachteten den Brief als den Versuch des Irak, sich mit einem früheren Feind zu einigen, ehe man auf einen neuen losging. Ebenfalls in diesem Monat bestellte der Irak amerikanischen Weizen und andere Waren in weit größeren Mengen, als es der normale Konsum erfordert hätte. Ende Mai sprach Saddam auf dem Gipfeltreffen der Arabischen Liga in Bagdad eine weitere Drohung aus. Um sich selbst als den Helden der „arabischen Nation" darzustellen, wiederholte er öffentlich seinen Aufruf an die Araber, Jerusalem zu befreien. Ebenso verurteilte er die Versklavung der Palästinenser durch die amerikanische Militär- und Wirtschaftshilfe für das „zionistische Gebilde", ein Ausdruck der scharfen Gegner Israels für dieses Land, den allerdings viele arabische Staatsmänner schon lange nicht mehr verwendet hatten. In seiner Rede fehlten die kurzfristigen Forderungen, die Saddam lieber bei einer nichtöffentlichen Sitzung des Gipfels vorbrachte: die „Befreiung" gewisser Gebiete und ein wesentlicher Geldbetrag aus Kuwait. „Wir können diese Art von wirtschaftlicher Kriegführung gegen den Irak nicht tolerieren", sagte Saddam laut einem Bericht in der „New York Times" vom September. Allein von Kuwait forderte er ungefähr 27 Milliarden Dollar. Die Kuwaiter sollen, so wird glaubhaft berichtet, ebenfalls sozusagen privat geantwortet haben, so eine gewaltige Summe stünde ihnen nicht zur Verfügung.

Aber Kuwait war aufgeschreckt durch Saddams Kriegsgetöse. Bald nach dem Gipfel berief der Emir von Kuwait seinen langjährigen Ölminister und Verwandten, den Scheich Ali Kalif Al Sabah, auf den Posten des Finanzministers. Von Ali wußte man, daß er sich für eine hohe Ölproduktion einsetzte, um die Weltpreise niedrig und stabil zu halten.

Ende Juli traf sich die Organisation der Erdöl exportierenden Länder (OPEC) zu einer wichtigen Konferenz. Einen Monat zuvor, Ende Juni, hatte Saddoun Hammadi, ein ranghoher irakischer Politiker, eine Reise nach Kuwait und in die anderen Scheichtümer unternommen, offensichtlich um die anderen arabischen Ölproduzenten unter Druck zu setzen, sich für niedrigere Erdöl-Förderquoten in der OPEC einzusetzen und die auch dann strikt einzuhalten, so daß der Preis für das Öl ansteigen würde. Wie ein hoher arabischer Politiker mitteilte, unterstrich Hammadi auch in jedem Staat, den er besuchte, Saddams Forderung nach einer Zahlung von 10 Milliarden Dollar als Unterstützung. Um die Ernsthaftigkeit seiner Forderungen zu untermauern, stellte Hammadi eine Liste des kuwaitischen Anlagevermögens auf, um zu beweisen, daß Kuwait durchaus zahlungskräftig war. Die Kuwaiter aber blieben stur und boten statt dessen eine – in den Augen der Iraker – „schäbige" Summe von 500 Millionen Dollar, verteilt auf drei Jahre.

Am 10. Juli trafen sich die Ölminister der Golfstaaten in Dschidda, um die irakischen Forderungen zu besprechen. Kuwait und die Vereinigten Arabischen Emirate, jene beiden, die am stärksten gegen die OPEC-Quoten verstoßen hatten, stimmten unter dem Druck des Iran, des Irak und Saudi-Arabiens zu, nun ihre jeweiligen Quoten genau einzuhalten. Aber dies hielt den Irak nicht davon ab, nach wie vor seine Forderungen nach mehr Geld zu stellen. Sechs Tage später, am 16. Juli, schrieb Iraks Außenminister Tarik Asis einen Brief an Chadli Klibi, den Generalsekretär der Arabischen Liga, und beschuldigte Kuwait erneut, die festgelegten Quoten zu überschreiten. Außerdem klagte er das Emirat an, es würde irakisches Öl aus den Rumaila-Feldern stehlen, einem Ölfeld, das diesseits und jenseits der jeweiligen Grenzen liegt. Am selben Tag sagte Asis auf einem arabischen Gipfeltreffen in Tunis, daß „wir sicher sind, daß einige arabische Staaten in eine Verschwörung gegen uns verwickelt sind. Wir wollen, daß sie wissen, daß unser Land nicht auf die Knie fallen wird, daß unsere Frauen nicht zu Prostituierten werden und daß unsere Kinder nicht hungern werden".

Am 17. Juli wiederholte Saddam in einer Rede an die Nation seine Drohung gegen Kuwait und die Vereinigten Arabischen Emirate wegen ihrer Überproduktion von Öl, an der sie trotz ihrer gegenteiligen Versicherungen festhielten. Zum erstenmal drohte Saddam mit einer militärischen Aktion, wenn diese Länder nicht nachgeben würden: „Wenn uns Worte keinen Schutz mehr geben können, dann haben wir keine andere Wahl, als eine effektive Aktion zu starten, um die Dinge wieder in Ordnung zu bringen und sicherzustellen, daß unsere Rechte wiederhergestellt werden."

Am 18. Juli traf sich das kuwaitische Kabinett. Berichte von dieser Besprechung, zuerst veröffentlicht in der britischen Zeitung „The Financial Times" in London, spiegeln die Verwirrung im Emirat wider, die Unsicherheit über Saddams wahre Absichten. Nachdem es die irakische Forderung nach zehn Milliarden Dollar abgelehnt hatte, formulierte das Kabinett eine Antwort auf eine weitere irakische Forderung – diesmal hatte ein irakisches Memorandum Entschädigung für jenes Öl verlangt, das die Kuwaiter von den Ölfeldern in Rumaila „gestohlen" hätten und das angeblich 3,4 Milliarden Dollar wert war. Der größte Teil dieses Ölfeldes liegt im Irak, aber aus dem kleinen Teil, der in Kuwait gelegen war, hatte das Emirat nach Meinung der Iraker weit mehr Öl gefördert, als ihm zustand.

„Dieses irakische Memorandum ist nur der Anfang. Gott allein weiß, wie weit sie noch gehen werden", klagte Dhari Al Othman, der Justizminister von Kuwait. Er glaubte, daß die Sache mit dem Ölpreis nur ein Vorwand für ganz andere Dinge sei. Badr Al Yacoub, der Staatsminister für die Nationalversammlung, und Abdul Rahman Al Awadi, Staatsminister im Kabinett, waren der Meinung, daß der Irak schlichtweg Geld zu erpressen versuchte. Die Minister glaubten durchaus daran, daß ein militärischer Angriff möglich sei. Das Kabinett beschloß, alle Soldaten einzuberufen und den Alarmzustand zu verhängen. Außenminister Scheich Sabah Al Ahmad As

Sabah beantragte dann eine Dringlichkeitssitzung des Gulf Cooperation Council (GCC), einer Art von Verteidigungsrat, der während des Krieges zwischen dem Irak und dem Iran von Kuwait, den Vereinigten Arabischen Emiraten, Oman, Katar, Bahrain und Saudi-Arabien gegründet worden war. Er verlangte außerdem, daß die Arabische Liga intervenieren sollte. Aber auch jene, die an einen militärischen Angriff glaubten, waren der Meinung, daß Saddam nur einen kleinen Teil des umstrittenen Gebietes besetzen würde, nicht das ganze Land.

In Washington berichtete der Geheimdienst CIA am 21. Juli, daß der Irak ungefähr 30000 Soldaten an die Grenze zu Kuwait verlegt habe. Laut William H. Webster, dem Direktor der CIA, glaubte aber auch der Geheimdienst anfangs, daß Saddam nur mit dem Säbel rasselte, um den Ölpreis hinaufzutreiben und um seine anderen Forderungen durchzusetzen.

Am 2. Juli wiederholte Außenminister Asis seine Kritik an Kuwait und den Vereinigten Arabischen Emiraten, nachdem sich Saddam Hussein in Bagdad mit dem ägyptischen Präsidenten Mubarak getroffen hatte, der in dem Streit vermitteln wollte. Mubarak teilte Präsident Bush mit, daß seine Reise erfolgreich gewesen sei, er habe „Versicherungen" von Saddam erhalten, daß der Irak nichts gegen Kuwait unternehmen würde. Irakische Politiker behaupteten später, daß Saddam nur gesagt habe, es würde so lange gegen Kuwait nichts unternommen, wie die Verhandlungen andauerten.

Am 24. Juli schickten die Vereinigten Staaten als Antwort auf die fortwährenden Verlegungen von irakischen Truppen und Kriegsmaterial an die kuwaitische Grenze sechs Kampfschiffe zu einem gemeinsamen Manöver mit den Vereinigten Arabischen Emiraten in den Golf. Warnend ließ die Bush-Administration verlauten, daß „kein Platz sei für Zwang und Bedrohung in einer zivilisierten Welt". Die Sprecherin des US-Außenministeriums, Margaret Tutwiler, sagte, daß die Vereinigten Staaten verpflichtet seien, die Aktionen der Selbstverteidigung der amerikanischen Freunde am Golf zu unterstützen. Aber, fügte sie hinzu, „wir haben keinerlei Schutz- und Verteidigungsverträge mit Kuwait, und es gibt auch keinerlei spezielle Verpflichtungen mit Kuwait, was Verteidigung oder Sicherheit anlangt".

Am nächsten Tag wurde die US-Botschafterin April Glaspie zu einem Gespräch mit Saddam gebeten, das erste spezielle Treffen mit ihm seit ihrer Ankunft in Bagdad Ende 1988. Er hielt ihr einen einstündigen Vortrag, unterstrich seine Ansicht, daß er in Washington mißverstanden worden sei und daß sein Land verzweifelt finanzielle Hilfe benötigte. Von da an gehen die Ansichten darüber, was bei diesem Treffen passierte, auseinander. Gemäß einer irakischen Niederschrift des Gespräches, freigegeben nach der Invasion von Kuwait und zuerst veröffentlicht vom amerikanischen Fernsehsender ABC, machte Saddam deutlich, daß die Invasion von Kuwait so lange nicht ausgeschlossen werden könne, bis Kuwait einigen seiner Forderungen zugestimmt habe. Angeblich antwortete die Botschafterin: „Wir haben keine Meinung zum Konflikt zwischen Arabern, wie Ihren Grenzstreit mit Kuwait." Aber in ihrem Fernschreiben nach Washington berichtete sie, daß Saddam ihr mitgeteilt habe, daß in der folgenden Woche eine Konferenz in Dschidda stattfinden würde, wo Saudi-Arabien versuchen wollte, in dem Konflikt zu vermitteln. Ihr sei zugesichert worden, so schrieb sie, daß Saddam nicht angreifen würde, falls sich Kuwait großzügig erweise. Nach dem Gespräch war die Botschafterin davon überzeugt, daß Saddam nicht einmarschieren würde, oder, wie aus einer Quelle hervorgeht, die den Inhalt ihres Fernschreibens kannte, daß er im schlimmsten Fall ein kleines Stück der umstrittenen Gebiete besetzen würde oder eine der Inseln vor Kuwaits Küste. Später sagte sie der „New York Times": „Ich glaubte nicht – und niemand glaubte es –, daß die Iraker sich ganz Kuwait in die Tasche stecken würden." Auch Ägyptens Präsident Mubarak teilte am selben Tag mit, daß ihm Saddam ver-

sichert habe, keine Absichten zu hegen, in Kuwait ein-
zumarschieren.

Am 26. Juli traf sich die OPEC in Genf. Die Nachrichten
klangen beruhigend: Kuwait habe einer niedrigeren För-
derquote zugestimmt, ebenso höheren Preisen. Aber
Saddam hatte damit begonnen, weitere 30 000 Mann an
die Grenze zu verlegen.

Am 28. Juli, einem Samstag, diskutierten ein amerikanischer Ölexperte und früherer Regierungsangestellter
sowie ein ranghoher irakischer Offizieller die Krise in der
Golfregion. Die beiden kannten sich seit langer Zeit.
„Was für einen Trumpf hat der Irak noch im Ärmel?"
fragte der Amerikaner den Iraker. „Du wirst es nächste
Woche erfahren", war die Antwort. Der amerikanische
Ölexperte bohrte weiter: Hatte der Irak eine militärische
Aktion ins Auge gefaßt? „Nächste Woche", sagte der Iraker, „werden wir das Volk von Kuwait beschützen." Aber
was war mit den Amerikanern? Der Iraker überlegte eine
Weile und sagte dann: „Die Amerikaner sind Papiertiger,
sie werden überhaupt nichts tun."

Der amerikanische Ölexperte unterrichtete das Außenministerium über dieses Gespräch. Man sagte ihm, er
solle sich keine Sorgen machen. Die Regierung wisse von
den Aktionen der Iraker, aber sie sei überzeugt davon,
daß Saddam nur bluffe; er würde nicht in Kuwait einmarschieren.

Am 30. Juli berichtete der CIA, daß sich nun
schätzungsweise 100 000 irakische Soldaten an der
kuwaitischen Grenze befänden, mit etwa 300 Panzern.
Diese Zahlen wurden groß in der „Washington Post"
veröffentlicht, was die Regierung wiederum so kommentierte: Die Iraker würden bluffen. Die Botschafterin April
Glaspie und ihr sowjetischer Kollege verließen an diesem
Tag Bagdad, um Ferien zu machen. Am 31. Juli sagte
Abteilungsleiter Kelly vor einem Hearing des Kongresses, er stimme mit dem Abgeordneten Lee Hamilton aus
Indiana überein, daß die Vereinigten Staaten kein Ver-
teidigungsbündnis mit irgendeinem Land am Golf hät-

ten. Die Position der USA sei etwa so, daß man alles dafür täte, Freunde zu unterstützen, wenn sie bedroht seien und wenn es um ihre Sicherheit ginge.

Am 1. August berichtete der CIA in einer Krisensitzung im Weißen Haus, daß die Invasion „wahrscheinlich" sei: „Sie sind bereit, sie werden losmarschieren."

Inzwischen hatten sich am 31. Juli unter der Schirmherrschaft von Saudi-Arabien die Kuwaiter und Iraker in Dschidda getroffen, um ihre Differenzen beizulegen. Kuwaits Kronprinz und Ministerpräsident Scheich Saad Al Abdullah As Sabah sagte, er sehe dem Treffen zuversichtlich entgegen und hoffe, man könne eine Einigung erzielen.

Was tatsächlich bei diesem entscheidenden Treffen passierte, ist umstritten. Mohammed Al Mashat, der irakische Botschafter bei den Vereinigten Staaten, behauptete, daß die Kuwaiter bei diesem Treffen gar nicht zuhören wollten oder gar ernsthaft verhandeln. „Sie waren arrogant", sagte Mashat. „Die Kuwaiter zeigten sich wie Kleinkrämer. Die Gegensätze waren unüberbrückbar, so mußte das Treffen scheitern."

Es dürfte nicht überraschen, daß die kuwaitische Version der Ereignisse ganz anders aussieht. Laut Auskünften von kuwaitischen Offiziellen eröffnete der Leiter der irakischen Delegation die Sitzung mit einer Liste von Forderungen. Er verlangte, Kuwait solle einige der umstrittenen Gebiete und Ölschürfrechte abtreten, außerdem nach Bagdad 10 Milliarden Dollar überweisen. Die Kuwaiter antworteten, dies seien keine Verhandlungen, sondern ein Befehlsempfang. Der Irak forderte Kuwait auf, die irakischen Forderungen bis zum nächsten Morgen zu überdenken. Nachdem er die Sache überschlafen hatte, traf sich Kronprinz Saad zu einem Vier-Augen-Gespräch mit seinem irakischen Gegenüber. Aber während des Treffens bekam der Iraker „schwere Kopfschmerzen" und zog sich in seine Räume zurück. Saad bat ihn, nicht zu gehen, ohne irgend etwas besprochen zu haben. Dann versuchte auch noch der saudische Kronprinz Abdullah die Iraker zu einem vernünftigen Gespräch zu bewegen, aber sie verweigerten sich. „In Dschidda wurde überhaupt nichts Wesentliches besprochen", sagte ein kuwaitischer Politiker später. Kuwait, so fuhr er fort, sei darauf vorbereitet gewesen, Konzessionen zu machen, falls es sich als notwendig erweisen sollte. Speziell wären die Kuwaiter bereit gewesen, die irakischen Schulden zu streichen und eine der kuwaitischen Inseln im Golf dem Irak zu überlassen, aber die Delegation brauchte weitere Instruktionen. Beide Seiten kamen überein, in einigen Tagen in Bagdad weiterzuverhandeln. Um zwei Uhr am nächsten Morgen überschritten die irakischen Truppen die Grenze, und in nur sechs Stunden hatten sie Kuwait besetzt und annektiert.

Saddams Taktik hatte sich als wirkungsvoll erwiesen. Die verbalen Attacken gegen Israel und die Vereinigten Staaten im vergangenen Frühjahr hatten die amerikanische Diplomatie überrascht und verblüfft. Man hatte doch über lange Zeit den Irak hofiert. Hatten sich die Vereinigten Staaten nicht während des Krieges deutlich gegen den Iran gewendet? Hatten sie dem Irak nicht mit Getreidelieferungen im Wert von Millionen von Dollar geholfen, damit der Irak seine Bevölkerung ernähren konnte, mußte er doch 75 Prozent seiner Nahrungsmittel importieren? Hatten die amerikanischen Geheimdienste Saddam nicht Informationen verschafft über iranische Truppenbewegungen, als sich der Krieg gegen Bagdad richtete? Hatte Amerika nicht das Leben amerikanischer Soldaten aufs Spiel gesetzt, als es Flugzeugträger und Minensuchboote 1987 in den Persischen Golf schickte, um die Wasserstraße offenzuhalten, nachdem der Iran gedroht hatte, diesen für die irakischen Öltransporte lebenswichtigen Wasserweg zu schließen? Hatte Amerika nicht weggeschaut und stillgehalten, als eine irakische Rakete aus Versehen die „USS Stark" traf, wobei 37 Matrosen getötet wurden? Und hatte diese Unterstützung nicht auch noch nach dem Waffenstillstand fortgedauert? Trotz der grausamen irakischen Angriffe mit chemischen Waffen auf die Kurden hatten die Vereinigten Staaten weiterhin auf ein gutes Verhältnis mit Bagdad Wert gelegt. Nachdem dies alles so war, schien das Außenministerium völlig konfus. Amerikas politische Klasse hatte den Unverschämtheiten, die sich der Irak gegenüber seinen Nachbarn am Golf leistete, nicht die entsprechende Sorgfalt gewidmet.

Die Verschleierungstaktik des Saddam Hussein hatte Erfolg gehabt. Der Westen hatte sich auf Israel konzentriert. Die Araber waren fast ausschließlich mit Erdölförderquoten und mit Erdölpreispolitik beschäftigt gewesen. Dem Irak aber ging es nur um Kuwait.

Die Invasion war ein Schock für Kuwait, für Amerika und für die ganze Welt. Wenn Saddam Hussein aber angenommen haben sollte, daß es nur bei Schock und Lähmung bleiben und demnächst alle wieder zur Tagesordnung zurückkehren würden, so hatte er sich getäuscht. Nicht das erstemal. 1980 glaubte er den Iran überfallen zu können. Das Land schien nach Khomeinis Säuberungen des Militärs und der herrschenden Klassen geschwächt zu sein. Saddam glaubte damals an einen Sieg innerhalb von nur zwei Wochen. Die Entschlossenheit der Iraner, ihr Land wirkungsvoll zu verteidigen, hatte er weit unterschätzt. Saddam Hussein wurde nur durch die Furcht der Araber und der westlichen Welt vor einem Sieg der iranischen und schiitischen Extremisten im Nahen Osten gerettet. Und durch ihre Einschätzung, er wäre das geringere von zwei Übeln!

Beide Fehleinschätzungen des Saddam Hussein betrafen die Reaktion von nichtarabischen Gegenspielern. Richtig aber hatte er die anfängliche Reaktion der meisten arabischen Staaten vorhergesehen, die abwarten würden, was die Vereinigten Staaten unternähmen. Allerdings hatte er auch erwartet, daß sie sich schließlich auf seine Seite schlügen. Er hatte sich geirrt in der Einschätzung solcher Männer wie Ajatollah Khomeini und George Bush. Und in beiden Fällen hatte er auch seine eigene Stärke überschätzt.

Diese Fehleinschätzungen wiederum spiegeln auch die Tatsache wider, daß Saddam Hussein nicht viel weiß über jene Welt, die sich außerhalb des Irak befindet. Unter den gegebenen Verhältnissen, in die Saddam Hussein hineingeboren wurde, ist sein Aufstieg zur Macht dennoch eindrucksvoll. Als Sohn eines Landarbeiters in einem unterentwickelten Dorf geboren, was ihn für sein ganzes Leben prägte, hat Saddam Hussein in einem einzigen Jahrzehnt zwei gewaltige Weltkrisen heraufbeschworen, mit seinem unbarmherzigen Drang, Macht und Ansehen zu erringen.

Der „Pate" aus Tikrit

Saddam Hussein liebt „Gottvater". Diesen amerikanischen Kinofilm mit dem Titel „The Godfather", der in den deutschen Kinos unter dem Titel „Der Pate" gezeigt wurde, schätzt er ganz besonders und hat ihn sich viele Male angesehen. Ganz besonders fasziniert ihn die Figur des Don Corleone, der es aus ärmlichen Verhältnissen zu etwas gebracht hat und dessen Anhänglichkeit an seine Familie nur noch von seiner Leidenschaft für Macht übertroffen wird. Dieser Typus des Mafiabosses, mit seinem eisenharten Willen, liefert vielleicht die ertragreichsten Erklärungen für jene geheimnisvolle und rätselhafte Figur, die den Irak beherrscht. Beide stammen sie aus ärmlichsten und zurückgebliebensten Bauerndörfern, beide erringen sie eine gewisse Anerkennung durch Gewalttätigkeit, und für beide ist die Familie der Schlüssel zu ihrem Wesen, aber auch der Schlüssel zur Macht. Die Familie bedeutet ihnen alles oder fast alles, denn Saddam Hussein, und darin ist er dem „Gottvater" im Film ziemlich ähnlich, hat letztlich zu niemandem Vertrauen. Er traut nicht einmal seinen engsten Verwandten. Berechnung und Disziplin, Loyalität und Unbarmherzigkeit sind für beide die Schlüsselbegriffe, die den Charakter eines Mannes kennzeichnen.

Aber es gibt auch Unterschiede. Don Corleone ist ja eher so etwas wie ein Privatmensch, beinahe versessen darauf, im verborgenen zu wirken, und immer darauf bedacht, seine Verbrechen unter einem Mantel von Anonymität zu verstecken. Saddam Hussein ist eine öffentliche Person, er benutzt jede Gelegenheit, Macht und Ansehen zu erringen, und hämmert seinen Landsleuten immer wieder ein, daß es zu seiner Herrschaft keine Alternative gibt.

Wenn man den Irak besucht, scheint man sich im Land des „Großen Bruders" zu befinden. Überall in Bagdad starren einen die überlebensgroßen Bilder des Saddam

Hussein an, eines Mannes mit schwarzen Haaren und einem Schnauzbart, der den Eindruck von Kraft und Macht vermittelt und eine eigentümliche Gelassenheit und Klarheit ausstrahlt. Sein Porträt ist allgegenwärtig – sogar auf den Zifferblättern von goldenen Armbanduhren. In diesem Land, wo die Sumerer einst die Schrift erfanden, ist die Kunst der Rede und der Diskussion zu einer simplen Sprache der allumfassenden Bilder degeneriert.

Aber vielleicht haben diese Unterschiede gar keine Bedeutung. Beide, Don Corleone und Saddam Hussein, genießen die Macht und verlangen nach Anerkennung; um so mehr, weil beide wissen, was es bedeutet, wenn man beides nicht besitzt. Beide sind sie rachsüchtig, vergessen nie eine angebliche oder tatsächliche Demütigung. Der Autor Mario Puzo schrieb: „Auch in dieser Welt kommt einmal eine Zeit, da der erbärmlichste unter den Menschen, hält er nur seine Augen offen, sich an dem mächtigsten rächen kann." Davon ist Saddam Hussein wie auch Don Corleone überzeugt. Und in dieser Übereinstimmung liegt vielleicht der Schlüssel für das Verständnis von Saddam Husseins Ambitionen.

Saddam Hussein wurde vor 54 Jahren geboren, am 28. April 1937, als Kind einer sehr armen Bauernfamilie ohne Landbesitz in einem Dorf namens Al Auja. Diese kleine, schäbige Siedlung liegt nahe bei der Stadt Tikrit, am Fluß Tigris, etwa 150 Kilometer nördlich von Bagdad. (Obwohl Moslems im allgemeinen ihre Geburtstage nicht so feiern, wie es in den westlichen Ländern üblich ist, hat Saddam Hussein seinen Geburtstag zu einem Nationalfeiertag im Irak erhoben.) Die arabische Stadt Tikrit ist der Mittelpunkt jenes Teils des Irak, in dem vornehmlich moslemische Sunniten leben. Unter der Gesamtbevölkerung des Irak stellen aber die Sunniten nur eine Minderheit. Die Schiiten, historisch und theologisch Rivalen der Sunniten, bilden die Mehrheit der Bevölkerung. Im 19. Jahrhundert war aus Tikrit eine blühende Stadt geworden. Ihren Reichtum verdankte sie zum größten Teil einer Fabrik, die sogenannte „Kalaks" herstellte, runde Flöße, bestehend aus aufgeblasenen Tierhäuten. Aber als die Geschäfte der Floß-Industrie nicht mehr florierten, ging es auch mit der Stadt bergab. Zur Zeit der Geburt von Saddam Hussein hatte die Stadt ihren Einwohnern nur wenig zu bieten.

Für die Leute war es schwierig, irgendeinen Kontakt mit der Außenwelt aufzunehmen. Obwohl die Eisenbahn von Bagdad nach Mosul durch Tikrit führte, gab es in der Stadt nur eine einzige befestigte Straße. In Saddams nahegelegenem kleinen Geburtsort waren die Verhältnisse noch schlimmer. Dort gab es nur staubige Wege. Die Bevölkerung, auch Saddam Hussein und seine Familie, lebte in Hütten aus Lehm und Schilf. Als Brennmaterial benutzte man getrockneten Kuhmist. Weder in Tikrit oder gar in Al Auja gab es elektrischen Strom oder fließendes Wasser. Die Zentralregierung in Bagdad schien weit weg zu sein, die behördliche Autorität beschränkte sich auf ein paar Polizisten.

Der Irak war damals ein politischer Hexenkessel, regiert von Leuten, die von Regierungskunst kaum etwas verstanden. Das Osmanische Reich der Türken hatte den Irak 500 Jahre lang beherrscht, bis dieser nach Ende des Ersten Weltkrieges, 1921, zum Mandatsgebiet von Großbritannien wurde. Die britische „Schutzherrschaft" über den Irak endete 1932, fünf Jahre vor der Geburt Saddam Husseins. In den ersten vier Jahren der irakischen Unabhängigkeit wurden Hunderte von Assyrern, ein altes christliches Volk, von der irakischen Armee getötet. Fünf Jahre später ereigneten sich ähnliche Greueltaten im alten Judenviertel von Bagdad. Zwischen dem Tag der Unabhängigkeit und Saddam Husseins erstem Atemzug hatte sich die Mannschaftsstärke der irakischen Armee nahezu verdoppelt. Das irakische Militär sah sich als die Verkörperung des neuen Staates. Diese „Truppe des Todes" wollte eine neue Nation schmieden, sie herausführen aus den Religionskämpfen und Stammeskriegen, in denen man sich gegenseitig die Kehle durchschnitt.

34

Saddam Hussein wurde in diese unsichere, ja höchst gefährliche Welt hineingeboren.

Es gibt kaum Berichte über Saddams Jugendzeit. Die offiziellen „heiligen Geschichten", können nichts zur Aufhellung jener Tage beitragen. Von den widerlichen und brutalen Ereignissen in seiner armseligen Kindheit will Saddam heute nichts mehr wissen. Es heißt, daß sein Vater Hussein Al Majid noch vor Saddams Geburt starb, oder als Saddam nur wenige Monate alt war. Aber einer der Privatsekretäre von Saddam Hussein, der sich später mit dem Diktator überwarf, vermutete, daß Saddams Vater seine Frau und die kleinen Kinder verlassen hat. Was auch immer die Wahrheit sein mag, Saddams Mutter Subha lebte eine Zeitlang allein, bis sie Ibrahim Hassan kennenlernte, einen verheirateten Mann. Sie überzeugte ihn schließlich davon, seine Frau zu verlassen und sie zu heiraten. Nach den Gesetzen des Koran waren Ibrahim vier Frauen erlaubt, aber Subha bestand darauf, die einzige zu sein.

Saddams Stiefvater war ein primitiver Analphabet, ein Landarbeiter, der seinen Stiefsohn nicht leiden konnte und ihn schlecht behandelte. Jahre später hat sich Saddam voller Bitterkeit daran erinnert, wie ihn sein Stiefvater aus dem Bett warf und ihn anschrie: „Steh auf, du Sohn einer Hure, und kümmere dich um die Schafe!" Wegen Saddam Hussein kam es immer wieder zu großen Auseinandersetzungen zwischen Ibrahim und seiner Frau Subha. Ibrahims Urteil über seinen Stiefsohn gipfelte in den Worten: „Er ist nichts anderes als ein Hundesohn, ich mag ihn nicht." Gelegentlich konnte er ihn aber doch gut brauchen, dann schickte er ihn nämlich zum Stehlen. Saddam Hussein klaute Hühner und Schafe, die sein Stiefvater verkaufte. Als Saddams Vetter, Adnan Khayrallah, der spätere Verteidigungsminister des Irak, zur Schule gehen durfte, wollte Saddam das gleiche tun. Aber Ibrahim fand es nicht nötig, seinen Stiefsohn ausbilden zu lassen. Er wollte, daß Saddam zu Hause blieb und die Schafe hütete. Doch Saddam setzte sich schließlich durch. 1947 durfte er als Zehnjähriger die Schule besuchen.

Nun lebte er bei Adnans Vater, Khayrallah Tulfah, dem Bruder seiner Mutter. Khayrallah Tulfah arbeitete als Lehrer in Bagdad. Einige Jahre zuvor war er aus der irakischen Armee entlassen worden, weil er 1941 eine Pro-Nazi-Gruppe unterstützt hatte. Die Briten hatten diese Leute auffliegen lassen, was in Khayrallah einen tiefen und andauernden Haß auf Großbritannien und den „Imperialismus" erzeugte. Ob ihn Saddams Stiefvater aus dem Haus warf oder ob Saddam es auf eigene Initiative hin verließ, um bei seinem Onkel in Bagdad zu wohnen, ist unklar. Sicher aber ist, daß Khayrallah Tulfah, der später Bürgermeister von Bagdad wurde, einen beträchtlichen Einfluß auf Saddam ausübte.

Zuerst hatte Saddam Hussein in Bagdad die Grundschule besucht, mit 16 Jahren schloß er die Mittelschule ab. Wie sein Onkel wollte auch er Offizier werden, aber seine dürftige Schulbildung ließ eine Aufnahme an der noblen Militärakademie von Bagdad nicht zu. Die offiziellen Biographien vermerken allerdings, daß schon der 10 jährige Saddam eine besondere Liebe für Waffen entwickelte. Seine Defizite der militärischen Ausbildung korrigierte Saddam 1976 höchst eigenhändig, als er sich zum Generalleutnant ernannte. Als Saddam Hussein 1979 Präsident wurde, machte er sich zum Feldmarschall und bestand darauf, höchstpersönlich den Oberbefehl im Krieg gegen den Iran zu führen.

Bagdad war völlig verschieden von jener Welt, die Saddam in seinem Geburtsort hinter sich gelassen hatte. Aber Saddam lebte immer noch mit seinen tikritischen Landsleuten zusammen. Das Haus seines Onkels lag am westlichen Ufer des Tigris, in dem Distrikt Al Karkh, der von der Unterschicht der Tikritis dominiert wurde. Wie überall in den Städten des Nahen Ostens hält die Landbevölkerung, die in die Städte geflüchtet ist, eisern zusammen. Man unterstützt sich gegenseitig und achtet darauf, daß die Familie zusammenbleibt.

Die Zeiten waren turbulent, als Saddam in Bagdad zur Schule ging. 1952 hatte der Oberstleutnant Gamal Abdel Nasser durch einen Militärputsch die ägyptische Monarchie gestürzt. Obwohl die offizielle Politik der Vereinigten Staaten beträchtliche Sympathie für den ägyptischen Offizier entwickelt hatte, kam es bald zwischen Nasser und dem Westen zu Streitigkeiten. Nassers Ankauf von gewaltigen Mengen sowjetischer Waffen im Jahr 1955 und seine Verstaatlichung des Suezkanals 1956 veranlaßten Frankreich, Großbritannien und Israel, Ägypten im selben Jahr anzugreifen. Als die Invasion gestoppt wurde, Israel sich aus dem Sinai zurückziehen mußte und der Kanal wieder unter ägyptische Kontrolle kam, glaubten die meisten Ägypter – wohl auch die meisten Araber –, daß der arabische Nationalismus, angeführt von Nasser, einen großen Sieg errungen habe. Daß aber die Vereinigten Staaten nahezu allein für diese Entwicklung verantwortlich waren, konnte die enorme Verehrung, die Nasser nun von seiten fast aller Araber zuteil wurde, nicht schmälern.

Auch Saddam sah sich bald selbst hineingeworfen in eine Welt der politischen Intrigen, deren Verlockungen verführerischer waren als der mehr oder weniger langweilige Schul-Alltag. Bereits 1956 war er irgendwie mitbeteiligt an einem mißlungenen Coup gegen die Monarchie in Bagdad. Im folgenden Jahr, er war gerade 20 Jahre alt, trat er der Bath-Partei bei, einer jener vielen radikalen nationalistischen Organisationen, die sich in der ganzen arabischen Welt ausgebreitet hatten. Aber die Bath-Partei war in jenen Tagen im Irak nur eine kleine und relativ machtlose Gruppe von ungefähr 300 Mitgliedern. Im Jahr 1958 stürzte eine Clique von nationalistischen Armee-Offizieren, geführt von General Abdul Karim Kassem, die Monarchie in Bagdad und ermordete König Faisal II. und seine Familie. Diese Verschwörung hatte allerdings nichts mit der Bath-Partei zu tun. Der Sturz der Monarchie verstärkte noch die verschwörerischen Aktivitäten innerhalb und zwischen den verschiedenen zerstrittenen politischen Gruppen im Irak. Ein Jahr nach dem Putsch von General Kassem versuchte die Bath-Partei an die Macht zu kommen. Auf General Kassem wurde am hellen Tag ein Anschlag verübt. Mit Maschinengewehren versuchte man ihn in seinem Auto zu töten. Saddam (dessen Name man mit „der Mann, der allem entgegentritt" übersetzen könnte) war ein Mitglied dieser Terrorgruppe. Er hatte schon seine Talente unter Beweis gestellt, als er einen kommunistischen Anhänger von General Kassem in Tikrit ermordete. Die Kommunisten waren damals die gefährlichsten Rivalen der Bath-Partei. Der Mann, den Saddam tötete, war sein eigener Schwager! Man hatte innerhalb der Familie über Politik diskutiert, und sein Onkel Khayrallah hatte Saddam zu diesem Mord angestachelt. Saddam und Khayrallah wurden zwar verhaftet, aber bald wieder auf freien Fuß gesetzt. Im Hexenkessel Bagdad waren nach dem Sturz der Monarchie politische Verbrechen an der Tagesordnung und blieben meistens ungesühnt.

Die offizielle irakische Propaganda hat Saddams Rolle bei dem Anschlag auf Kassems Leben geschönt. Sie behauptet, Saddam sei bei diesem Vorfall ernsthaft verwundet worden. Er habe, stark blutend, einem Kameraden befohlen, mit einem Rasiermesser eine Kugel aus seinem Bein herauszuschneiden. Die Operation sei so schmerzhaft gewesen, daß er ohnmächtig geworden sei. Dann habe er sich als Beduine verkleidet, sei durch den Tigris geschwommen, habe einen Esel gestohlen und sich dann durch die Wüste nach Syrien in Sicherheit gebracht.

Die Wahrheit klingt weniger ruhmreich. Irakische Quellen jener Zeit sprechen davon, daß Saddams Rolle in dem fehlgeschlagenen Mordanschlag ziemlich klein gewesen sei. Er sei dabei nur leicht verwundet worden, und seine Kameraden hätten die Wunde höchst dilettantisch versorgt. Ein mit der Bath-Partei sympathisierender Arzt hätte damals Saddam und viele andere, die weitaus schwerer verletzt worden seien, in einem sicheren Versteck der Partei behandelt. Saddam habe sich später für diese Hilfe revanchiert. Als die Bath-Partei schließlich im Jahr 1968 wirklich an die Macht kam, sei aus jenem Arzt der Dekan der Medizinischen Falkultät der Universität Bagdad geworden. Der Mann sei in dieser Stellung geblieben, bis er sich mit Saddam 1979 überwarf.

Von Syrien aus ging Saddam nach Kairo, wo er die nächsten vier Jahre verbrachte. Der Aufenthalt in Ägypten bedeutete für ihn die einzige längere und intensivere Erfahrung mit einem fremden Land. Finanziell unterstützt durch ein Stipendium der ägyptischen Regierung, nahm er seine politischen Aktivitäten wieder auf. Zweimal wurde er damals in Kairo verhaftet und jedesmal schnell wieder auf freien Fuß gesetzt. Das erstemal wurde er festgenommen, weil er nach einer politischen Auseinandersetzung einem irakischen Landsmann gedroht hatte, ihn zu ermorden. Dann kam er mit dem Gesetz in Konflikt, als er einen Kommilitonen mit dem Messer in der Hand durch Kairos Straßen jagte. Dieser Student wurde später in Jordanien Informationsminister.

Ab 1961 studierte Saddam Hussein an der Universität von Kairo Jura. Aber seinen „juristischen Abschluß" machte er nicht dort, sondern 1970 in Bagdad, nachdem er die Nummer zwei im Regime geworden war. Dieser Abschluß war aber nichts anderes als ein Ehrentitel.

Noch in Kairo hatte Saddam Hussein 1963 Sajida geheiratet, die Tochter seines Onkels Khayrallah. Abrupt beendete Saddam Hussein dann seine Studien in Ägypten. Im Februar hatten Offiziere in Bagdad General Kassem gestürzt und ermordet. Sie gehörten entweder der Bath-Partei an oder waren arabische Nationalisten. General Kassem hatte sich eine beträchtliche Popularität verschafft, speziell unter der armen Bevölkerung des Irak. Über ihn schrieb Hanna Batatu, Autor eines der besten Bücher über die Geschichte des Irak: „Die Menschen im Irak liebten ihn hingebungsvoll und aufrichtig, mehr als jeden anderen Herrscher in der Geschichte dieses Landes."

Viele Leute glaubten nicht an den Tod von Kassem. Es liefen Gerüchte um, er habe sich nur versteckt und würde bald wieder in der Öffentlichkeit auftauchen. Die Bath-Partei fand eine makabre Möglichkeit, Kassems Sterblichkeit zu demonstrieren. Nacht für Nacht wurde sein von Kugeln zerfetzter Körper im Fernsehen gezeigt. Samir Al Khalil beschrieb diese Szenen in seinem exzellenten Buch „Republik der Angst" so: „Die Leiche war auf einem Stuhl im Studio festgeschnallt. Neben ihm lümmelte sich ein Soldat. Dann zeigte man Bilder von den Verwüstungen im Verteidigungsministerium, wo sich Kassem zuletzt aufgehalten hatte. Dort konnte sich die Kamera schier nicht losreißen von den verstümmelten Leichen von Kassems Begleitern (Al Mahdawi, Wasfi Taher und andere). Dann sendete man wieder Bilder aus dem Studio, und die Kamera zeigte jede Einschußstelle in Kassems Körper in Großaufnahme. Diese makabre Bildfolge endete mit einer Szene, die sich tief in die Erinnerung all jener eingegraben hat, die sie sehen mußten: Der Soldat griff den nach hinten herunterhängenden Kopf bei den Haaren, zog ihn dicht zu sich heran und spuckte ihm kräftig mitten ins Gesicht."

Saddam war voller Begeisterung. Er eilte zurück nach Bagdad, um seinen Part in der Revolution zu spielen. Er war nun 26 Jahre alt.

Schnell konnte er eine ihm gebührende Rolle im neuen Regime übernehmen. Er führte Verhöre durch und folterte die Gefangenen im Kasral-Nihaiah, dem „Palast des Endes", der so genannt wurde, weil in ihm beim Putsch von 1958 König Faisal und seine Familie erschossen worden waren. Unter dem Bath-Regime wurde das Haus als Folterkammer benützt.

Im Westen wurde über Saddams Aktivitäten nur wenig bekannt. Aber ein Iraker, der wegen einer Verschwörung gegen das Bath-Regime angeklagt worden war, hat über seine Folterungen in jenem Palast durch Saddam höchstpersönlich berichtet: „Meine Arme und meine Beine waren mit Stricken zusammengebunden. Man hing mich mit einem Seil an einem Haken in der Decke auf, und ich wurde immer wieder mit Gummischläuchen geschlagen, die mit Steinen gefüllt waren."

Er hat es geschafft zu überleben, andere waren nicht so glücklich. Als das Bath-Regime, gespalten von inneren Zwistigkeiten, neun Monate später im November 1963 von der Armee gestürzt wurde, kamen schreckliche Dinge ans Licht. Hanna Batatu berichtet, gestützt auf offizielle Quellen aus der Regierung: „In den Kellern jenes Folterpalastes wurden alle Arten von scheußlichen Marterinstrumenten gefunden, wie elektrische Drähte mit einer Art Beißzange an ihren Enden, spitze eiserne Stacheln, auf denen die Gefangenen sitzen mußten, und eine Art Maschine, in der man noch Reste von abgeschnittenen Fingern fand. Überall lagen Bündel von blutigen Kleidern herum, der Fußboden war von Blutlachen übersät, und überall an den Wänden waren Blutflecken zu sehen."

Während der Spaltung der Bath-Partei 1963 hatte Saddam Michel Aflak unterstützt, einen in Frankreich erzogenen Syrer, Chefideologe der Partei und Mitbegründer. Dafür wurde Saddam im folgenden Jahr belohnt, als ihn Aflak für eine Position im regionalen Führungsstab der Bath-Partei empfahl, dem höchsten Entscheidungsgremium der Partei im Irak. Diese Ernennung war der Schlüssel zu Saddams rapidem Aufstieg innerhalb seiner Partei.

Seinen wachsenden Einfluß verdankte er ebenso der Unterstützung durch seinen älteren Vetter, den General Ahmad Hassan Al Bakr. Der General genoß höchstes Ansehen innerhalb der Partei, der er schon in ihren Gründungsjahren beigetreten war. Es wird berichtet, daß Saddams Frau kräftig zu den guten Beziehungen zwischen Saddam und Bakr beitrug. Sie soll Bakrs Sohn überredet haben, ihre Schwester zu heiraten, außerdem hatte sie die Heirat von zwei Bakr-Töchtern mit zweien ihrer Brüder vermittelt. Aus den Geschäften der Partei wurde zusehends eine Familienangelegenheit. 1965 wur-

41

de Bakr Generalsekretär der Bath-Partei. Im nächsten Jahr wurde Saddam Hussein zu seinem Stellvertreter ernannt.

Während der Zeit seines Aufstiegs in der Parteihierarchie gab es für Saddam Hussein ein kurzes Zwischenspiel im Gefängnis, von Oktober 1964 bis zu seiner Flucht irgendwann 1966. Dort, in der Untätigkeit des Gefängnislebens, so berichtete Saddam später, habe er über die Fehler der Partei nachgedacht, die zu ihrer Spaltung und ihrem Verlust der Macht geführt hatten. Er sei zu der Überzeugung gekommen, daß die Früchte der „Revolution von 1963" von der „rechtsgerichteten, konservativen Militäraristokratie" in Zusammenarbeit mit verräterischen Elementen in der Bath-Partei sozusagen gestohlen worden waren. Flügelkämpfe in der Partei, die damals weniger als 1000 Vollmitglieder hatte, sollten ein Ende haben. Nur durch Einigkeit käme man an die Macht, auch wenn man sie durch Säuberungsaktionen und Blut erkaufen müßte. Er beschloß, einen Sicherheitsdienst innerhalb der Partei einzurichten, kleine Gruppen von Vertrauensleuten zu schaffen, die nur ihm verantwortlich waren, um den Sieg, den man bald erringen würde, zu einem dauerhaften Erfolg zu machen.

Bald nach seiner Flucht aus dem Gefängnis errichtete Saddam in der Tat diesen parteiinternen Sicherheitsapparat, den Dschihas Haneen oder „Instrument der Sehnsucht". Jene, die als „Feinde der Partei" galten, wurden umgebracht, dissidente Gruppen unter Druck gesetzt. Saddams Ruf als Architekt des Terrors wuchs.

Zwei Jahre später, am 30. Juli 1968, kamen Saddam und seine Freunde von der Bath-Partei tatsächlich an die Macht. Bakr wurde Präsident und Oberbefehlshaber der Armee, zusätzlich zu seinen Ämtern als Generalsekretär der Bath-Partei und Vorsitzender des Revolutionsrates. Saddam wurde zum stellvertretenden Vorsitzenden des Revolutionsrates ernannt und übernahm den Bereich der inneren Sicherheit. Von nun an baute er seine Position in der Partei immer weiter aus.

Der Sicherheitsapparat schulte Hunderte von Saddams Anhängern, die bisher sozusagen geheim trainiert hatten, unter ihnen seine Halbbrüder Barsan, Sabawi und Wathban. Saddams Vetter Ali Hassan Al Majid, ebenfalls ein Absolvent dieser Agentenausbildung, wurde später unrühmlich bekannt für seine grausame Unterdrückung der Kurden während des Kriegs mit dem Iran und wegen seiner führenden Rolle bei der Invasion von Kuwait.

Saddam und seine Vorliebe, Autorität durch Titel (er führt sechs solcher prächtiger Titel, darunter „Schwert Arabiens", „Sonne des Volkes" und „Weiser Führer der revolutionären Massen") noch zu verstärken, wurden deutlicher als je zuvor. Er bestand darauf, „Herr Vizepräsident" genannt zu werden. Kein anderer Mensch in Irak durfte diesen Titel benutzen. Er gehörte nur Saddam allein. Obwohl er für ein Jahrzehnt „Herr Vizepräsident" blieb, wurde er in zunehmendem Maße als der starke Mann des Irak betrachtet.

Die Kennzeichen des neuen Regimes wurden bald offensichtlich. Knapp drei Monate nach dem Putsch gab das Regime am 9. Oktober 1968 bekannt, daß es einen großen zionistischen Spionagering aufgedeckt hatte. Am 15. Januar 1969 wurde siebzehn „Spionen" der Prozeß gemacht. Vierzehn wurden durch Erhängen hingerichtet, elf von ihnen waren Juden. Ihre Leichen hingen öffentlich an den Galgen auf dem Freiheitsplatz von Bagdad, begafft von Hunderttausenden von Menschen. Sogar die ägyptische Zeitung „Al Ahram" verurteilte dieses Spektakel: „Das Aufhängen von vierzehn Menschen auf einem öffentlichen Platz ist gewiß keine herzerwärmende Ansicht, und sie ist auch kein Anlaß, ein Fest zu feiern."

Die internationale Entrüstung störte den Irak wenig, und Radio Bagdad meldete höhnisch: „Wir hängen Spione auf, aber die Juden haben Christus ans Kreuz geschlagen." In den nächsten eineinhalb Jahren gab es immer wieder angebliche Hochverratsprozesse, die ein ständiges Spektakel von Denunziation und Exekution hervorriefen. Die Opfer waren nicht mehr in erster Linie Juden. Bald waren es in der Mehrzahl Moslems. Die Verfolgung der Juden war nur ein erster Schritt zum wirklichen Ziel des Regimes gewesen, zur Verfolgung seiner politischen Gegner. Die Bath-Partei begann ihre Herrschaft mit Strömen von Blut.

Saad Al Din Ibrahim, ein bekannter ägyptischer Wissenschaftler, nannte später solche Regierungen „die neuen Monarchien in einer republikanischen Verkleidung". Er sah die Fehler, die dieser neue Typ von „revolutionären Führern" begangen hatte, desillusioniert darüber, wie diese neuen Regime ihre radikalen Versprechungen zur Neugestaltung der arabischen Gesellschaften in die Tat umsetzten. Seine Schlußfolgerung lautete: „Trotz des Vorhandenseins einer politischen Partei, von volkstümlichen Komitees und dem Anspruch des Präsidenten, einer aus dem Volk zu sein ... traut dieser Führer im Innersten seines Herzens niemandem, nicht einmal allen jenen, die mit ihm in den vergangenen Jahren die schwersten Kämpfe ausgefochten haben. Die einzigen Menschen, denen er vertrauen kann, sind erstens die Mitglieder seiner eigenen Familie, zweitens der eigenen Sippe und drittens der Religionsgemeinschaft, und so sind wir in den neuen Monarchien der arabischen Nation angekommen. Es ist nicht entscheidend, ob man seine Sippschaft in Schlüsselpositionen bringt, wohl aber geht es darum, daß sich diese Verwandten alle Arten von Übergriffen erlauben, als ob das Land ihr Privatbesitz wäre, in dem sie schalten und walten können, wie sie wollen."

Von Beginn an war die Grundlage von Saddams Einfluß und Macht die Sicherheitspolizei. Mit ihrer Hilfe kontrollierte er die Partei. Auf recht eigenartige Weise hatte Saddam seine Position auch finanziell abgesichert. Obwohl der Islam Glücksspiele verbietet, waren Pferderennen ein beliebter Sport in der Monarchie gewesen. Kassem hatte sie verboten, Saddam führte sie wieder ein. Die Einnahmen aus den Wettgeschäften legte er so an, daß nur er über dieses Vermögen verfügen konnte. Ab

44

1973, als sich die Ölpreise vervierfachten, stiegen auch Saddams Geldquellen entsprechend. Er brachte beträchtliche Summen für die Partei und für die Sicherheitspolizei auf die Seite, oft genug legte er das Geld im Ausland an. Diese Geldmittel sind nun wegen des internationalen Embargos als Reaktion auf die Invasion von Kuwait eingefroren.

Bakr hatte nach 1968 auch weiterhin ein bescheidenes Leben geführt, Saddam und seine Gefährten versuchten hingegen nun jene persönlichen Mißhelligkeiten, die sie real oder auch nur eingebildet erlitten hatten, zu kompensieren. Saddam benutzte seine neue politische Macht, um jetzt jenen sozialen und wirtschaftlichen Standard zu erreichen, den er immer begehrt hatte. Die Jahre des Kampfes und der Entbehrungen hatten in ihm eine Lebensgier und einen Machtwillen provoziert, wie man ihn sich kaum vorstellen kann. Diese Einstellung verstärkte nur noch seine eiserne Entschlossenheit, an der Macht zu bleiben und alle aus dem Weg zu räumen, die ihm gefährlich werden konnten.

Saddam und seine Gefolgsleute waren nun so etwas wie soziale Aufsteiger. 1969 wurde Saddams ältester Halbbruder Barsan zum neuen Direktor des luxuriösen Aliwwiya-Klubs ernannt, einem traditionellen Treffpunkt der Beamten der früheren Schutzmacht Großbritannien. Laut irakischen Quellen pflegten die Mitglieder der Bath-Partei und ihre Frauen den reichen Klub zu besuchen, nicht zuletzt um ihren eigenen Reichtum vorzuführen. Da glitzerte es nur so von Juwelen, die Manschettenknöpfe der Herren und die Ohrringe der Damen waren aus denselben Edelsteinen geschnitten. Saddam beschäftigte einen armenischen Schneider, der für ihn seidene Sakkos entwarf, die zu seinen seidenen Krawatten paßten. Als sich Saddams Geschmack noch verfeinerte, wurde der Schneider nach Europa geschickt, damit nun seine Anzüge auch der neuesten westlichen Mode entsprachen.

Weit entfernt von jenem öffentlichen Image von angeblicher Askese, das die Partei offiziell verbreitete, waren Saddam und seine engsten Vertrauten eigentlich weithin bekannt wegen ihrer Vulgarität. Geschichten wie aus der Welt der Mafia, über ihr extremes Zusammengehörigkeitsgefühl in der Sippe und ihre Brutalität, machten im Irak die Runde. Aber sie drangen kaum über die Grenzen des Landes hinaus. Hier sind einige von ihnen:

Sein unstillbarer Drang nach sozialer Anerkennung war offensichtlich einer der Gründe für Saddam, sich nach einer zweiten Ehefrau umzuschauen. Er fand sie in einer alten, ehrbaren Bagdader Kaufmannsfamilie. Als Saddam die blonde und hochgewachsene Samira Shahbandar kennenlernte, war sie aber noch mit Nurredin Al Safi verheiratet, einem Angestellten der irakischen Luftfahrtgesellschaft. Klugerweise räumte Safi das Feld, so daß Saddam seine neue Flamme heiraten konnte. Deren Ex-Mann wurde später zum Direktor der Luftlinie ernannt.

Nach der Hochzeit erzählte ein Familienmitglied der Shahbandars namens Farouk seiner Ehefrau in der, wie er meinte, Abgeschiedenheit seines Schlafzimmers, daß Samira keine echte Shahbandar sei. Ihr Vater, so berichtete er seiner Gattin, habe den Familiennamen einfach übernommen. Farouk wußte nicht, daß sein Schlafzimmer abgehört wurde. Er und seine Ehefrau wurden verhaftet und zu einer lebenslangen Gefängnisstrafe verurteilt.

Saddam ist nicht der Mann, der Verunglimpfungen seines Charakters oder Mißachtung seiner Familie duldet. General Omar Al Hassah, der ebenfalls aus Tikrit stammte, brüstete sich in der Wohnung seiner Freundin damit, daß er früher mit Saddams Mutter geschlafen habe. Auch in der Wohnung dieser Frau befanden sich Abhörwanzen. Nachdem Saddam Hussein Kenntnis von diesem Tonband erhalten hatte, rief er seine tikritischen Landsleute zusammen und spielte ihnen die Aufnahme vor. Wie ein Augenzeuge berichtete, fragte Saddam Hussein mit tränenüberströmtem Gesicht: „Was soll ich eurer Meinung nach mit solch einem Mann tun?" Die Antwort war voraussehbar. Hassah und sein Sohn, ein Offizier in der Präsidentengarde, wurden hingerichtet. Ihre Häuser wurden von Bulldozern dem Erdboden gleichgemacht. Die Frau verurteilte man zum Tode und hängte sie auf.

Saddam Hussein ist aus demselben Holz geschnitzt wie seine Mutter Subha. Als eine von Subhas verheirateten Töchtern eine komplizierte Geburt erwartete und dazu noch an hohem Fieber erkrankte, wurde sie in ein privates Frauenhospital in Bagdad gebracht, wo sie ein prominenter Gynäkologe behandelte. Nachdem der Arzt die Frau untersucht hatte, ging Subha im Korridor des Krankenhauses auf ihn zu und brüllte ihn vor den vielen Angestellten, die dort herumstanden, laut an: „Du Hundesohn, wenn meine Tochter stirbt, werde ich für dich vor deinem Krankenhaus einen Galgen aufstellen lassen und dich aufhängen!" Der Mann fiel in Ohnmacht.

Saddams Onkel Khayrallah Tulfah gehörte zu den Habgierigsten im Clan. Er machte sein Vermögen als Bürgermeister von Bagdad, ein Amt, das ihm nach der Machtergreifung der Bath-Partei übertragen worden war. Die Korruption unter seiner Amtsführung wurde schließlich so schlimm, daß Saddam ihn entlassen mußte. Aber er besitzt immer noch große Reichtümer, übt nahezu das Monopol über die Südfrüchteproduktion des Landes aus.

Khayrallah ist ein primitiver Ignorant, von Vorurteilen geprägt. Zum Beispiel veröffentlichte der offizielle Regierungsverlag im Jahr 1981 sein Pamphlet mit dem Titel: „Drei, die Gott nicht hätte erschaffen sollen: Perser, Juden und Fliegen". Perser, so schrieb Khayrallah, sind „Tiere" die Gott in der Form von Menschen geschaffen hat", Juden sind eine „Mischung aus Dreck und Überresten von verschiedenen Leuten", und Fliegen sind eine unnütze Plage, „von der wir nicht verstehen, was Gott mit dieser Schöpfung beabsichtigte".

Der Irak wurde immer mehr zu einem privaten Reservat

von Saddam und seiner Clique. Er verteilte Vermögen und Ländereien an seine Familienangehörigen und andere enge Freunde, damit sie dort ihren Rahm abschöpfen konnten. Sein Vetter und Schwiegersohn Hussein Kamal Al Majid ist verantwortlich für Rüstungseinkäufe. Arabische Nachrichtenquellen berichten, daß Hussein Kamal 1987, nach dem Ankauf von 120 chinesischen Scud-Raketen, rund 60 Millionen Dollar als „persönliche Kommission" in die Tasche steckte.

Saddams erste Ehefrau Sajida machte ihr Vermögen mit Handelsgeschäften. Sein ältester Sohn Uday, heute 27 Jahre alt, regiert wie ein Fürst über örtliche Geschäftsunternehmen und hat sich ein ausgedehntes Handelsimperium aufgebaut. Er ist Eigentümer einer Nahrungsmittelkette, hat das Monopol über den Geflügelmarkt und produziert Käse, Eier und Rindfleisch, so war es in einem Artikel des Londoner „Observer" zu lesen. Er besitzt auch eine Eiskremfabrik. Als 1988 das Regime Anstrengungen unternahm, seine aufgeblähten und ineffizienten öffentlichen Unternehmen zu privatisieren, stand die nationale Fleischverarbeitungsgesellschaft zum Verkauf. Uday besuchte den leitenden Direktor der Zentralbank, Subhi Frangoul, und sagte ihm, er solle 10 Millionen Dinare zum offiziellen Kurs von 3 Dollar pro Dinar ins Ausland transferieren. In Anbetracht des Mangels an harter Währung im Land war diese Bitte im höchsten Maße ungewöhnlich. Frangoul telefonierte mit Saddam, der ihm sagte: „Sicher, laß es ihn tun, es ist sein Geld." Mit verschiedenen Manipulationen, auch auf dem schwarzen Markt, wo der Dollar dreimal soviel wert war, als er offiziell gehandelt wurde, schaffte es der gewitzte Uday, nicht nur das Geld für den Kauf der Fleischfabrik aufzubringen. Er konnte obendrein noch einen persönlichen Gewinn von 20 Millionen Dollar verbuchen.

Udays Talente als Geschäftsmann werden vielleicht nur übertroffen von seiner Gewalttätigkeit. Der Mord am Kammerdiener seines Vaters ist ein Beweis dafür. Er war berühmt-berüchtigt wegen seines ungezügelten Temperaments und hatte schon seine „Talentprobe" abgelegt, als er zwei Männer umbrachte, die Frauen vor seinen Gewalttätigkeiten schützen wollten.

In den vergangenen Jahren hatte Kamal Hana Gegeo Saddam viele Gefälligkeiten erwiesen, einschließlich seiner Aktivitäten als Heiratsvermittler für Saddam Hussein und seine zweite Frau. Uday befürchtete, daß seine Rolle als Nachfolger seines Vaters dadurch gefährdet sein könnte. Als Ort seiner Rache an Kamal suchte er sich eine Party aus, die zu Ehren von Suzy Mubarak, der Frau des ägyptischen Präsidenten, gegeben wurde. Auch der Gastgeber, Iraks Vizepräsident Taha Mohyiden Maruf, war nicht in der Lage, Saddams rücksichtslosen Sohn, der auf der Party mit seinen Leibwächtern erschienen war, zu stoppen. Uday stieß Maruf zur Seite und verprügelte Kamal Hana Gegeo mit einem schweren Stock. Als Saddam Hussein erfuhr, was sich ereignet hatte, soll er so wütend gewesen sein, daß seine erste Frau Sajida ihren Bruder Adnan Khayrallah, den Verteidigungsminister, anrief und ihn bat, Saddam davon abzuhalten, seinen eigenen Sohn Uday zu töten.

Dieser Vorfall schockierte die Familie, und die Spannungen wuchsen. Als eine hochrangige Delegation aus Kuwait Bagdad im Februar 1989 bereiste, vier Monate nach jener Fehde, gestand Adnan seinen kuwaitischen Besuchern, er sei persönlich in höchster Lebensgefahr. Man habe ihn als Verteidigungsminister praktisch kaltgestellt, und es sei ihm der Befehl über die Republikanischen Garden, die Eliteeinheit des Präsidenten, entzogen worden. Im folgenden Monat berichtete die englische Zeitung „Sunday Times" in London über Gerüchte, Adnan würde vermißt. Zwei Monate später starb er bei einem Hubschrauber-Absturz.

Es darf in Erinnerung gerufen werden, daß Adnan der Vetter von Saddam Hussein war, der Sohn seines Onkels und Pflegevaters Khayrallah Tulfah, ein Freund seit der gemeinsamen Jugendzeit, und natürlich Saddams Schwager. Saddam traute wohl niemandem mehr. Jene, die ihn seit vielen Jahren kennen, wissen das. Der ägyptische Präsident Hosni Mubarak hat ihn einen „Psychopathen" genannt. Die Saudis bezeichneten ihn als „geisteskrank".

Wenn Saddam Hussein verreist, was höchst ungewöhnlich ist und ihn meistens nur in andere arabische Länder führt, läßt er sicherstellen, daß ihm nur die selbst mitgebrachten Nahrungsmittel vorgesetzt werden und daß obendrein noch ein Vorkoster die Lebensmittel prüft. Man sagt, er benütze nur seinen eigenen Sessel, um sich davor zu schützen, daß irgendein Feind eine vergiftete Nadel in die Polsterung praktiziert. Am Beginn einer Sitzung trägt ein Vertrauter den Stuhl ins Zimmer, und kaum ist die Konferenz zu Ende, nimmt ihn die Wache wieder in Gewahrsam.

Während eines Gipfeltreffens des Arabischen Kooperationsrates im Februar 1990 gingen plötzlich die Lichter aus. Laut arabischen Quellen sprang Saddam Hussein umgehend unter den Tisch in Deckung, weil er einen Mordanschlag fürchtete. Als das Licht wieder anging, war er unter den vier führenden Staatsmännern der Konferenz der einzige, der flach am Boden lag.

Saddam Hussein ist ebenso mißtrauisch gegenüber seinen Besuchern. Eine arabische Delegation besuchte Bagdad im Jahr 1986. Unverhofft wurden die Araber zu einem der seltenen Gespräche bei Saddam eingeladen. Wie ein Mitglied jener Delegation später berichtete, wurden sie gezwungen, sich nackt auszuziehen, und wurden von Kopf bis Fuß untersucht. Diese Sicherheitsüberprüfung war so entwürdigend, daß eines der weiblichen Mitglieder der Delegation heftig protestierte und sich schwor, niemals wieder mit Saddam zusammenzutreffen.

Saddam Hussein hat einen langen Weg hinter sich. Hartnäckig kämpfte er sich bis an die Spitze vor. Dabei war es nie leicht zu überleben. Dazu bedurfte es List und Geduld, Glück und des eisernen Willens, alles zu riskieren. Ein schwächerer Charakter, mit weniger Ambitionen und geringerer Intelligenz, wäre vielleicht als unbedeutender Dieb geendet. Aber Saddam Hussein verlor nie das Vertrauen in sein Schicksal. Er hielt sich immer für einen Mann, der in der Welt, in der er lebte, absolut herrschen durfte. Als seine Macht immer stärker wurde, wuchsen auch seine Träume und seine Ansprüche. Saddams Abneigung, sich zu seinen bäuerlichen Ursprüngen zu bekennen, veranlaßten ihn, für sich die vornehmste Abstammung zu reklamieren. Der irakischen Öffentlichkeit hat er einen Familienstammbaum präsentiert. Der soll beweisen, daß seine Linie auf den Propheten Mohammed zurückgeht. Saddam Hussein hat gesagt: „Der Ruhm der Araber stammt vom Ruhm der Iraker ab. Immer wenn der Irak in der Geschichte mächtig und blühend war, war es auch die arabische Nation. Deshalb streben wir danach, den Irak zu einer mächtigen, fähigen und entwickelten Nation zu machen."

Die Mittel, die dazu verhelfen sollten, kann man schon aus den Schriften von Al Hadschadi herauslesen, des Herrschers im 17. Jahrhundert über jenes Land, das man heute Irak nennt. Dessen Regierung beschrieb der Schriftsteller Marshall Hodgson in seinem Buch „Das Abenteuer des Islam" als „offenen Terror". Folgende Zeilen von Al Hadschadi kennt jedes Schulkind im Irak: „Ich sehe Köpfe vor mir, die reif sind zum Pflücken, und ich bin der, der sie pflücken wird. Und ich sehe rötliches Blut schimmern zwischen den Turbanen und den Bärten."

Von Anfang an Terror

Nichts könnte das Wesen von Saddams Regime besser kennzeichnen als die Ströme von Blut, die seinen Aufstieg zur absoluten Macht im Juli 1979 begleiteten. Elf Jahre lang hatte Saddam abgewartet, hatte er in offensichtlicher Harmonie zusammengearbeitet mit seinem älteren Vetter Ahmad Hassan Al Bakr, dem Führer der Bath-Partei und Präsidenten der Republik. Im Laufe der Jahre hatte Saddam einen ihm ergebenen und rücksichtslosen Apparat der Geheimpolizei aufgebaut. An der Oberfläche schien alles in Ordnung zu sein. Aber hinter den Kulissen braute sich etwas über dem Kopf von Saddam zusammen.

Der Sieg des Ajatollah Ruhollah Khomeini über den Schah von Persien im Januar 1979 hatte die Schiiten im Irak wachgerüttelt. Obwohl sie mehr als 55 Prozent der Bevölkerung stellten, waren sie politisch machtlos. In einem großen schiitischen Slum-Viertel im Osten von Bagdad waren gewalttätige Aufstände ausgebrochen, als die Regierung die einflußreichsten schiitischen Religionsführer verhaften ließ. Die Organisation der Bath-Partei war in jener Gegend der Stadt zusammengebrochen. Die Auseinandersetzungen wurden so bedrohlich, daß es Bakr ratsam erschien, den Schiiten innerhalb der Partei etwas entgegenzukommen. Aber Saddam widersetzte sich allen Konzessionen. Der schiitische Teil der Partei habe es nicht geschafft, seine Glaubensgenossen unter Kontrolle zu halten. Er verdächtigte die Schiiten in der Bath-Partei, gegenüber den Aufständischen zu milde zu sein, und meinte, jene Elemente müßten bestraft werden. Er wollte nichts anderes als eine „Säuberung" durchführen. Viele Schiiten in der Partei, die früher mit Saddam zusammengearbeitet hatten, begannen sich nun um Bakr zu scharen. Zu ihnen gesellten sich auch einige Armeeoffiziere. Diese Gruppe stellte Überlegungen an, wie man diesem Saddam Einhalt gebieten könnte.

Ironischerweise hatte Saddam selbst ihnen den Weg gewiesen. Im Herbst 1978 hatten der Irak und Syrien, beide regiert von mörderisch zerstrittenen Bath-Parteien, plötzlich bekanntgegeben, daß sie sich vereinigen wollten. Saddam war der Architekt dieser Verständigungspolitik gewesen. Er wollte, daß die arabischen Staaten ihre Beziehungen zu Ägypten abbrachen, offensichtlich um Kairo für den Friedensvertrag mit Israel zu bestrafen, der unmittelbar vor dem Abschluß stand. Wenn er die arabischen Staaten dazu zwingen könnte, Ägypten, den wichtigsten und bevölkerungsreichsten arabischen Staat, zu ächten, würde der Weg frei sein für die Vorherrschaft des Irak in der arabischen Welt. Anfangs war Saddam auch durchaus erfolgreich. Auf dem arabischen Gipfeltreffen in Bagdad im November 1978 drohte Saddam mit einem Angriff auf Kuwait, während Syriens Präsident Hafis Assad die Saudis warnte: „Ich werde den Krieg bis in eure Schlafzimmer tragen." Die arabischen Staaten stimmten einem Bruch der Beziehungen mit Ägypten zu. Aber die Vereinigung mit Syrien drohte Saddams Stellung im Irak zu unterminieren. Es lag auf der Hand, daß dann Bakr der Präsident einer syrisch-irakischen Föderation sein würde und Assad sein Vizepräsident, während für Saddam nur die Nummer drei übriggeblieben wäre. Seine Rivalen drängten auf die Vereinigung mit Syrien, um Saddams Ambitionen zu bremsen. Saddam selbst vermutete, daß seine Gegner mit dieser Politik Erfolg haben könnten.

Während Saddam also in der geplanten Union Gefahren für die eigene Person sah, schien für den Tikriti-Clan das Machtmonopol auf dem Spiel zu stehen, einschließlich der gewaltigen Privilegien. Saddam entschied sich dafür, den 64 Jahre alten Bakr zum Rücktritt zu zwingen, so daß er selbst Präsident werden konnte. Dabei baute er auf die einhellige Unterstützung durch die führenden Männer seines Tikriti-Clans. Laut irakischen Quellen überredeten Khayrallah Tulfah und sein Sohn Adnan den Präsidenten Bakr, zum Vorteil der „Familie" abzutreten.

Widerstrebend stimmte Bakr zu. Er schickte dem syrischen Präsidenten Assad aber noch einen geheimen Brief, mit der Bitte, die Verhandlungen über die Union zu beschleunigen, denn „hier gibt es eine Strömung, die unsere Union schon im Keim ersticken will". So jedenfalls berichtete es der britische Journalist Patrick Seale. Am 16. Juli 1979 wurde der Rücktritt von Präsident Bakr bekanntgegeben, offiziell begründet mit seinem Gesundheitszustand. Saddam Hussein wurde nun Präsident, ebenso Generalsekretär der irakischen Bath-Partei, Oberbefehlshaber der Armee, Regierungschef und Vorsitzender des Revolutionsrates, alles in einer Person.

Am 22. Juli inszenierte er ein erstaunliches Spektakel zur feierlichen Eröffnung seiner Präsidentschaft. Er lud zu einer Parteiversammlung auf höchster Ebene, an der rund 1000 Mitglieder aus dem Parteikader teilnahmen. Dieses Treffen wurde auf Videoband aufgenommen. Einige Filmminuten davon wurden auch im amerikanischen Fernsehen gesendet, und über die Versammlung wurde kurz in den Zeitungen berichtet, aber nirgendwo gab es bisher eine vollständige Beschreibung dieses außergewöhnlichen Ereignisses. Die folgende Darstellung basiert auf einem Tonmitschnitt, welcher den Autoren dieses Buches zur Verfügung gestellt wurde, sowie auf den Aussagen eines irakischen Parteimitglieds, das den Videofilm gesehen hat. Die Versammlung wurde von Muhyi Abdul Hussein, dem Sekretär des Revolutionsrates und als Schiite Parteimitglied seit mehr als zwanzig Jahren, eröffnet. Er verlas ein vorfabriziertes Geständnis, in dem er Einzelheiten über seine Verwicklungen in eine Verschwörung bekanntgab, die wahrscheinlich von Syrien ausgegangen war. Muhyi rasselte sein Geständnis förmlich herunter, in der beflissenen Art eines Mannes, der glaubt, daß seine Kooperation ihm noch eine Gnadenfrist einräumen könne. (Es klappte nicht.) Dann ging Saddam ans Rednerpult, hielt eine lange, ausschweifende Rede über Verräter und Parteiloyalität und sagte schließlich: „Die Leute, deren Namen ich nun verlesen werde, sollen Hochrufe auf die Partei ausbringen und dann die Halle verlassen." Er begann zu lesen und unterbrach hin und wieder, um sich eine Zigarette anzuzünden. Einmal begann er mit dem Vornamen „Ghanim", stoppte seinen Redefluß, änderte seine Meinung und ging zum nächsten Namen über.

Als Saddam mit dem Lesen seiner „Liste der Verdammten" fertig war, erhoben sich die noch in der Halle verbliebenen Parteimitglieder von ihren Sitzen und brachen in Hochrufe auf ihren Führer aus: „Lang lebe Saddam" und: „Ich will auch sterben! Lang lebe der Vater von Uday" (Saddams ältester Sohn). Das Geschrei schwoll an und wurde immer hysterischer. Als es wieder ruhig geworden war, begann Saddam zu sprechen, unterbrach seine Rede plötzlich, um nach seinem Taschentuch zu suchen. Sein Gesicht war von Tränen überströmt. Als er sich seine Augen mit dem Taschentuch trocknete, brach auch die ganze Versammlung in lautes Weinen aus.

Nachdem Saddam seine Fassung wiedergefunden hatte, sagte er: „Ich bin sicher, daß viele von unseren Genossen etwas zu sagen haben, deshalb wollen wir mit ihnen diskutieren." Parteimitglieder forderten nun in ihren Reden eine große Säuberung. Ein Mann stand auf und rief: „Saddam Hussein ist zu milde. Seit langer Zeit hat es da in der Partei ein Problem gegeben ... Es gibt eine Verbindung zwischen Zweifel, Terror und einer unausgewogenen Demokratie. Das Problem ist, daß die Partei viel zu milde ist, das muß ihr angelastet werden."

Dann erklärte Saddams Vetter, Ali Hassan Al Majid: „Alles was du (und damit meinte er Saddam Hussein; die Redaktion) in der Vergangenheit getan hast, war richtig, und alles was du in Zukunft tun wirst, wird richtig sein. Ich sage dies aus meinem tiefen Glauben heraus, an die Partei und an deine Führerschaft." In den folgenden Debatten spielte immer wieder die Suche nach Verrätern die herausragende Rolle. Schließlich beendete Saddam die Diskussion. Inzwischen hatten mehr als zwanzig prominente Iraker die Halle verlassen. Saddam verkündete zum Schluß: „Wir brauchen hier keine stalinistischen Methoden, um mit den Verrätern fertig zu werden. Was wir benötigen, sind Bath-Methoden." Die Zuhörer brachen in einen tumultartigen Applaus aus.

In den folgenden Tagen und Wochen zwang Saddam führende Parteimitglieder und Minister, es ihm bei der eigenhändigen Hinrichtung von prominenten Partei-mitgliedern gleichzutun. Zu den Ermordeten gehörten Mohammed Mahjoub, ein Mitglied des regierenden Revolutionsrates; Mohammed Ayesh, Präsident der Gewerkschaft, und Biden Fadhel, dessen Stellvertreter; Ghanim Abdul Jalil, ein schiitisches Mitglied des Revo-lutionsrates und früher ein Vertrauter von Saddam, sowie der Jordanier Talib Al Suweleh. Zwei der mächtig-sten Gegner von Saddam waren schon vor der Versamm-lung am 22. Juli aus dem Weg geräumt worden: General Walid Mahmoud Sirat, ein hoher Offizier und Kopf der Opposition gegen Saddam, wurde gefoltert und sein Körper verstümmelt; Adnan Hamdani, stellvertretender Ministerpräsident, damals gerade in Regierungsgeschäf-ten in Syrien, wurde bei seiner Rückkehr auf dem Flug-hafen festgenommen und umgehend ermordet. Einige Kenner der Szene glauben, daß mehr als 500 Menschen in Saddams „Nacht der langen Messer" heimlich exe-kutiert wurden. Die genaue Zahl wird man wohl niemals erfahren.

Die Barbarei von Saddams Sieg bedeutete, daß er nun schier unbesiegbar schien. Er hatte seine Rivalen zer-schmettert. Seine Vormachtstellung als absoluter Führer war abgesichert. Er hatte den Staat durch die Partei er-setzt, und nun ersetzte er die Partei durch sich selbst, als Herr über Leben und Tod. Der Terror, den er entfachte, jagte den Leuten einerseits tödlichen Schrecken ein, andererseits weckte er aber auch Ehrfurcht. Und in einigen wenigen Menschen, die verschont worden waren, entstand sogar so etwas wie ein Gefühl der Dankbarkeit. Saddam hatte sein Versprechen von 1971 in die Tat um-gesetzt: „Bei den Methoden unserer Partei gibt es für keinen Abtrünnigen eine Chance, mit ein paar Panzern unsere Regierung zu stürzen." Zwischen 1920 und 1979 hatte der Irak 30 Staatsstreiche erlebt. Saddam war fest entschlossen, daß seiner der letzte sein sollte.

Nach Meinung von Samir Al Khalil, dem Autor des Buches „Republik der Angst", liegt der Schlüssel zum Verständnis von Saddams Herrschaft in der raffinierten Art und Weise, wie das Regime ganz normale Menschen in die Schreckensherrschaft der Partei einbindet. Khalil schreibt: „Der Erfolg hängt davon ab, in welchem Grade die Gesellschaft dafür ausgebildet wird, sich selbst zu überwachen. Wer ist Informant? Im Irak der Bath-Partei lautet die Antwort: Jeder." Ein europäischer Diplomat in Bagdad sagte in einem Interview mit einem Reporter der „New York Times", daß „man das Gefühl hat, daß mindestens drei Millionen Iraker die elf Millionen anderen überwachen". Seine Einschätzung dürfte gar nicht so falsch sein. Das Innenministerium ist das größte und wichtigste innerhab des Regierungsapparates, der insgesamt 23 Ministerien umfaßt. Khalil hat geschätzt, „daß Polizei und Geheimdienst zusammengezählt mehr Menschen beschäftigen, als die Armee Soldaten hat. Dieser Unterdrückungsapparat ist mindestens doppelt so groß, als es jener des Schahs von Persien war."

1984 hatte die Bath-Partei ungefähr 25 000 Vollmitglieder. Weitere 1,5 Millionen Iraker waren Sympathisanten oder unterstützten die Partei. Die Vollmitglieder sind auf das engste mit der Partei verbunden. Sympathisanten sind oft deshalb in dieser Organisation, um sich Vorteile zu verschaffen. Die Partei könnte schließlich für ihre Jobs sorgen. Wie lose ihre Verbindung mit der Partei auch sein mag, und viele haben in der Tat nur ein lauwarmes Verhältnis, sie sind auf alle Fälle Teil eines Systems, das die Menschen zwingt, an wöchentlichen Parteitreffen teilzunehmen. Wenn man davon ausgeht, daß von jedem Parteimitglied etwa vier oder fünf andere Iraker abhängen, so darf man sagen, daß die Bath-Partei direkt oder indirekt nahezu die Hälfte der irakischen Bevölkerung fest im Griff hat. Rund 30 Prozent der wahlberechtigten Einwohner sind Regierungsangestellte. Wenn man Armee und Polizei dazuzählt, springt die Zahl sogar auf 50 Prozent aller in den Städten beschäftigten Menschen – und das in einer Gesellschaft, in der nur etwa 65 Prozent aller Bürger in den städtischen Regionen leben. Für alle praktischen Dinge des Lebens haben die Begriffe Staat und Partei die gleiche Bedeutung.

„Unterdrückte Menschen verdienen immer ihr Schicksal, die Tyrannei wird durch das ganze Volk verwirklicht, sie ist keine individuelle Leistung eines einzelnen Menschen", schrieb der Marquis de Custine, nachdem er das zaristische Rußland in der ersten Hälfte des 19. Jahrhunderts besucht hatte. Seine Beurteilung fällt vielleicht zu hart aus, aber sie ist doch nicht ganz falsch. Simon Leys hat das China des Mao kennengelernt und vergleicht es mit dem Irak des Saddam: „Wenn Totalitarismus nur in der Unterdrückung einer unschuldigen Nation durch eine kleine Gruppe von Tyrannen bestünde, müßte ihr Sturz ja eigentlich leicht zu bewerkstelligen sein. In Wirklichkeit beruht die besondere Elastizität und Spannkraft solcher Systeme in ihrer Fähigkeit, die Opfer selbst mit einer allumfassenden Organisation und dem Management von Terror einzubinden, sie zu Kollaborateuren und Komplizen zu machen. Auf diese Weise haben die Opfer persönliche Vorteile davon, wenn sie das schlimme Regime verteidigen und beschützen, das sie selbst foltert und vernichtet." Bei der Polizei auf die eine oder andere Weise mitzuarbeiten, ist sozusagen eine der Hauptbeschäftigungen im Irak. 1978 waren rund 150000 Menschen beim Ministerium des Inneren und seinen verschiedenen Außenstellen angestellt. Das waren etwa 23 Prozent aller öffentlichen Bediensteten. (Lange Zeit wurden die irakischen Sicherheitsbeamten in der früheren DDR ausgebildet. Die Sicherheitsapparate und die Bevölkerungszahlen beider Länder waren ja ziemlich ähnlich. In der damaligen DDR hatte der Staatssicherheitsdienst 80000 Mitglieder; dazu kamen über 100000

„Inoffizielle", d.h. Spitzel. Die vergleichbaren Zahlen liegen im Irak mindestens ebenso hoch. Vielleicht sind sie sogar höher, denn die irakischen Behörden kontrollieren ja ihre Bevölkerung in einem noch stärkeren Maße, als es das Regime in der früheren DDR tat.)

Im inneren Sicherheitssystem des Irak gibt es viele verschiedene Organisationen mit sich überschneidenden Funktionen. Jede dieser Abteilungen hat eine Vielzahl von eigenen Gefängnissen. Sie sind angewiesen, sich gegenseitig auszuspionieren und zu überwachen, eigentlich noch viel stärker, als sie es gegenüber der Bevölkerung tun. Die wichtigsten Organisationen dieses fast lückenlosen Überwachungssystems sind:

Der Geheimdienst (oder Muhkabarat), der sich aus der Geheimpolizei der Bath-Partei heraus entwickelte. Diese Geheimpolizei, Dschihas Haneen, wurde von Saddam Hussein Mitte der sechziger Jahre gegründet. Heute ist der Geheimdienst für die Aufklärung sowohl im Inneren des Irak als auch in fremden Ländern zuständig. Von 1974 bis 1983 wurde er von Barsan Ibrahim Al Tikriti geführt, dem Halbbruder von Saddam Hussein. Ihm folgte Fadel Barrak, ein enger Vertrauter von Präsident Bakr, bis zum Sommer 1989. Danach wurde Fadel Selfeeg, ein Vetter mütterlicherseits von Saddam, an die Spitze gestellt, und Ende 1989 übernahm schließlich Saddams Halbbruder Sabawi die Führung des Apparats.

Die Innere Staatssicherheitsbehörde (Amn Al Amm) beschäftigt sich vor allem mit Aktionen im Landesinneren, obwohl sie gelegentlich auch schon an Missionen im Ausland beteiligt war. Glaubhaften Quellen zufolge ist ihr Chef Saddams jüngster Halbbruder Wathban.

Das Militärische Nachrichtenbüro (Istikhbarat) überwacht die Sicherheit innerhalb der Armee, spioniert ausländische Militärbelange aus und stellt die Militär-Attachés in den irakischen Botschaften überall in der Welt. Zusammen mit dem Geheimdienst führt diese Behörde Terroraktionen gegen irakische Dissidenten im Exil und gegen andere Ziele durch, verwirklicht

Saddams Drohung, daß „der Arm der Revolution jeden Feind erreicht, wo immer er sich auch befindet".

Mißliebige Iraker sind zumindest in folgenden Ländern umgebracht worden: Libanon, Schweden, England, Ägypten, im Sudan und in den Vereinigten Staaten. Mindestens ein Mordanschlag wurde in Paris versucht. Wenigstens vier Morde an Exil-Irakern in Detroit zwischen 1977 und 1983 werden als das Werk von Saddam Hussein angesehen. Ein Agent des Geheimdienstes wurde von einem britischen Gericht als der Anführer jenes Kommandos verurteilt, das einen Anschlag auf den israelischen Botschafter in London, Shlomo Argov, verübte. Dieser Vorfall war übrigens der Anlaß für die israelische Invasion im Libanon im Jahr 1982.

Die Organisation Amn Al Khass ist direkt dem Büro von Saddam Hussein unterstellt, sozusagen als sein persönliches Nachrichtenbüro. Es kontrolliert die auf ausländischen Banken angelegten Gelder, richtet Briefkastenfirmen ein und lenkt den „staatlichen" Schmuggel. Saddams Vetter und Schwiegersohn, Hussein Kamal Al Majid, Minister für Rüstungsindustrie, hält sehr enge Verbindungen zu dieser Organisation.

Der Parteisicherheitsdienst (Amn Al Hisb) überwacht die Beziehungen zwischen den Parteimitgliedern, kontrolliert alle Parteiorganisationen und Parteibüros im ganzen Land.

Schließlich gibt es noch die verschiedenartigsten Einrichtungen der Polizei, wie die Einheiten an der Grenze und eine spezielle mobile Polizeitruppe. Der zynische Umgang mit der irakischen Bevölkerung, die Mißhandlungen und die Qualen, die die Menschen erleiden mußten, wurden detailliert in den Berichten von Amnesty International und von Middle East Watch, einer Abteilung der Human Rights Watch, dokumentiert. Beides sind gemeinnützige Unternehmen, die sich um die Einhaltung der Menschenrechte in aller Welt kümmern. Middle East Watch schrieb in seinem Bericht „Menschenrechte im Irak" im Jahr 1990: „Der Irak wurde unter der Führung der Bath-Partei eine Nation von Spitzeln und Denunzianten. Parteimitglieder müssen Informationen über ihre Familien, Freunde und Bekannten liefern, einschließlich solcher Nachrichten über andere Parteimitglieder ... Alle Lehrer sind aufgefordert, der Partei beizutreten, und wer sich weigert oder als unzuverlässig gilt, wird entlassen ... Die Lehrer fragen ihre Schüler über die politischen Ansichten ihrer Eltern aus, mit dem Resultat, daß die Eltern ihre wahren Gedanken vor ihren Kindern verbergen müssen."

Wer sich weigert, Spitzeldienste zu leisten, wird schwer bestraft. Laut einem Bericht des in London erscheinenden „Index on Censorship" wurde ein früheres führendes Mitglied der regierenden Bath-Partei im August 1987 in Bagdad verhaftet. Spitzel hatten verraten, daß er an einem Treffen teilgenommen hatte, wo Witze über Präsident Saddam Hussein erzählt wurden. Der Mann wurde festgenommen, weil er die Behörden nicht unterrichtete. Das gleiche passierte allen männlichen Mitgliedern seiner Familie, drei Söhnen und einem Schwiegersohn. Während der Verhöre wurden alle gefoltert. Alle fünf wurden später hingerichtet und das Haus der Familie dem Erdboden gleichgemacht.

Öffentliche Beleidigungen des Präsidenten oder von Institutionen des Staates oder der Partei werden mit lebenslangem Zuchthaus oder mit dem Tod bestraft. Die irakische Regierung führt eine Liste mit 25 Verstößen, die alle mit der Todesstrafe geahndet werden. Im Bericht des Middle East Watch steht: „Kollektive Bestrafungen gehören zum Alltag im Irak. In den kurdischen Gebieten wurden Leute zusammengetrieben und als Vergeltungsmaßnahme für Angriffe gegen irakisches Militär oder gegen Beamte niedergeschossen. Sippenhaft ist im Irak an der Tagesordnung. Wenn man Menschen, die zum Beispiel wegen politischer Verbrechen gesucht werden, nicht habhaft werden kann, werden andere Familienmitglieder verhaftet und oft genug gefoltert und ermordet." Leute im Irak „verschwinden einfach".

Khalil beschreibt eine derartige Szene in seinem Buch „Republik der Angst": „So etwas ähnliches wie eine Leiche wird Wochen später oder vielleicht sogar Monate später zurückgebracht und dem Familienoberhaupt in einer versiegelten Kiste übergeben. Beigefügt ist ein Totenschein mit dem Hinweis, daß die Person zum Beispiel ertrunken sei oder bei einem Feuer umgekommen. Manchen Menschen wird erlaubt, dann eine Totenfeier abzuhalten, aber niemandem ist es gestattet, die Kiste zu öffnen und die Leiche anzusehen. Umgehend werden die Kosten eingetrieben, und die ganze Sache ist wenige Stunden nach dem ersten Klopfen an der Tür beendet."

Viele Folterungen wurden sorgfältig dokumentiert. Im Jahre 1981 berichtete Amnesty International von einem jungen Journalisten, der im Februar 1978 verhaftet worden war: „Während der ersten beiden Wochen wurde er in verschiedene Räume gebracht und mit Fäusten, Stöcken und Peitschen geschlagen ... In einem Zimmer wurde er geküßt, gestreichelt und sexuell mißbraucht, bis man ihn dann hinauswarf und ihn schlug und trat. Er wurde immer systematischer gefoltert, was stets ein bis zwei Stunden dauerte. Oft genug wurde er so hart geschlagen, daß er das Bewußtsein verlor ... Als er einmal wieder klar denken konnte, merkte er, daß man ihm die Hosen ausgezogen und ihn vergewaltigt hatte. Immer wieder wurde er gezwungen, sich auf ein flaschenähnliches Objekt zu setzen, das tief in seinen After eindrang. Familienmitglieder wurden immer wieder gefoltert, um die zu bestrafen, deren man nicht habhaft werden konnte. Es geschah aber auch, um Druck auf Menschen auszuüben, die bereits im Gefängnis saßen. Wenn die Behörden jene nicht fassen konnten, die sie suchten, wurden Verwandte als Geiseln genommen. Man verhaftete Kinder und folterte sie, um Geständnisse von ihren Eltern zu erzwingen."

Die Kurden wurden immer öfter ein spezielles Objekt für die Repressionen des Regimes. Sie stellen etwa 20 Prozent der irakischen Bevölkerung, sind in der Mehrzahl

sunnitische Moslems, aber keine Araber. Die Sieger-
mächte des Ersten Weltkrieges versprachen den Kurden
einen eigenen Staat, als das besiegte Osmanische Reich
aufgeteilt wurde. Aber sie machten ihre Versprechungen
nicht wahr, ein kurdischer Staat wurde nicht geschaffen,
und die Spannungen zwischen den Kurden und den
jeweiligen Machthabern in Bagdad dauerten an. Aber
noch kein irakisches Regime ist gegen die Kurden so brutal vorgegangen wie das von Saddam Hussein.
Der häßliche Kampf gegen die Kurden wurde ohne jede
Beachtung der Menschenrechte geführt. Bei einer dieser
Greueltaten, die nachgewiesen werden können, wurden
zum Beispiel 77 Frauen und Kinder, die sich in einen
Schutzraum in einer Höhle gegen den Artilleriebeschuß
gerettet hatten, bei vollem Bewußtsein verbrannt. Im
März 1974 wurden zwei kurdische Städte mit ungefähr
25000 bzw. 20000 Einwohnern dem Erdboden gleichgemacht. Dabei verwendeten die Iraker auch Napalm-
Bomben. Hunderttausende Kurden waren gezwungen,
zu flüchten. Edward Mortimer, Kriegsberichterstatter
der Londoner „Times“, hat geschätzt, daß während des
Krieges zwischen dem Irak und dem Iran etwa die Hälfte
der insgesamt 1,5 Millionen Kurden aus ihrer Heimat
vertrieben wurden, circa 100000 flüchteten in den Iran.
Kurdische Rebellen, die sich bereits den Regierungstruppen ergeben hatten, wurden oft über den Hau-
fen geschossen, sobald sie die erhobenen Hände herun-
ternahmen. Es gab Massendeportationen von ganzen
Familien und Dörfern; Familien wurden zwangsweise in
der südwestlichen Wüstenregion des Irak angesiedelt.
Wie viele Menschen davon betroffen waren, ist unbekannt. Schätzungen reichen von mindestens 50000 bis
350000.
Ein besonders schlimmes Beispiel für Saddam Husseins
unbarmherzige Bereitschaft, einen skrupellosen Krieg zu
führen, ist der mörderische Einsatz von Gas zur Unterdrückung der Kurden, womit der Irak der einzige Staat in
der Welt ist, der jemals chemische Waffen gegen die

eigenen Bürger einsetzte. Amnesty International zitierte im Oktober 1988 die Aussagen von Überlebenden: „Die Interviewten erklärten, Mitglieder ihrer Familien, einschließlich Kinder, wären unmittelbar nach dem Angriff mit Gas gestorben, andere konnten wegen ihrer schweren Verletzungen nicht mehr fliehen. Sie erzählten uns, irakische Truppen hätten zunächst chemische Waffen eingesetzt, dann die betroffenen Dörfer gestürmt, die Häuser entweder mit Dynamit in die Luft gejagt oder sie mit Bulldozern dem Erdboden gleichgemacht."

Saddams Terror ist darauf angelegt, eine zivile Gesellschaft zu zerstören und alle Ansätze (oder mögliche Ansätze) von Opposition im Keim zu ersticken. Er erzeugt ein Klima von allseitiger Verdächtigung im Land, so daß keiner dem anderen über den Weg traut; keiner sich etwa mit einem anderen gegen Saddam verschwören könnte. Eine autokratische und im Gleichschritt ausgerichtete Zivilisation betrachtet Terror als Lösung aller ihrer Probleme. Die Einzelperson hat keinerlei Rechte, alle Menschen unterliegen dem Zwang durch den Staat. Und Saddam Hussein hat sich den Staat unterworfen.

Seit der Besetzung von Kuwait sind viele Leute geschockt von Saddams Vorgehensweise, einer schreienden Verletzung internationaler Konventionen und des Völkerrechts. Saddam wollte in Kuwait die Gesellschaft völlig umkrempeln, ein klarer Verstoß gegen die Genfer Konvention. Die Akten über die kuwaitischen Bürger wurden nach Bagdad gebracht. Kuwaiter wurden aus ihrer Heimat vertrieben, Iraker ermuntert, nach Kuwait zu übersiedeln. Ausländer benützte Saddam gegen ihren Willen als menschliche Schutzschilde von militärischen Zielen. Irakische Soldaten hatten keine Skrupel, ausländische Botschaften zu besetzen und deren Angestellte gefangenzusetzen. Früher hatte Saddam noch Unterschiede gemacht zwischen der Behandlung der eigenen Bevölkerung und dem Umgang mit fremden Ländern. Nun verfuhr er mit der Welt so wie mit seinen Landsleuten – mit nackter Gewalt und mit der Drohung, sein schreckenerregendes Waffenpotential einzusetzen. Die brutale Machtausübung im und gegen das Ausland stärkte seine Autorität zu Hause. Einschüchterungen und Drohungen verschafften ihm im eigenen Land eine Aura der Unbesiegbarkeit. Es ist ja ein altes Rezept, durch „Kriegsabenteuer" die heimische Bevölkerung bei der Stange zu halten und sie von ihren eigenen Sorgen und Nöten abzulenken. Schon die alten Griechen waren mit diesem Phänomen vertraut. Plato schrieb: „Ein Tyrann zettelt immer Kiege an, so daß das eigene Volk dringend eines Führers bedarf."

Saddam mußte darauf achten, daß sich seine gewaltige Armee nicht gegen ihn stellen würde. Um die vollständige Kontrolle über das Militär zu erringen, wandte er ähnliche Methoden an wie gegen seine zivilen Gegner. Er zerschlug die alten Strukturen, reformierte das Offizierskorps, brachte seine eigenen Anhänger in Schlüsselpositionen. Parteimitglieder erklommen rasch höchste Positionen im militärischen Bereich. Politkommissare überwachten die Armeeoffiziere, und die Kommissare wurden wiederum vom Militärkomitee der Bath-Partei kontrolliert. Die politische Zuverlässigkeit wurde das entscheidende Kriterium für eine Offizierslaufbahn.

Aber Saddam Hussein konnte doch nie ganz sicher sein, daß sich die Armee tatsächlich loyal verhielt und ihn respektierte. Seine Macht über das Militär war immer ein Problem für ihn. Er besaß keine militärische Erfahrung, er hatte sozusagen nie „gedient" und verfügte deshalb anfangs kaum über Rückhalt in der Truppe. Deshalb achtete er immer streng darauf, daß kein höherer Offizier zu mächtig oder einflußreich wurde. Die höheren Chargen wurden oft an andere Standorte versetzt und Offiziere, die hätten gefährlich werden können, rechtzeitig mit dem Mittel der Exekution eliminiert.

Als im Krieg zwischen dem Irak und dem Iran die ersten Rückschläge für Saddams Truppen kamen, soll er persönlich einen Offizier, der die Nerven verloren hatte, mit seinem Revolver erschossen haben.

Im Jahr 1982 gab Saddam Hussein dem Reporter des „Stern" ein Interview:

Stern: Es ist bekannt, daß Eure Exzellenz nicht zufrieden ist mit dem militärischen Oberkommando. Entspricht es der Wahrheit, daß kürzlich 300 hochrangige Offiziere hingerichtet worden sind?

Hussein: Nein. Aber zwei Divisionskommandeure und der Chef einer Panzereinheit sind erschossen worden. Das ist etwas ganz Normales in allen Kriegen.

Stern: Aus welchen Gründen?

Hussein: Sie versäumten es, in der Schlacht um Chorramschahr ihre Pflicht zu tun.

Diese Methoden, Gehorsam und „Pflichterfüllung" zu erzwingen, wurden in dem langen Krieg gegen den Iran fragwürdig, beeinträchtigten sie doch ernstlich die Fähigkeit der Armee, einen effizienten Krieg zu führen. Saddam mußte es zulassen, daß auch unabhängige Offiziere, die vielleicht sogar etwas kritisch eingestellt waren, in der Armee Karriere machten. Es war unvermeidlich, daß Generäle populär wurden. Aber nach Ende des Krieges verstärkte Saddam seine Kontrolle wieder, und die alten Methoden griffen erneut. Zwischen Dezember 1988 und März 1989 wurden Hunderte von Offizieren eingesperrt, viele von ihnen hingerichtet. Der populärste Kriegsheld des Irak, General Maher Abdul Raschid, dessen Tochter früher einmal mit Saddams Sohn Qusay verheiratet gewesen war, verschwand völlig aus der Öffentlichkeit.

Der Blutzoll, den Saddam von seinem eigenen Volk forderte, entzieht sich auf den ersten Blick jedem Verständnis. Warum ließ ein so reiches Öl-Land wie der Irak seine Jugend, seine Zukunft, in einem von ihm selbst ausgelösten Blutbad verderben – einem Gemetzel, das selbst für die Verhältnisse im Nahen Osten ein schreckenerregendes Ausmaß hatte?

Es gibt da wohl einen prinzipiellen Wesenszug in

Saddams Verhalten. Robert Conquest, der Autor von „Der große Terror", dem Standardwerk über Stalins „Gulag" (die Arbeitsstraflager), hat vielleicht eine Teilantwort gegeben: „Man errichtet keine Diktatur zur Absicherung einer Revolution; man macht eine Revolution, um eine Diktatur zu etablieren. Das Ziel von Verfolgung ist Verfolgung. Das Ziel von Macht ist Macht."

Aber, die unendlichen Säuberungsaktionen, eine brutaler und blutiger als die andere, sind nur schwer verständlich und dem menschlichen Begriffsvermögen kaum zugänglich. Vielleicht hat Alexander Vialatte den Kern dieser Art von Despotismus erfaßt, als er vom Schicksal eines Kannibalenstammes in einem weitabgelegenen tropischen Land berichtete: „In diesem Gebiet gibt es keine Kannibalen mehr, seit die dortigen Chefs die letzten aufgefressen haben."

Die Legende von Nebukadnezar

Saddams ungezügelter Einsatz von Terror, um seine Herrschaft zu rechtfertigen und zu festigen, hat seine Wurzeln in einer weit zurückliegenden Vergangenheit. Im Gegensatz zu einer so homogenen und beständigen arabischen Nation wie Ägypten wurde der Irak von fremden Mächten aus verschiedenen Völkern und Stämmen förmlich zusammengebastelt. Es wirkt paradox, daß unter Saddam Husseins Herrschaft aus einem zusammengestückelten Land eine Nation geformt werden soll, im Namen des Panarabertums, das die Legitimität von nationalen Grenzen, wie sie anfangs des Jahrhunderts von den europäischen Kolonialmächten gezogen wurden, immer geleugnet hatte. Appelle an den Patriotismus berufen sich immer auf die Vor-Kolonialzeit, auf eine Vergangenheit, als es den Irak selbst noch gar nicht gab.

Geradezu zwanghaft benutzt Saddam die vergangene Geschichte, um von einer ruhmreichen Zukunft zu träumen. Er hat sich auf ein gigantisches Unternehmen eingelassen, auf die Rekonstruktion einer Version des antiken Babylon. Millionen von Ziegeln wurden gebrannt, viele von ihnen trugen die Inschrift: „Das Babylon von Nebukadnezar wurde in der Ära von Saddam Hussein wieder aufgebaut." Oft genug wird Saddam als der Nebukadnezar unserer Tage dargestellt. Nebukadnezar herrschte über Babylon im 6. Jahrhundert vor Christus. Das Alte Testament hält die Erinnerung an ihn wach, als Eroberer von Jerusalem und als den Mann, der die Juden in die Babylonische Gefangenschaft führte. Während einer offiziellen nächtlichen Feier forderte man Diplomaten und andere geladene Gäste auf, ihre Augen gen Himmel zu richten, hinauf in eine schwarze, sternenlose Nacht. Dort oben erschienen plötzlich die Porträts von Saddam und Nebukadnezar, mit Laserstrahlen in den Nachthimmel gezeichnet. Saddams Gesichtszüge wurden ungewöhnlich hart und scharf nachgebildet, damit sie dem in Stein gehauenen antiken Gesicht von Nebukadnezar ähnlich waren.

Das Schicksal des Irak ist unlösbar mit den mythischen Berichten über das antike Mesopotamien verbunden. Die Griechen gaben diesem Gebiet den Namen Mesopotamien, was soviel bedeutet wie Land zwischen den Flüssen. Tatsächlich formen Tigris und Euphrat noch immer das Herzstück des heutigen Irak. Bagdad liegt am Tigris, der in der Türkei entspringt und nach Süden fließt. Er verbindet sich dann mit dem Fluß Euphrat, der vom Westen herkommt, aus Syrien. Oberhalb von Basra vereinigen sich die beiden Flüsse. Basra ist die zweitgrößte Stadt des Irak und die Metropole seines Südens. Aus der Vereinigung der beiden Flüsse entsteht dann der Schatt Al Arab, „der Fluß der Araber". Südlich von Basra bildet der Schatt Al Arab die Grenze zwischen dem Irak und dem Iran.

Der Irak ist etwa so groß wie der amerikanische Bundesstaat Kalifornien und hat rund 17 Millionen Einwohner. In seinen höchst unterschiedlichen Landschaften leben die verschiedenartigsten Völker. Sunnitische Araber stellen rund 20 Prozent der Bevölkerung, die meisten von ihnen wohnen in dem Gebiet nördlich von Bagdad zwischen dem Euphrat und dem Tigris. Die fruchtbare, dicht besiedelte Flußlandschaft südlich von Bagdad ist die Heimat von schiitischen Arabern, etwa 55 Prozent der Einwohner, die also die knappe Mehrheit im Land bilden, aber in sich eine überwältigende Vielfalt bieten. Die Kurden, weitgehend sunnitische Moslems und keine Araber, sind in den nördlichen Bergen zu Hause und stellen etwa einen Anteil von 20 Prozent der Bevölkerung. Der West-Irak ist ein Teil der Großen Syrischen Wüste, die einen weiten Bogen schlägt durch das östliche Jordanien und durch Saudi-Arabien bis nach Zentral-Syrien. Dieser Teil des Irak wird von nur wenigen Beduinenstämmen bewohnt.

Die beiden Flüsse umschließen zwar sozusagen das Herz

des Irak, sie bilden aber nicht die Grenzen des Landes. Die heutigen Staatsgrenzen des Irak wurden zum größten Teil willkürlich gezogen, sie haben keine historische Basis. Das jetzige Staatsgebiet des Irak geht auf das berüchtigte „Sykes-Picot-Abkommen" von 1916 zurück, als Briten und Franzosen das Land aufteilten, in Erwartung ihres Sieges über das Osmanische Reich im Ersten Weltkrieg. Nach dem Krieg verschmolzen die Briten drei frühere osmanische Bezirke zu einem neuen Staat Irak: die Bezirke Bagdad, Basra und Mosul.

Nur die Grenze zum Iran wurde nicht künstlich gezogen. Sie existierte schon vor 250 Jahren als Trennlinie zwischen Persien und dem Osmanischen Reich. Die meisten anderen Grenzen des Irak – die mit Kuwait und Saudi-Arabien im Süden und jene mit Jordanien und Syrien im Westen – sind eigentlich nichts anderes als gerade Linien im Sand, gezogen von den britischen Siegern. Iraks Grenze mit der Türkei entspricht einer früheren Grenzziehung im Osmanischen Reich, ungefähr jener der Provinz Mosul. Aber auch diese Linie ist künstlich, teilt sie doch die kurdische Bevölkerung, die diesseits und jenseits dieser Grenze lebt. Rein geographisch betrachtet ist der neue Irak bei diesen Regelungen schlecht weggekommen. Als unabhängiger Staat muß der Irak Nachteile in Kauf nehmen, die nicht existierten, als er noch eine Provinz des riesigen Osmanischen Reiches war. Nun sieht er sich dem Problem der Einkreisung durch feindliche Mächte gegenüber. Zieht man die Offenheit dieses Landes außerhalb der beiden Flüsse in Betracht, kann es niemanden überraschen, daß die Region Mesopotamien in der Geschichte stets höchst verwundbar war für Invasionen von allen Seiten.

Auch die beiden größten Städte liegen da wie auf einem Präsentierteller. Zwischen Bagdad und der iranischen Grenze erstrecken sich nur rund 100 Kilometer, Basra ist gar nur 45 Kilometer von dem einstigen Persien entfernt. Während des Krieges zwischen dem Irak und dem Iran wurde Bagdad immer wieder zum Angriffsziel für iranische Raketen, lange bevor der Irak über ein ähnliches Waffenarsenal verfügte und zurückschlagen konnte. Basra war nahezu während des ganzen Krieges belagert. Zweitens hat der Irak praktisch keinen Zugang zu den lebenswichtigen Meeren, er ist mehr oder weniger ein reines Binnenland. Sein Zugang zum Persischen Golf beschränkt sich auf einen dürftigen Streifen von rund 40 Kilometer Breite, und der Schatt Al Arab ist nur als Wasserstraße ins Landesinnere zu benützen. Der Ausbruch des Golfkrieges im Jahr 1980 verwandelte ihn sozusagen in eine Sackgasse, und der Iran schnitt den Irak vom Zugang zu seinen kleinen Golfhäfen völlig ab.

Während des Krieges war der Irak beim Transport seiner lebenswichtigen Güter ganz auf die Hilfe seiner Nachbarn angewiesen, speziell die Jordaniens.

Es ist eine Ironie der Geschichte, daß Saddam Hussein jenes Land beherrscht, das die Wiege der Zivilisation war. Die Sumerer, die im 3. Jahrtausend v. Chr. in den Ebenen Mesopotamiens südlich des heutigen Bagdad lebten, entwickelten das erste Schriftsystem der Welt, die ersten Stadtkulturen und die erste Verwaltungsbürokratie.

Rund tausend Jahre später wurde Mesopotamien von zwei Reichen beherrscht. Die Babylonier, berühmt wegen ihrer kulturellen und wissenschaftlichen Leistungen, regierten im Süden. Ihr großer König Hammurabi (1792–1750 v. Chr.) schuf das erste aufgeschriebene Gesetzeswerk für eine Gesellschaft. Als überragende Astronomen entwickelten die Babylonier ein Maßsystem für die Zeit, das wir noch heute benützen. Die Stunde wurde in 60 Minuten eingeteilt, und die Minute wiederum in 60 Sekunden, denn die Zahl 60 war die Basis des babylonischen Zahlensystems.

Babylons Rivalen, die Assyrer, kontrollierten die nördliche Hälfte von Mesopotamien, mit ihrer Metropole Ninive, die nahe beim heutigen Mosul lag. Die kriegerischen und eroberungssüchtigen Assyrer erfanden die erste Militärkultur der Welt. Ihr größter Feldherr,

Tiglatpileser III. (745–727 v. Chr.) entwickelte das Konzept dafür: ein stehendes Heer, ständig kontrolliert von einer fest installierten politischen Bürokratie. Bekannt waren die Assyrer auch wegen ihrer Grausamkeit, die den unerwünschten Effekt mit sich brachte, daß es ständig zu Aufständen unter der unterworfenen Bevölkerung kam. Ihr Reich war deshalb sehr zerbrechlich.

In der Antike war es üblich, die in Stein gehauenen Bilder der großen Herrscher der Nachwelt zu überliefern. Das gewaltige Steinrelief von König Assurbanipal II. (669–627 v. Chr.) ist ein Beweis für die Härte, mit der die Assyrer herrschten. Ein Relief zeigt Assurbanipal vor einem Baum stehend, an dessen Ästen der abgeschlagene Kopf eines Feindes hängt. Ringsherum liegen die Leichen von Erschlagenen. Heute gibt es ein ähnliches Bildwerk von Saddam Hussein. Er steht in Bagdad als riesige Bronzestatue, und seine riesigen Arme schweben über den zerschmetterten Helmen von toten iranischen Soldaten. Obwohl sie heute als bedeutende antike Kunstwerke betrachtet werden, dienten die assyrischen Steinreliefs demselben Zweck wie Saddams Videos und sein Persönlichkeitskult: die Untertanen stets daran zu erinnern, welche Macht und welche Brutalität der Herrscher ausübt, um seine Autorität unangreifbar zu machen. Es gibt noch eine weitere Parallele zwischen den antiken Assyrern und den modernen Irakern. Ein bekannter Archäologe behauptet, daß die ständigen Eroberungszüge der Assyrer von inneren Problemen verursacht worden waren, und daß ihre Expansionsgelüste „einzig und allein mit der Schwäche ihres Systems erklärt werden können". Etwa im Jahr 500 v. Chr. wurde die alte Kultur in Mesopotamien ausgelöscht. Babylonien und Assyrien wurden von Kyros dem Großen erobert. In den folgenden elf Jahrhunderten übten die verschiedensten griechischen und persischen Eroberer die Vorherrschaft in Mesopotamien aus, bis im 16. Jahrhundert die türkische Invasion ein neues Zeitalter brachte.

Saddam Hussein nannte seinen Krieg mit dem Iran

„Kadesia Saddam", womit er die Erinnerung an die Schlacht von Kadesia im Jahr 637 wecken wollte, in der arabische Völker, die gerade zum Islam übergetreten waren, die persischen Herrscher aus Mesopotamien vertrieben. Die Moslems trugen nicht nur ihre Religion ins Land, sondern etablierten dort auch eine arabische Vorherrschaft und gaben dem Gebiet seinen modernen Namen: Irak. Es war ein sehr unruhiges erstes irakisches Jahrhundert unter dem Zeichen des Islam. Unter den Moslems gab es bald Spannungen und Streit. Von größter Bedeutung war das Schisma zwischen Sunniten und Schiiten. Ursache war ein Streit über die Nachfolge des Propheten Mohammed. Die eine Gruppe, die „Schia", sah den Erben in Mohammeds Schwiegersohn und Vetter Ali. Die Sunniten favorisierten die alte Aristokratie von Mekka, Geburtsort des Islam und seine heiligste Stätte. Die Sunniten setzten sich zunächst durch, und drei ihrer führenden Männer regierten die islamischen Völker nun hintereinander. Aber im Jahr 656 beschuldigten meuternde arabische Soldaten Othman, den dritten Kalifen, der Ungerechtigkeit und des Despotismus, ermordeten ihn und proklamierten Ali als neuen Herrscher.

Was folgte, war Bürgerkrieg. Ali flüchtete in die Hauptstadt des damaligen Irak, nach Kufa, südwestlich des heutigen Bagdad gelegen. Muawija, Herrscher von Syrien und ein Vetter von Othman, stellte sich Ali und seinen Truppen zum Kampf. Nach ein paar erfolglosen Scharmützeln wollte sich Ali mit Muawija einigen, aber seine fanatischen Anhänger betrachteten bereits Verhandlungen als einen Kompromiß mit Ungerechtigkeit und ermordeten ihn. Danach wurde Muawija zum neuen Kalifen ausgerufen, gründete die Omaijaden-Dynastie und verlegte den Regierungssitz der moslemischen Herrschaft nach Damaskus. Ali wurde in Nadschaf begraben, bis heute mit ihrem Schrein eine heilige Stadt für die Schiiten. In Nadschaf verbrachte Ajatollah Khomeini viele Jahre seines Exils in den siebziger Jahren. Eine Generation später rebellierte Alis Sohn Hussein, ein

Enkel des Propheten, gegen Muawijas Sohn, der nach dem Tod seines Vaters Kalif geworden war. Die Bevölkerung von Kufa forderte im Jahr 680 Hussein auf, sich an die Spitze einer Revolte zu stellen. Aber noch ehe Hussein die Stadt erreichen konnte, wurden die Einwohner von Kufa von der Omaijaden-Dynastie unterworfen, so daß sie ihn in den entscheidenden Kämpfen nicht unterstützen konnten. Alleingelassen, wurden Hussein und seine wenigen Gefolgsleute von einer übermächtigen Armee in der Nähe der Stadt Kerbela vernichtend geschlagen und massakriert. In der Geschichte der schiitischen Religion nimmt Husseins Martyrium einen wichtigen Platz ein, und sein mutiges Verhalten angesichts des sicheren Todes wurde zum Inhalt höchst gefühlsbetonter Passionsspiele. In Kerbela entstand so das zweite Heiligtum der Schiiten im Irak.

Innerlich zerrissen und instabil blieb der Irak bis 694, als die Omaijaden den unbarmherzigen und gewaltigen Al Hadschadsch als Gouverneur einsetzten. Nach seiner Ankunft in Kufa befahl Al Hadschadsch der Bevölkerung, sich zu versammeln, und hielt ihr eine Rede: „O Volk des Irak, o Volk der Zwietracht und der Heuchelei, ihr wart Aufrührer und Rechtsbrecher. Bei Gott, ich sollte euch das Fell gerben, ich sollte euch schlagen wie streunende Kamele ... Bei Gott, was ich verspreche, halte ich auch; was ich verspreche, werde ich vollenden; was ich abmesse, schneide ich ab." Immerhin, bei aller Brutalität sicherte er auch den Frieden im Irak und ließ Handel und Landwirtschaft aufblühen.

Die neuen moslemischen Herrscher erbauten Bagdad und machten es zu ihrer Hauptstadt. Unter den Kalifen des Abbasiden-Geschlechts (750–1258) erreichte der Islam seinen kulturellen Höhepunkt. Unter den Abbasiden entwickelte sich auch der Irak zu seiner höchsten politischen und kulturellen Blüte in den 2.500 Jahren seit dem Ende der antiken Zivilisation Mesopotamiens bis in unsere Tage.

Die Abbasiden beherrschten ein riesiges Gebiet vom

heutigen Afghanistan bis nach Nordafrika, und sie förderten die Zusammenführung von persischen, griechischen und arabischen Wissenschaften und Kulturen. Mathematik, Chemie, Astronomie, Medizin, Geographie und Literatur blühten auf wie nie zuvor. Es entstand die berühmte Bibliothek Bayt Al Hikmah, das „Haus der Weisheit". Abu Nuwas, der freizügige Poet des 8. Jahrhunderts, widmete seine Lyrik der Liebe und dem Wein. Al Idrisi zeichnete die erste Landkarte der Welt. Der Mathematiker Al Chwarismi, dem wir die Begriffe Algorithmus und Logarithmus verdanken, systematisierte das Studium der Algebra, und sein Buch „Al Jabr" gab diesem Bereich der Mathematik seinen Namen. Aber bei all ihrem Ruhm zeigten die Abbasiden auch die dunkle Seite der Herrscher im Irak. Die alten Perser hatten, ebenso wie ihre assyrischen Zeitgenossen, die Tradition einer strengen, absoluten Monarchie gepflegt. Die Abbasiden, obwohl Araber, übernahmen diesen Teil der persischen Herrschaftstechnik. Nach dem Sturz der Omaijaden-Dynastie hieß der erste Kalif aus dem Abbasiden-Geschlecht As Saffah (750–754). Alle Mitglieder der früheren Herrscherfamilie, derer er nur habhaft werden konnte, ließ er abschlachten. Er war genauso rücksichtslos und brutal wie seine Vorgänger. Sogar die Verbündeten der Abbasiden litten unter deren strengem Regiment. Zum Beispiel waren die Schiiten die wichtigsten Helfer bei der Machtübernahme der Abbasiden gewesen und hatten dadurch ein gewisses Maß an Selbständigkeit erreicht. Aber Kalif Al Mansur, der Nachfolger von As Saffah, ließ ihre Führer ermorden, um so schon eine mögliche Basis für künftige Gegner auszulöschen. Al Mansur beschäftigte einen gewaltigen bürokratischen Apparat, um alle seine Provinzen aufs schärfste überwachen zu können. Er unterhielt ein dicht geknüpftes Netz von Spionen, um jede Verschwörung schon im Keim ersticken zu können. Schließlich hatte ja auch eine Verschwörung seine eigene Familie an die Macht gebracht. Die Abbasiden übernahmen von den Persern auch ein höfisches Zeremoniell, das den Kalifen zu einer schier überirdischen Gestalt machte, dessen auch ganz gewöhnliche Worte wie ein göttliches Gesetz zu befolgen waren. Nur ganz hochgestellte Personen durften das Wort an den Kalifen richten. Um sich ihm nähern zu können, mußte man ein ausgeklügeltes Ritual befolgen, zum Beispiel den Boden vor seinen Füßen küssen. Dies alles stand im großen Gegensatz zu der arabischen und der frühen islamischen Tradition, wonach der Kalif eigentlich ein Mann aus dem Volk sein sollte. Solche Sitten erregten den Zorn der religiösen Führer und ihrer gottesfürchtigen Anhänger, auch der Schiiten, die während der ganzen Jahrhunderte immer wieder gegen die Herrschaft der Abbasiden revoltierten.

Schließlich mußten die Kalifen sogar türkische Söldner ins Land holen, um an der Macht zu bleiben. Am Ende des 9. Jahrhunderts wurden aber die Türken am Hof des Kalifen immer einflußreicher und warfen sich schließlich zu den wirklichen Herrschern von Bagdad auf, machten aus dem Kalifen eine Marionette, die sie nach Belieben auswechseln konnten. Am Ende war die Regierung nahezu machtlos, und Gesetzlosigkeiten breiteten sich wie eine Krankheit aus.

So war der Ruhm der Abbasiden schon längst vergangen, als die mongolischen Horden an den Grenzen des Irak auftauchten. Isoliert unter den arabischen Staaten, mußte der Irak die Invasion der Mongolen hinnehmen. Sie besiegelte einen Verfall, von dem sich das Land niemals wieder richtig erholte. 1258 eroberte der Mongole Hulagu, ein Enkel von Dschingis-Khan, Bagdad und ließ das Land von seinen Truppen verwüsten. Es gab ein Gemetzel unter den Irakern, und der Tigris war tagelang rot von Blut. Die Geschichtsforscher schätzen, daß damals mehr als 100 000 Menschen abgeschlachtet wurden. Die Mongolen plünderten Bagdad und tilgten alle Spuren der abbasidischen Kultur. Es folgten dunkle Jahrhunderte, geprägt von politischem Chaos, wirtschaftlicher Not und gesellschaftlichem Verfall. Der Irak war sozusagen jedermann zur Plünderung freigegeben. Bis zum 16. Jahrhundert gab es im Irak kein stabiles Regierungssystem. Aber auch das neue Regime, das nun den Irak übernahm, brachte dem erschöpften und geplagten Land keine Erleichterung. Die Osmanen, ein türkisches Herrschergeschlecht aus Zentralasien, hatten im 14. und 15. Jahrhundert ein gewaltiges Reich errichtet, das seinen Höhepunkt mit der Eroberung von Konstantinopel im Jahr 1453 erreichte. Sie gaben der Stadt ihren alten Namen Istanbul wieder und machten sie zu ihrer Metropole. Sultan Salim I. nahm 1517 den Titel Kalif an, und sein Geschlecht, das dem sunnitischen Glauben anhing, trat nun die Vorherrschaft im Islam an.

Die türkischen Osmanen eroberten den Irak im Jahr 1534, am Anfang eines langen Krieges mit der schiitischen Safawiden-Dynastie im Iran. Der Irak wurde zum Schlachtfeld, und Bagdad wechselte während der nächsten zwei Jahrhunderte ständig den Besitzer.

In diesen andauernden, grausamen Kriegswirren wuchs der religiöse Haß im Irak schier ins Unermeßliche. Wann immer die Perser Bagdad eroberten, übten sie blutige Rache an der sunnitischen Bevölkerung, die sich den osmanischen Herrschern bereitwillig unterworfen hatte. Sobald dann die Osmanen die Stadt zurückeroberten, forderte die sunnitische Bevölkerung Vergeltung an den Schiiten. Dieses tödliche Wechselspiel dauerte bis zum Jahr 1638, als die Osmanen Bagdad endgültig eroberten und ihre Herrschaft auf Dauer festigen konnten.

Mit Unterbrechungen hielten aber die Feindseligkeiten zwischen Türken und Persern bis ins frühe 19. Jahrhundert an. Die Osmanen konnten nie Vertrauen zu den Schiiten fassen, stützten sich stets auf einen zivilen und militärischen Verwaltungsapparat, der von den örtlichen Sunniten beherrscht wurde. Immer häufiger gelangten auch nichtarabische Funktionäre in den Dienst des Sultans. Doch auf Dauer konnten sich die nichtarabischen Höflinge oder Beamten nicht halten, und ihr Abstieg auf der sozialen Leiter wurde der entscheidende Grund für den Aufstieg der städtischen sunnitischen Elite im modernen Irak.

Während der langen Herrschaft der Osmanen lebten im Süden des Irak wilde und unabhängige arabische Völker schiitischen Glaubens. Die heiligen Stätten der Schiiten, Kerbela und Nadschaf übten einen starken religiösen und kulturellen Einfluß auf das Land aus. Die Vorfahren dieser arabischen Völker waren aus dem nördlichen Arabien in den Irak eingewandert, in der letzten Phase jener Völkerwanderung, die über Jahrhunderte das Verhältnis zwischen Arabien und Mesopotamien bestimmt hatte. Diese Araber kamen nun im Irak unter den Einfluß des schiitischen Glaubens, der von den Heiligtümern in Nadschaf und Kerbela ausging.

Die Macht der osmanischen Herrscher beschränkte sich folgerichtig auf die größeren Städte, auf dem flachen Land wirkte sie sich nie aus. Solange die Stammesfürsten dieser Völker den Osmanen gewisse Rechte einräumten, ließen diese sie in Ruhe. Als der moderne Staat Irak gebildet wurde, war die Bevölkerung kaum vertraut mit den Sitten und Gebräuchen von Behörden oder gar einer Zentralgewalt. Ein irakisches Nationalgefühl gab es nicht, was zählte, war die Loyalität zum eigenen Volk und zur Religion.

Istanbul lag weit weg, von Wien aus ist es näher dorthin als von Bagdad. In den Tagen der primitiven Transportmittel und der geringen Kommunikationsmöglichkeiten war die Entfernung unendlich. Der Irak war ein richtiger Hinterhof des Reiches. Verwaltungsbeamte der Osmanen, die sich unbeliebt gemacht hatten, wurden dorthin in eine Art Exil geschickt. Die sozialen, wirtschaftlichen und politischen Entwicklungen, die sich im Osmanischen Reich abspielten, erreichten den Irak erst viele Jahre später, und dann hatten sie sich schon weitgehend abgeschwächt. Von Europa war der Irak noch viel stärker abgekoppelt als von Istanbul. In den Gebieten des Osmanischen Reiches am Mittelmeer siedelten sich zwar Europäer an, aber nur wenige kamen bis Bagdad. Im 19. Jahrhundert breitete sich der europäische technologische Fortschritt zwar bis nach Kairo oder Damaskus aus, Bagdad aber blieb außen vor.

Die osmanische Herrschaft im Irak endete im Jahr 1917. Istanbul hatte sich an der Seite der Zentralmächte Deutschland und Österreich-Ungarn am Ersten Weltkrieg beteiligt, und die Briten besetzten den Irak, um ihren Wüstenkrieg gegen die Türken zu führen. Der Krieg zwang die britischen Truppen, das ganze Land zu besetzen, wobei es schwere Kämpfe gab. Am Ende hatte Großbritannien die Türkei als Herrscher über Mesopotamien vollkommen verdrängt.

Im Jahr 1920 trafen sich die verbündeten Mächte im italienischen San Remo, um die Kriegsbeute aufzuteilen. Als bekannt wurde, daß der Irak zum britischen Mandatsgebiet werden sollte, revoltierte das ganze Land. Die Briten schlugen den Aufstand nieder.

Es gibt die alte Regel, daß Moslems nicht von „Ungläubigen" regiert werden dürfen.

Die Briten nahmen Rücksicht darauf und machten den Emir Faisal zum König des Irak. Faisal, ein Abkomme des Haschemiten-Geschlechts, das im westlichen Arabien über die heiligen islamischen Stätten herrschte, hatte an der Seite der Briten während des arabischen Aufstandes im Ersten Weltkrieg gegen die Türken gekämpft. Thomas Edward Lawrence (genannt Lawrence von Arabien) hat diesen Kampf in autobiographischen Büchern beschrieben, die ihm weltweites Ansehen eintrugen. Die Briten hatten Faisals Vater glauben gemacht, es gäbe nach dem Krieg einen unabhängigen arabischen Staat unter Führung der Haschemiten, der sich vom Persischen Golf bis an die Küste des Mittelmeers erstrecken sollte. Unter dieser Prämisse traf sich Faisal während des Krieges mit dem Führer der Zionistischen Weltorganisation, Chaim Weizmann, und erreichte mit ihm eine Übereinkunft nach den Prinzipien der sogenannten Balfour-Deklaration. Das war ein britisches Versprechen gewesen, dem jüdischen Volk eine Heimat in Palästina zu geben.

Aber die Briten machen ihre Versprechungen, die sie den Haschemiten gegeben hatten, nicht wahr, und so blieb das Einverständnis zwischen Faisal und Weizmann eine kurze, folgenlose Episode in den Beziehungen von Juden und Arabern, die sich bald radikal verschlechtern sollten. Statt dessen wurden die früheren arabischen Provinzen des Osmanischen Reiches nach dem Krieg unter britisches oder französisches Mandat gestellt, entsprechend dem sogenannten Sykes-Picot-Abkommen. Was die Briten im Irak etablierten, war formell eine konstitutionelle Monarchie, mit einem Parlament an der Seite von König Faisal, also ähnlich wie in England. Aber was in Europa funktioniert, muß sich nicht notwendigerweise auch anderswo durchsetzen. Durch ihren Status als Mandatsmacht hatten die Briten großen Einfluß. Aber die einheimische Bevölkerung akzeptierte niemals die Rolle, die Großbritannien im Irak und in der gesamten arabischen Welt spielte. Gegen die Engländer wurde ständig agitiert. In den Straßen von Bagdad herrschte oft Aufruhr. Diese Mißhelligkeiten waren mit ein Grund für die große Instabilität der gerade flügge gewordenen Staaten.

Abgesehen von den Schwierigkeiten mit der englischen Mandatsmacht, konnte die parlamentarische Demokratie im Irak niemals Fuß fassen. Wahlen dienten nur als Attrappe. Die politischen Parteien waren kleine Cliquen, hatten kaum Mitglieder oder Anhänger. Die Regierung war mehr oder weniger eine Privatangelegenheit der städtischen sunnitischen Elite. Die durchschnittliche Lebensdauer eines Regierungskabinetts unter der Monarchie betrug weniger als 18 Monate.

Obwohl König Faisal eingesetzt wurde, um den Forderungen der Iraker nach einem arabischstämmigen Herrscher zu entsprechen, war er im Land nur wenig verwurzelt oder gar beliebt. Als arabischer Prinz vertraute er praktisch nur jenen Offizieren, die an seiner Seite im arabischen Aufstand gegen die Türken gekämpft hatten. Diese Offiziere waren zwar überzeugte arabische Nationalisten, aber sie waren dennoch bereit, unter den Bedingungen des britischen Mandats mitzuarbeiten. Einige zeigten sich sogar leidenschaftlich britenfreundlich, speziell Nuri Said, der bald der erste Premierminister wurde.

Die Offiziere in Faisals unmittelbarer Umgebung waren alle sunnitische Araber. Sie fühlten sich aufrichtig den Prinzipien der Selbstbestimmung verpflichtet und traten ein für die Würde ihres Landes. Ihre Unterstützung des arabischen Nationalismus knüpfte die Verbindung des Irak mit der vom sunnitischen Glauben dominierten arabischen Welt und diente als Grundlage für die Festigung ihrer Herrschaft in einem Land, in dem die sunnitischen Araber keinesfalls die Mehrheit stellten. Durch sorgfältige Auswahl des Nachwuchses in den Militär-Akademien und indem sie dafür sorgten, daß die überwältigende Mehrzahl der irakischen Armeeoffiziere sunnitische Araber waren, behaupteten sie ihre Kontrolle über das Militärwesen.

Die sunnitischen Araber hielten die politische Kontrolle des Landes fest in ihren Händen. Das neue irakische Königreich war durch seine zahlreichen ethnischen, religiösen und sozialen Brüche innerlich zerrissen. Die ersten Jahre waren gekennzeichnet durch viele bewaffnete Aufstände, entweder im Norden in Kurdistan oder im Süden, wo sich verschiedene schiitische Volksstämme Kämpfe lieferten. Angesichts dieser Lage schrieb König Faisal Anfang der dreißiger Jahre: „Diese Regierung muß sich mit ungebildeten Kurden herumschlagen, in denen es Kräfte gibt, die zum Kampf gegen die Regierung aufrufen, weil die nicht zu ihrem Volk gehört. Wir regieren aber auch über eine Vielzahl von Schiiten, die zur selben Volksgruppe wie die Regierenden gehören. Aber als Resultat der Diskriminierungen der Schiiten im Osmanischen Reich, das sie von den Regierungsgeschäften ausschloß, hat sich zwischen diesen beiden Gruppen ein breiter Graben aufgetan ... Es gibt auch viele andere Völker, die sich der Regierung widersetzen und nur den Interessen und Absichten ihrer Scheichs folgen ... Ich stelle mit tiefer Trauer im Herzen fest, daß es bis jetzt im Irak noch kein irakisches Volk gibt."

Zur selben Zeit, da sich König Faisal über die Zustände in seinem Land beklagte, wurde der Irak unabhängig. Angesichts der fortwährenden Schwierigkeiten im vergangenen Jahrzehnt stimmten die Briten zu, ihr Mandat zu beenden. Im Jahr 1932 war der Irak der erste arabische Staat, der seinen Status als Mandatsgebiet abschütteln konnte und in den Völkerbund aufgenommen wurde. Allerdings betrachteten die Briten weiterhin ihre Position im Irak als von größter strategischer Bedeutung. Iraks Unabhängigkeit war gekoppelt an einen Vertrag, der den Briten viele Privilegien beließ, speziell die Erlaubnis, auch weiterhin Militärstützpunkte im Land zu unterhalten. Die fortgesetzte britische Präsenz sollte Grund für Mißhelligkeiten, Zwietracht und Instabilität in den kommenden Jahren liefern.

Nur ein Jahr nach Erlangung der Unabhängigkeit starb König Faisal überraschend im Alter von nur 56 Jahren. Der Irak verlor eine Persönlichkeit mit Visionen und Prinzipien; einen Mann, der als einziger genügend Prestige besaß, um das Land zusammenzuhalten, ihm wenigstens die Vorstellung von nationalen Interessen gab und fähig war, britische und eigenständige nationale Belange auszubalancieren. Faisals Sohn und Nachfolger Ghasi war zu jung, zu schwach und zu unüberlegt, um ein fähiger König zu sein. Er starb sechs Jahre später bei einem Autounfall. Sein noch unmündiger Sohn Faisal II. wurde Kronprinz, mit dem Regenten Abdul Illah an seiner Seite.

Die Armee war eine wichtige Stütze für König Faisal I. gewesen. Nach seinem Tod wurde ihr Einfluß auf das politische Leben im Irak rasch noch viel stärker. Ihre erste „wichtige Tat" war die blutige Unterdrückung eines assyrischen Aufstandes im Norden.

Die Assyrer, eine alte christliche Gemeinschaft, hatten im türkischen Kurdistan gelebt, bis sie sich während des Ersten Weltkriegs gegen das Osmanische Reich erhoben.

Sie unterlagen im Kampf, mußten fliehen und wurden dann von der britischen Mandatsmacht im nördlichen Irak angesiedelt. Ihre jungen Männer waren der Hauptbestandteil der britischen Hilfstruppen. In den folgenden zehn Jahren gab es immer wieder Auseinandersetzungen zwischen den Assyrern und den Irakern. Ein Grenzzwischenfall im August 1933 forderte 30 Todesopfer unter den irakischen Soldaten. Antibritische und antiassyrische Gefühle flammten auf. Die Kurden und andere Volksstämme im Norden wurden zu einem Kampf gegen die Assyrer aufgehetzt, die dabei große Verluste erlitten. Schließlich griff die irakische Armee ein, unterdrückte den Aufstand mit Gewalt. Unter dem Kommando von General Bakr Sidki wurden 300 unbewaffnete Assyrer massakriert. Man plünderte oder zerstörte viele ihrer Dörfer.

Sidki, bisher nicht mehr als ein ziemlich unbekannter General, wurde nun zum irakischen Nationalhelden. Während seiner Rückkehr nach Bagdad wurde ihm in Mosul ein enthusiastischer Empfang bereitet. Man errichtete Triumphbogen für Sidki, einige dekoriert mit blutigen Melonen, in denen Dolche steckten. Bagdad feierte den neuen Helden auf ähnlich überschwengliche Weise. Man ließ ihn hochleben als Vorkämpfer der nationalen Einheit. Das blutige Vorgehen der Armee sah man als die Ausführung einer nationalen Pflicht.

Sidki setzte seine neugewonnene Popularität schnell in politische Aktivitäten um. 1936 zwang er zusammen mit Hikmat Suleiman, einem prominenten irakischen Reformpolitiker, den König mit Waffengewalt, eine neue Regierung einzusetzen. Suleiman wurde Premierminister, Sidki Stabschef der Armee. Eigentlich war dies der erste arabische Staatsstreich in der modernen Geschichte. Von nun an unterlagen irakische Politiker immer wieder der Versuchung, öffentliche Ämter mit Hilfe eines Militärputsches zu erlangen, wobei sie sich immer wieder mit verschiedenen unzufriedenen Gruppen von Offizieren zusammentaten. Irakische Offiziere manipulierten die Kabinette hinter den Kulissen, und die Armee, nun einmal auf den Geschmack gekommen, vermochte sich nicht mehr von der Macht zurückzuziehen. Die assyrische Affäre veränderte nach Meinung des Historikers Samir Al Khalil die traditionellen religiösen Antagonismen in ein neues Gefühl, das man mit dem eindrucksvollen Wort „Antiimperialismus" bezeichnet. Die kurze Zeit der schnellen Modernisierung während des britischen Mandats hatte nur Spannungen und Unruhen hervorgebracht. Der sogenannte Antiimperialismus setzte nun beruhigende Grenzen gegen die aufregende Modernisierung. Khalil zieht den Schluß: „Das war eine Welt, die zwischen den Jahrhunderten hin- und hergeworfen wurde, mit verwirrenden Ergebnissen." In den dreißiger Jahren waren in der arabischen Welt, einschließlich des Irak, die alten Strukturen zerstört. Aber was sie nun ersetzen sollte, blieb unklar. Die Grundidee der liberalen Demokratie ist die Forderung, daß sich das Volk selbst regiert. Vielerorts aber, beginnend mit der Revolution von 1789 in Frankreich und weiterwandernd über Deutschland, Italien bis ins östliche Europa, machte der Nationalismus den Weg frei für autoritäre Regierungen, für Chauvinismus und politischen Extremismus. Das gleiche ereignete sich im Irak. Der Erfolg des Kommunismus in der Sowjetunion und der teilweise Aufstieg des Faschismus in Europa boten ebenso attraktive wie explosive Modelle für eine junge Generation, die Veränderungen wollte. Syrer und Palästinenser, die mit den Mandatsmächten in ihren Heimatländern in Konflikt geraten waren, suchten Zuflucht im Irak. Die wachsenden Spannungen zwischen Arabern und Juden in Palästina verstärkten die nationalistischen, antibritischen Gefühle im Irak, wo es auch ohne das Palästinenserproblem Gründe genug für eine solche Einstellung gab. Der syrische Wissenschaftler Bassam Tibi schrieb: „Während der arabische Nationalismus vor der Kolonialzeit noch an die Einführung der Freiheit und der bürgerlichen Demokratie glaubte ... entwickelte er sich unter der

Herrschaft des Kolonialismus zu einer reaktionären populistischen und weitgehend aggressiven Ideologie." Speziell Deutschland bot eindrucksvolle Vorbilder. Sunnitische arabische Nationalisten einschließlich vieler Offiziere betrachteten den Irak als das „Preußen" der arabischen Welt. Man träumte davon, daß der Irak aufgrund seiner zeitigen Unabhängigkeit und mit Hilfe der mächtigen Armee die Araber einigen könnte. Im Zweiten Weltkrieg unterstützten die Nazis aktiv den Irak, und Hitlers anfängliche Erfolge gegen Frankreich und England verstärkten noch die prodeutschen Gefühle der jungen städtischen Elite und der Armeeoffiziere.

Aber es ging wohl eher um die Faszination des Faschismus als einfach nur um Rache gegenüber den Briten. Der Militarismus entwickelte sich in Deutschland und in Japan als Konsequenz einer starren konservativen Sozialordnung, die den Anforderungen einer schnellen Modernisierung nicht gewachsen war. Die gleichen Faktoren kamen auch im Irak zur Geltung. Es war ein Ausdruck des Zeitgeistes, als 1938 ein fanatischer arabischer Nationalist, Sami Shawkat, zum Generaldirektor für das Erziehungswesen ernannt wurde. Shawkat war ein Faschist, der Mussolini bewunderte. „Wenn wir nicht sterben wollen unter den Hufen der Pferde und den Stiefeln fremder Armeen, ist es unsere Pflicht, die Mittel des Todes zu perfektionieren, unser Militär, unser heiliges Militär."

In der Tat übte der Faschismus damals eine große Anziehungskraft in der gesamten arabischen Welt aus. Anfangs war Gamal Abdel Nasser ein Mitglied der ägyptischen „Grünhemden", und als George Habash jene Organisation gründete, die heute als „Volksfront für die Befreiung von Palästina" kämpft, lautete sein Slogan: „Blut, Feuer, Eisen". Als der Nationalismus und der Faschismus im Zweiten Weltkrieg besiegt wurden, begannen jene, die früher diese mörderischen Weltanschauungen bejubelt hatten, sich mehr mit linksgerichteten Ideologien zu befreunden. Diese Ideologien appellierten alle an die gleichen Gefühle: an den Zorn über die Vorherrschaft der

Europäer, an das Verlangen, etwas im eigenen Land zu verändern, und an den Wunsch nach einer gerechteren sozialen Ordnung. Aber ihr gewaltiges Programm war nicht so leicht zu realisieren. Die Wünsche waren zu weitreichend, die Politik im Irak aber wurde in den kleinen Gemeinden gemacht. Tendenziell waren nur Minderheiten wie die Schiiten oder die Kurden Anhänger des Kommunismus. Keine dieser Gruppen hatte ein Interesse an einer Union mit anderen Arabern, sie waren damit zufrieden, im Irak ihr Vaterland zu sehen. Die Sunniten der Ober- und Mittelklasse waren arabische Nationalisten, deren Panarabertum ihnen ihr Monopol der politischen Macht sicherte. Die Bath-Partei fand ihre Anhänger in den Sunniten der unteren Klassen und bei einigen schiitischen Gruppen, weil sie sich betont antireligiös gab und ein sozialistisches Programm verkündete.

Der Ausbruch des Zweiten Weltkrieges führte zu einer offenen Konfrontation zwischen den Nationalisten und den Briten. Die Ereignisse in Bagdad überstürzten sich im April 1941, als irakische Armeeoffiziere den Regenten und Premierminister Nuri Said dazu zwangen, aus Bagdad zu flüchten. Die Offiziere baten Deutschland um Hilfe, und Hitler schickte ein paar Flugzeuge aus dem vom französischen Vichy-Regime okkupierten Syrien. Britische Truppen besetzten den Irak zum zweiten Mal, unterstützt von der von britischen Offizieren befehligten Arabischen Legion, die aus der Wüste von Transjordanien vorstieß. Der Regent und seine Regierung wurden wieder eingesetzt.

Nach ihrer Niederlage nahmen die rebellierenden Offiziere Rache, indem sie den Straßenmob aufhetzten, das alte, reiche Judenviertel anzugreifen. Einige Tage lang liefen auch einige Teile der Armee förmlich Amok. 180 Juden in Bagdad wurden ermordet und Hunderte schwer verletzt. Überall gab es Plünderungen. Die wieder eingesetzte irakische Regierung befahl eine gerichtliche Untersuchung der Vorfälle. Die Untersuchungsbeamten machten weitgehend die Armee für die Gewalttätigkeiten verantwortlich und empfahlen hohe Gefängnisstrafen. Für den Rest des Krieges blieb es in Bagdad ruhig. Im Jahr 1943 erklärte der Irak den Achsenmächten Deutschland, Italien und Japan noch den Krieg und unterstützte die Alliierten, indem er den Transport von amerikanischen Waffenlieferungen in die Sowjetunion über irakisches Gebiet erlaubte. Die Kriegserklärung war aber wohl nichts anderes als eine symbolische Geste.

Das Ende des Zweiten Weltkrieges brachte den mehr oder weniger unaufhaltsamen Aufstieg von Nuri Said. Er verfolgte eine streng prowestliche Politik, trotz der antibritischen Gefühle bei großen Teilen der Bevölkerung und trotz der generellen Feindschaft gegen den Westen, hervorgerufen durch die Errichtung des jüdischen Staates in Palästina. 1948 entsandte der Irak Truppen in den arabisch-israelischen Krieg. Der Sieg der Israelis erzeugte überall in der arabischen Welt große Unzufriedenheit. In Ägypten provozierte er mehr oder weniger die Offiziersrevolte von 1952. Im Irak entstand der Mythos, Israel hätte nur durch den Verrat der irakischen Regierung gewonnen. Sie hätte sich geweigert, der irakischen Armee die notwendigen Befehle zu geben, um die zionistischen Gegner auszulöschen. Dieser Mythos war mitentscheidend für die immer geringer werdende Loyalität der Streitkräfte gegenüber der Monarchie.

Die schon immer gefährdeten Beziehungen zu den Briten wurden noch brüchiger durch den Aufstieg des neuen ägyptischen Präsidenten Gamal Abdel Nasser zu einer Führerfigur des arabischen Nationalismus. Die Regierung des Irak vertrat in der internationalen Politik die Linie der Vereinigten Staaten und Großbritanniens, und der Irak war bereit, dem von den Westmächten geforderten Sicherheitspakt im Nahen Osten zuzustimmen. Aber Nasser widersetzte sich hartnäckig dieser Idee, und zwischen ihm und Nuri Said entwickelte sich bald eine starke Rivalität.

In den Jahren zwischen 1955 und 1958 erreichte Nasser den Gipfel seiner Popularität bei den Arabern. Im September 1955 wurde er der erste arabische Staatsmann, den die Sowjetunion mit Waffen belieferte. Die arabischen Massen waren von seiner Herausforderung des Westens begeistert und erwarteten, daß er diese Waffen dazu benutzen würde, um Palästina zu befreien. Die Spannungen zwischen Ägypten und den Westmächten wuchsen immer weiter, und im Mai 1956 stellten die Vereinigten Staaten die finanzielle Unterstützung für das größte ägyptische Bauprojekt, den Assuan-Staudamm, ein. Im Juli revanchierte sich Nasser, indem er den Suezkanal verstaatlichte, mit der Begründung, die Einnahmen für den Weiterbau des Staudammes zu benötigen. Großbritannien und Frankreich, die immer noch die dominierenden westlichen Mächte im Nahen Osten waren, meinten dagegen, daß es der Region besser anstünde, ohne Nasser auszukommen. Dieser Meinung war auch Nuri Said, der sich zur Zeit des Vorfalls in Ägypten gerade in London befand. Er drängte den britischen Premierminister Anthony Eden: „Schlagen Sie ihn schnell, und schlagen Sie ihn hart." Im Oktober griffen die Engländer und Franzosen zusammen mit den Israelis Nasser an, ohne die Vereinigten Staaten von ihren Plänen zu unterrichten.

Aus Gründen, die bis heute noch nicht eindeutig geklärt sind (die US-Regierung hält nach wie vor die diplomatischen Akten jener Zeit unter Verschluß), sah sich Präsident Dwight D. Eisenhower verpflichtet, die alliierten Truppen zum bedingungslosen Rückzug aus Ägypten zu zwingen. Eisenhowers Aktionen machten Nasser zu einem Nationalhelden. Die Araber vergaßen aber, daß Nasser unfähig gewesen war, die Halbinsel Sinai zu verteidigen, die rasch von den israelischen Truppen erobert wurde. Auch die Tatsache, daß die Vereinigten Staaten verantwortlich für die „Befreiung" ägyptischen Territoriums waren, tat dem arabischen Nationalismus keinen Abbruch. Er glaubte, einen gewaltigen Sieg errungen zu haben. Kaum zwei Jahre später schlossen sich Ägypten und Syrien zur Vereinigten Arabischen Republik zusammen. Eine Union der Araber, die Überwindung der einstigen Kolonialgrenzen, schien perfekt zu sein.

In dieser von Kriegsgeschrei erfüllten Atmosphäre gelang es einer Gruppe nationalarabisch gesonnener Offiziere unter der Führung von General Abdul Karim Kassem, die irakische Monarchie zu stürzen. Das war am 14. Juli 1958. Obwohl es sich nur um eine kleine, leicht bewaffnete Truppe handelte (man sprach von weniger als hundert Soldaten), versäumte es Abdul Illah, der Regent, die 2500 schwerbewaffneten Männer der königlichen Wache, die nur knapp zwei Kilometer entfernt stationiert war, zum Schutz einzusetzen. Es gab niemals eine zufriedenstellende Erklärung für Abdul Illahs Zurückhaltung und seinen Defätismus. Der Kommandeur der Wachen forderte Abdul Illah auf, die Erlaubnis zum Angriff auf die Rebellen zu erteilen, aber er wurde abgewiesen. Nach einem knapp zweistündigen Kampf wurden der junge König Faisal II., Abdul Illahs Mutter und seine Schwester zusammen mit einigen Bediensteten von Maschinengewehrsalven niedergemäht.

Während der Putsch noch im Gange war, verlas man im Rundfunk eine Erklärung von Kassems Mitverschwörer, Oberst Abd As Salam Arif, in der er die Abschaffung der Monarchie im Irak proklamierte. Etwa eine Stunde später tobte eine gewaltige Menge durch die Straßen von Bagdad, es waren die Armen und die Besitzlosen, die Hochrufe ausbrachten und nach Rache und Strafe schrien. Sie rasten durch die City, griffen die amerikanische Botschaft und andere Gebäude an, töteten einige jordanische Diplomaten und einen westlichen Geschäftsmann, die sie in einem Hotel überfallen hatten. Der Mob bemächtigte sich der Leiche Abdul Illahs, verstümmelte sie und schleifte sie durch die Straßen. Als Nuri Said, der versucht hatte, als Frau verkleidet aus der Stadt zu fliehen, am nächsten Tag entdeckt wurde, erschoß man ihn auf der Stelle. Die fanatisierte Menge öffnete später sein Grab und behandelte seine Leiche, wie sie es mit der von Abdul Illah getan hatte.

Das neue Bath-Regime gab bekannt, es habe eine „korrupte Clique", Helfershelfer des Imperialismus, gestürzt. Das neue Regierungssystem solle eine „Volksrepublik" sein. Aber die „Republik" degenerierte bald zu einem autoritären Regime, mit Kassem als alleinigem Führer. Unter den neuen Machthabern entstand bald Streit. Die gefährlichste Fraktion stellte der von arabischen Nationalisten gebildete Flügel, der, ermutigt von Nasser, Kassem immer wieder Schwierigkeiten bereitete.

Obwohl der ägyptische Präsident den Sturz seines Rivalen Nuri Said begrüßt und die neue irakische Regierung anerkannt hatte, beabsichtigte Kassem nicht, sich einer Führerrolle Nassers zu unterwerfen. Er hatte auch nichts mit einem Beitritt des Irak zur im Februar 1958 gegründeten Vereinigten Arabischen Republik im Sinn. Eine Rolle spielt dabei wohl Kassems Abstammung. Sein Vater war ein sunnitischer Araber, seine Mutter eine schiitische Kurdin. Kassems Abneigung gegen eine arabische Union brachten Nasser und dessen Anhänger im Irak gegen ihn auf. Die ersten Schwierigkeiten begannen mit Kassems Revolutionspartner Arif. Der, ein arabischer Nationalist und eher auf seiten der arabisch-sunnitischen Offiziere, suchte enge Verbindung mit Nasser. Zwei Tage nach dem Staatsstreich reiste er nach Damaskus, um dort um Unterstützung gegen eine mögliche Konterrevolution zu suchen. Er zeigte sich aber auch öffentlich Hand in Hand mit Nasser und sprach davon, daß der Irak sich der Vereinigten Arabischen Republik anschließen wolle. Es zeigte sich bald, daß Arif Kassems Position anstrebte. Kassem versuchte dieses Problem elegant zu lösen, indem er seinem Rivalen den Posten eines Botschafters in der Bundesrepublik Deutschland anbot, aber Arif widersetzte sich. Die Dinge spitzten sich im Oktober bei einer Besprechung in Kassems Büro zu. Nach einer fruchtlosen Diskussion über mehr als fünf Stunden griff Arif plötzlich nach seinem Revolver. Zusammen mit einem Helfer konnte ihm Kassem die Waffe entreißen. Aber noch immer nicht vermochte sich Kassem dazu aufzuraffen, den entschlossenen Gegner zu vernichten. Mit einer Milde, die die meisten seiner Nachfolger nicht aufbrachten, wiederholte Kassem seine Forderung an Arif, das Land zu verlassen. Dann schließlich, als er sich erneut weigerte, dem Wunsch nachzukommen, wurde Arif verhaftet.

Inzwischen ging auch Kassems Kampf mit jenen weiter, die einen panarabischen Staat anstrebten. Im September kehrte Raschid Al Gailani aus seinem Exil in Kairo nach Bagdad zurück. Gailani war der Ministerpräsident jener nazifreundlichen Regierung gewesen, die 1941 von den Briten abgelöst worden war. Nun begrüßte ihn Kassem höchstpersönlich als Nationalhelden. Als alter Mann, mit finanziellen Mitteln von Nasser und die Unterstützung einiger Scheichs und vieler panarabisch gesonnener Offiziere im Rücken, begann Raschid Al Gailani gegen Kassem zu konspirieren. Die Verschwörung wurde aber im Dezember entdeckt und Gailani verhaftet. Man verurteilte den alten Herrn zum Tode, die Strafe wurde jedoch nie vollstreckt. Es liegt schon viel Ironie darin, daß der Held und das Vorbild so vieler Iraker, einschließlich Saddams Onkel Khayrallah, von Iraks erster angeblicher Revolutionsregierung ins Gefängnis gesperrt wurde.

Die arabische Opposition veranlaßte Kassem, sich anderswo nach Unterstützung umzusehen. Er holte den Kurdenführer Mustafa Barsani aus dessen Moskauer Exil zurück nach Bagdad, quasi als Gegengewicht zu den Nationalisten. Barsani, von seiner Gesinnung her Royalist, durfte im früheren Palast von Nuri Saids Sohn wohnen, er bekam ein Auto und eine gute finanzielle Ausstattung. Aber Barsani hatte durchaus den Verdacht, daß Kassem wohl kaum seinen Forderungen nach kurdischer Autonomie nachgeben würde. Und in der Tat befürchtete Kassem, solche Forderungen könnten zu einer unerwünschten Unabhängigkeit der Kurden führen. Die Beziehungen zwischen Bagdad und den Kurden wurden bald wieder auf Eis gelegt, und im September 1961 brach ein Krieg zwischen den Kurden und der irakischen

Armee aus. Dieser Konflikt wurde zu einer ernsthaften Belastung für Kassems Regime.

Der stärkste Pfeiler, auf dem Kassems Macht beruhte, war zumindest anfangs die Irakische Kommunistische Partei. Die Kommunisten im Nahen Osten waren Nasser gegenüber feindlich eingestellt, denn er hatte sie bereits in Ägypten verfolgt, und später auch nach der Union von 1958 in Syrien. Die irakischen Kommunisten hatten deshalb von Anfang an Kassems Staatsstreich unterstützt. Mehr noch, die Partei, in erster Linie gebildet aus Schiiten, Kurden und anderen Minderheiten, teilte Kassems Auffassung von einem starken, unabhängigen Irak.

Die Kommunistische Partei im Irak wurde nach dem Umsturz immer mächtiger und war in der Lage, gewaltige Menschenmassen in den Straßenkämpfen gegen die Anhänger von Nasser zu mobilisieren. Sie gründete eine „Widerstandsgruppe des Volkes", eine Volksmiliz, die stets bereit war, Kassem zu Hilfe zu eilen. Und obwohl er die Ausschreitungen der Kommunisten gelegentlich zu zügeln versuchte, brauchte er ihre Unterstützung doch dringend. Diese sogenannte Widerstandsgruppe begann immer mehr die Öffentlichkeit zu terrorisieren.

Die wachsende Stärke der Kommunisten erzeugte große politische Spannungen, und ihre Kämpfe mit Nassers Anhängern erreichten im März 1959 einen blutigen Höhepunkt. Arabische Offiziere sunnitischen Glaubens und Scheichs von Volksstämmen im Norden, wiederum unterstützt von Nasser, planten einen Aufstand gegen Kassem. Sie starteten ihre Aktion, als sich viele kommunistische Anhänger zu einer Versammlung in der Stadt Mosul trafen. Aus dem ganzen Irak waren mehr als 200 000 Menschen in die Stadt geströmt. Sie wurden von den Rebellen angegriffen, aber Regierungstruppen vereitelten den Anschlag. Der Aufstand brach zusammen, aber die Kommunisten nahmen umgehend Rache, massakrierten die Nationalisten, derer sie habhaft wurden, und plünderten einige der vornehmen Häuser in Mosul. Während des Gemetzels starben rund 2000 Menschen.

Auch für Kassem waren die Kommunisten nun zu mächtig geworden, und er begann gegen sie vorzugehen. Damit entzog er aber jener Institution die Grundlage, die als einzige in der Lage gewesen war, ihn bei den irakischen Massen populär zu machen.

Die wachsende Stärke der Kommunisten veranlaßte auch die bis dahin kleine und ziemlich unbedeutende Bath-Partei, ihren ersten Schritt in Richtung Macht zu tun. Im Oktober 1959 versuchten Anhänger der Bath-Partei einen Mordanschlag auf Kassem, in den auch der damals 22jährige Saddam Hussein verwickelt war. An dieser Verschwörung der Bath-Partei war wieder eine Gruppe von Offizieren beteiligt, und Nasser unterstützte insgeheim die Aktion. Bei dem Mordanschlag wurde Kassems Fahrer getötet und einer seiner Begleiter ernsthaft verwundet. Auch Kassem selbst war getroffen worden, seine Verletzung zwang ihn zu einem einmonatigen Krankenhausaufenthalt.

Aber Kassem überlebte, und die Verschwörer mußten um ihr Leben fürchten. Einige, unter ihnen auch Saddam Hussein, suchten ihr Heil in der Flucht, aber 78 andere wurden verhaftet und vor Gericht gestellt. Die meisten von ihnen erhielten Gefängnisstrafen, einige wenige wurden zum Tode verurteilt. Aber auch diese Strafen wurden nicht vollstreckt.

Kassems Regierung litt zusehends an Mangel an guten Ideen. Er war ein anständiger und nicht gewalttätiger Mann. Er hätte seine Gegner töten können, aber er tat es nicht. Im Irak erkannte man allgemein an, daß er immer wieder versuchte, das Los der ärmsten Bevölkerung zu verbessern. Sein Lieblingsprojekt war der Bau von „kleinen Häusern" für seine Bürger, vielleicht das wichtigste und langlebigste Vorhaben seiner Wirtschaftspolitik. Vom jährlichen Staatshaushalt wurden rund 25 Prozent für den öffentlichen Wohnungsbau bereitgestellt. Als er später vor seinen Mördern stand, den Tod vor Augen, verteidigte sich Kassem mit den Worten: „Ich habe mich immer für die Armen eingesetzt.

Ich habe Tausende von kleinen Häusern für die Armen gebaut."

Aber ebenso war Kassem auch ein unsteter und sprunghafter Mensch. Auf anderen Politikfeldern, am deutlichsten bei der Landwirtschaftsreform, hatte er keine Konzepte, was zu einem Rückgang der Produktion führte. 1961 konnte der Irak keine Gerste mehr exportieren, wie er es früher immer getan hatte, und er mußte sogar die Hälfte des Landesbedarfs an Reis und Weizen importieren. Das fundamentalste Problem dieser zwiespältigen Persönlichkeit war jedoch ihre grundsätzliche Naivität, eine Art von kindlicher Unbefangenheit. Kenner der Szene, wie etwa ein Minister in Kassems Regierung, unterstrichen später, daß Kassem und seine Kollegen keine Ahnung davon gehabt hätten, wie schwierig es sei, den Irak zu regieren. Offensichtlich glaubten sie, daß allein der Sturz einer etablierten Ordnung wie der Monarchie notwendigerweise ein gerechtes und zukunftsträchtiges Regime hervorbringen könne. Das war ein unverzeihlicher Irrtum.

Sogar Kassems berüchtigter „Mahdawi-Gerichtshof" war weniger brutal, als es die Umstände vielleicht erfordert hätten. Dieses Gericht war ursprünglich eingesetzt worden, um Führer des alten Regimes unter Anklage zu stellen. Es wurde geleitet von Fadil Abbas Al Mahdawi, einem Vetter von Kassem. Mit der Zeit wurde aus diesem Gericht eine Art von Zirkus, und seine Sitzungen wurden per Fernsehen ins ganze Land übertragen. Die Zuhörer durften sich in die Vorgänge einschalten, konnten Reden halten und die Angeklagten bedrohen. Oft genug mußte das Gericht seine Sitzungen unterbrechen, weil Mahdawi schmeichlerischen Hymnen lauschte, die ihn und Kassem verherrlichten.

Die UdSSR verlieh ihm den Lenin-Preis für Rechtsprechung, den er sich öffentlich im Gerichtshof umhängen ließ. Nur während einer kurzen Periode verhängte das Gericht Todesurteile, und auch da war noch die Blutspur verhältnismäßig klein, zieht man in Betracht, was sich in späteren Jahren ereignete. Im August und September 1959 wurden 14 Menschen aufgrund eines Urteils des Mahdawi-Gerichtshofes hingerichtet, weniger als Saddam Hussein beim Parteitag 1979 getötet hat.

Nachdem Kassem den Einfluß der Kommunisten weitgehend zurückgedrängt hatte, besaß er kaum noch organisierte Unterstützung für sein Regime. Und durch seine sprunghafte Art und Weise schaffte er es auch, sich fast alle Gruppen innerhalb der politischen Klasse zu entfremden. Aber er wurde immer noch toleriert. Er ist nicht Stalin, sagten die Iraker. Aber irgendwie wußten fast alle, daß die Sache schlimm ausgehen mußte, und sie hatten recht.

Am 8. Februar 1963 wurde Kassem gestürzt. Wie 1959 hatten sich Offiziere aus der Bath-Partei zusammen mit nationalistischen arabischen Offizieren zu einer Verschwörung gegen ihn vereinigt. Den Coup führte im Namen der Nationalisten Kassems einstiger Kampfgefährte Arif, den der Staatschef erst kürzlich aus dem Gefängnis freigelassen hatte. Arif wurde der neue Staatspräsident, Oberst Ahmad Hassan Al Bakr, den Anführer der Offiziere aus der Bath-Partei, machte man zum Premierminister.

Der Staatsstreich verlief ebenso dramatisch wie blutig. Piloten der Luftwaffe, die mit den Nationalisten sympathisierten, bombardierten Kassems Büro im Verteidigungsministerium. Eine Armeebrigade marschierte nach Bagdad und umstellte das Ministerium. Zivile Mordkommandos der Bath-Partei griffen in der Dämmerung vorherbestimmte Ziele an, während andere Kommandos die führenden Beamten aus Kassems Regierung verhafteten.

Aufgeschreckt durch Schüsse fuhr Kassem durch die Straßen der Stadt und bat die Bevölkerung um Hilfe. Er fand auch überall Unterstützung. Dann aber zog er sich in das Verteidigungsministerium zurück und verbarrikadierte sich dort. Das war ein tödlicher Fehler, denn so schnitt er sich selbst von jeder Hilfe seitens der ihn unterstützenden Bevölkerung in der Stadt ab. Ein Fehler war es auch, sich allein auf die Armee zu verlassen. Diese Armee jedoch, auf eine sunnitisch-arabische Orientierung fixiert, war bereits so stark von Anhängern der Bath-Partei und von Nasseristen durchsetzt, daß sie sich weigerte, Kassem zu helfen. Der Staatschef wurde nach kurzer Zeit zusammen mit vielen seiner Helfer gefangengenommen.

Kassem wurde in die Fernsehstation von Bagdad gebracht und dort vor einem Sondergericht des Hochverrats angeklagt. Umgehend wurde das Todesurteil gefällt. Als er den Urteilsspruch hörte, bat er darum, seinen alten Freund Arif treffen zu dürfen, um ihn zu bitten, sein Leben zu schonen, wie er es für Arif 1958 getan hatte. Aber Arif ließ ihm mitteilen, daß nun die Entscheidung nicht mehr bei ihm liege. Kassem wurde im arabischen Musikstudio der Fernsehstation vor ein Hinrichtungskommando gestellt und kurzerhand erschossen. Zusammen mit Kassem starben viele seiner hohen Beamten. Nicht anders erging es dem höchsten Richter Mahdawi, der auf Befehl von Ali Saleh Al Saadi vom Leben zum Tode befördert wurde. Ali wurde später Generalsekretär der Bath-Partei und stellvertretender Premierminister im neuen Regime.

Kassems Tod war aber keineswegs eine ausreichende Garantie für das neue Regime, die Kontrolle über das gesamte Land zu übernehmen. In verschiedenen Vierteln von Bagdad kämpften die Menschen zwei Tage lang erbittert gegen den Umsturz an. Die Armee beschoß Bagdad mit Artillerie, überall in den Straßen war Maschinengewehrfeuer zu hören. Unter der Zivilbevölkerung gab es mehr als tausend Todesopfer. Die Durchführung dieses Putsches war schon ein Vorbote der künftigen Ereignisse. Viele Menschen wurden wie Vieh aus ihren Häusern vertrieben. Ein bevorzugtes Ziel waren die Kommunisten. Bald waren die Gefängnisse so überfüllt, daß man die Gefangenen im Sportstadion einpferchen mußte. Später erfuhr man von den schrecklichsten Verhörmethoden und von abscheulichen Folterungen, bei denen viele Iraker den Tod fanden.

Auf eine makabre Weise verfolgte Kassems „Geist" das neue Regime. Die Leute glaubten nicht daran, daß er tot war, und dieser Glaube bestärkte seine Anhänger darin, ihren Kampf fortzusetzen. Deshalb sah sich die Bath-Partei später gezwungen, das Fernsehen für ein abscheuliches Schauspiel zu mißbrauchen. Wie in einem früheren Kapitel beschrieben, präsentierten sie den toten Kassem, in Uniform in einem Stuhl hockend, den Kameras. Ein Soldat bewegte den haltlosen Kopf immer wieder hin und her, damit die Fernsehbilder den Zuschauern beweisen konnten, daß dieser Mann tot war.

„Das Lebensgefühl der Ägypter ist durch Bescheidenheit charakterisiert, das in Syrien von Spannungen und jenes im Irak von Extremismus", meint Eliezer Berri, der israelische Geschichtsforscher. In der arabischen Welt gibt es Stimmen, die glauben, die Iraker seien ein anderer Menschenschlag als die übrigen Araber. In gewisser Hinsicht sind sie es wahrscheinlich. Es gibt ein Tätigkeitswort in der arabischen Sprache, „tabaghdad". Es ist von dem Wort Bagdad abgeleitet und bedeutet soviel wie „prahlen" oder „aufschneiden". Ein irakischer Soziologe, Ali Al Wardi, bietet eine nüchterne Analyse seiner Gesellschaft: „Die Persönlichkeit des irakischen Menschen ist sozusagen zweigeteilt. Der Iraker ist mehr als andere Menschen richtiggehend verliebt in hohe Ideale, die er in Sprache und Schrift immer wieder beschwört. Aber zur selben Zeit gehört er zu jenen, die am meisten gegen diese Ideale verstoßen. Er ist einerseits nur wenig befaßt mit religiösen Dingen, aber andererseits tief verwickelt in religiösen Hader und in sektiererische Zwietracht ... Es gibt zwei Wertsysteme im Irak. Das eine betont Stärke, Mut und Kühnheit, alles Qualitäten eines Helden, das andere Wertsystem glaubt an Begriffe wie Arbeit und Geduld ... Die Iraker stehen in dem Ruf, voller Zwietracht und Heuchelei zu sein ... Aber darin unterscheidet sich der irakische Mensch kaum von den anderen

Menschen. Der Unterschied liegt in seiner idealistischen Denkweise. Er hängt an Prinzipien, die er nicht befolgen kann, und er greift nach Zielen, die er nicht erreichen kann."

„Wir bleiben für immer":
der Aufstieg der Bath-Partei

Der Staatsstreich gegen General Kassem im Februar 1963 war Premiere eines neuen und brutalen Hauptdarstellers im irakischen Polit-Zirkus – der Bath-Partei von Ahmad Hassan Al Bakr und später von Saddam Hussein. Die Bath (das arabische Wort für „Wiedergeburt") entstand als politische Bewegung in den dreißiger Jahren in Syrien. Ihre herausragenden Führer wurden bald zwei Hochschullehrer aus Damaskus, Michel Aflak und Salah Bitar, die zwischen 1928 und 1932 zusammen an der Sorbonne in Paris studiert hatten. Aflak war der Chef-Ideologe der neuen Partei und hatte bis zu seinem Tod im Jahr 1989 immer engste Verbindungen mit dem Regime im Irak. Neben dem Hauptquartier der Bath-Partei in Bagdad fand er seine letzte Ruhestätte.

Aflak war schon als Student in Paris fasziniert von den faschistischen Ideen, die damals in Europa sozusagen die neuste Mode waren. Er war „begeistert von Hitler" und anderen deutschen Nazis, wie es der syrische Historiker Bassam Tibi beschrieben hat. Aflak sah in Nazi-Deutschland ein Modell für seine Ideen von einer Synthese zwischen Nationalismus und Sozialismus. Bernard Lewis, Historiker an der Princeton- Universität, schreibt, zur Zeit des Staatsstreiches von 1941 durch den deutschfreundlichen Raschid Gailani hätten Aflak und Bitar eine „Gesellschaft zur Hilfe für den Irak" gegründet. Sie war die Wurzel für die spätere Bath-Partei. Aflaks Ansichten über den arabischen Nationalismus waren viel wirklichkeitsfremder und erheblich radikaler als jene der liberalen Nationalisten. Er verherrlichte die arabische Rasse, wie es der Slogan der Bath-Leute ausdrückt: „Eine arabische Nation mit einem Auftrag für die Ewigkeit." Das Glaubenbekenntnis der Partei kann in drei Wörtern zusammengefaßt werden: „Einheit, Freiheit, Sozialismus". Aber weder diese Slogans noch die in höchstem Maße abstrakten Schriften von Aflak boten ein konkretes politisches Programm.

Obwohl die Bath-Partei scharf antikommunistisch ausgerichtet war, wurde sie als eine politische Geheimorganisation nach den Richtlinien von Lenin organisiert. Die Basis der Partei waren kleine Zellen, gebildet von selten mehr als fünf Mitgliedern mit einem Vorsitzenden. Die Führer dieser Zellen bildeten ihrerseits eine hierarchische Ordnung, hinauf bis zum jeweiligen Regionalkommando in jedem arabischen Land. Diese Regionalkommandos waren in einem Nationalrat für die gesamte arabische „Nation" zusammengeschlossen. Die Regionalkommandos bestimmten die politischen Aktivitäten der Parteimitglieder.

Unter dem neuen Bath-Regime 1963 wurde der Irak offiziell von einer Körperschaft regiert, die sich „Nationaler Revolutionsrat" nannte. Die Mitglieder dieses Rates blieben geheim, was dem leninistischen Organisationsmodell entsprach. Obwohl die Armee den Staatsstreich durchgeführt hatte und Oberst Abd As Salam Arif nominell die Spitze der Regierung bildete, dominierte die Bath den Revolutionsrat. Ein Parteimitglied dieses Rates berichtete später: „Wir entwarfen und verabschiedeten die notwendigen Resolutionen. Arif mochte sie nicht, aber wir hörten nicht auf ihn." Die Bath war durchaus eine Kaderpartei, ihre Mitgliederzahl relativ gering und ihr Einfluß, gemessen an ihrem Anteil an der irakischen Gesellschaft, unangemessen hoch. Als sie die Macht übernahm, betrug ihre Mitgliederzahl knapp unter tausend. Es waren lauter junge Leute, das Durchschnittsalter der regionalen Revolutionsräte betrug nur 30 Jahre.

Mit Hilfe des Ausbaus der Nationalgarde versuchte die Bath ihren Griff nach der Macht abzusichern. Noch am Morgen des Staatsstreiches rief das neue Regime zum Eintritt in die Garde auf, und mehrere tausend junge Leute ließen sich anwerben. Ein Führer der Kommunisten im Irak beschrieb die Garde als „Jugendliche, benebelt von der chauvinistischen Propaganda, sozial abgerutschte Elemente und alle Arten von Pöbel und Abschaum". Es dauerte aber nicht lange, bis die Nationalgarde ein gefährlicher Rivale der Armee geworden war. Bei aller Härte, Rücksichtslosigkeit und Blutvergießen, mit denen die Bath an die Macht gekommen war, suchte sie anfangs doch Unterstützung bei jenen Teilen der irakischen Gesellschaft, die antikommunistisch waren, auch bei der Geschäftswelt und unter den sunnitischen Arabern, deren Idol Oberst Arif war.

Der Erfolg der Bath im Irak ermutigte die Bath-Partei in Syrien, einen ähnlichen Griff zur Macht zu tun. Im März 1963 stürzte sie das parlamentarische Regierungssystem in Damaskus, erneut in Zusammenarbeit mit Offizieren, die Anhänger von Nasser waren. Beide Bath-Regime fühlten sich einer Ideologie der arabischen Einheitsbestrebungen verpflichtet und legten Wert darauf, ihre Position im Land mit Hilfe der Zustimmung von Gamal Abdel Nasser zu festigen.

Nach anfänglichem Widerstand in Ägypten kam es im April in Kairo zu Verhandlungen über die arabische Vereinigung. Nasser war verbittert wegen der Auflösung der Vereinigten Arabischen Republik, aus der sich Syrien 1961 gelöst hatte. Er war auch nicht daran interessiert, dem neuen Bath-Regime in Bagdad seine Unterstützung zu gewähren. Die Gespräche schleppten sich dahin, und Nasser benützte sie dazu, um die Bath zu diskreditieren. In Kommentaren des Staatsrundfunks in Kairo wurden die Delegierten der Bath als linkische Jugendliche dargestellt, manipuliert von der Grauen Eminenz Michel Aflak.

Das Scheitern der Vereinigungsgespräche und Nassers zunehmend feindliche Haltung schwächten die Bath im Irak zusehends. Zur selben Zeit wuchsen auch die Spannungen und Differenzen zwischen der Armee und der Bath, und die öffentliche Meinung im Irak reagierte immer nervöser. Die Popularität der Bath wurde weiter geschwächt, als die Nationalgarde Unruhen in den Städten provozierte. Mitglieder der Garde überfielen Häuser, bedrohten die Besitzer und stahlen ihr Eigentum. Ohne gesetzliche Grundlage nahmen sie sich das Recht, Menschen zu verhaften und sie zu Verhören in den „Palast des Endes" zu verschleppen, wo der junge Saddam Hussein als Folterknecht tätig war. Die wachsende Unzufriedenheit wirkte sich zugunsten von Oberst Arif aus. Im Sommer 1963 nahmen die Spannungen innerhalb der Bath zu. Es war teilweise ein innerer Machtkampf, teilweise ein Streit zwischen Zivilisten und dem Militär, und andererseits ging es auch um unterschiedliche Auffassungen über die Ideologie. Beim 6. nationalen (all-arabischen) Parteitag im Oktober gewannen Ali Saleh Al Saadi und seine Fraktion die Oberhand in der Partei. Saadi war ein junger, doktrinärer Bathist, radikal in seiner Interpretation der Parteidoktrin. Irakische Armeeoffiziere innerhalb der Bath reagierten scharf auf Saadis Triumph. Sie drohten mit Waffengewalt, erklärten seine Wahl für ungültig und forderten die Wahl einer neuen, weniger extremen Führung im Irak. Dann nahmen sie Saadi und vier seiner Mitstreiter fest, steckten sie in ein Flugzeug nach Madrid, mit Reisepässen, die eine Rückkehr nach Bagdad unmöglich machten.

Die Nationalgarde antwortete darauf mit einem Aufruhr, der mehrere Tage lang anhielt. Ein Luftwaffenpilot, Anhänger von Saadi, bombardierte den Präsidentenpalast. Die irakische Bath-Partei holte Michel Aflak und andere hochrangige Parteimitglieder aus Syrien zu Hilfe. Sie kamen am 13. November in Bagdad an. Nun nutzte Arif seine Chance. Er schlug Kapital aus der allgemeinen Verwirrung und machte sich die Abneigung der Bevölkerung zunutze, die nicht wollte, daß Fremde sich in irakische Angelegenheiten einmischten. Aflak war nicht nur Syrer, sondern auch Christ. Arif startete seinen Staatsstreich am 18. November. Loyale Armee-Einheiten verschafften ihm die Kontrolle über Bagdad und nahmen die Führer der Bath-Partei gefangen.

Arif blieb Präsident, aber die Bathisten waren nun verschwunden. Allerdings blieben einige Armeeoffiziere aus

dem sogenannten Tikriti-Clan, anfangs mit der Bath verbunden, in Arifs Regierungsmannschaft. Dies haben
ihnen Bakr und Saddam Hussein niemals verziehen. So
endete der erste Versuch einer Machtergreifung durch
die Bath-Partei im Irak. Ihre Regierungszeit hatte nur
neun Monate gedauert.

Mit dem Abgang der Bath machte sich in der Bevölkerung ein Gefühl der Erleichterung breit. Optimismus und
Hoffnung begleiteten das neue Regime, das größere Freiheiten einräumte und nun daran ging, den Unterdrückungsapparat der Bath, einschließlich der National
garde, zu demontieren.

Aber die ständigen Probleme, die die irakische Gesellschaft schon immer belastet hatten, standen bald wieder
auf der Tagesordnung. Der Bürgerkrieg gegen die Kurden dauerte fort, obwohl Arif Versuche unternahm, einen
Waffenstillstand herbeizuführen. Weiterhin wurden
auch die Schiiten unterdrückt, vor denen sich das
Regime offensichtlich fürchtete. Die Probleme mit Nasser blieben ungelöst. Obwohl er sich durchaus zu einem
Panarabertum bekannte, war Arif der Meinung, daß die
Interessen des Irak eine sinnvolle Vereinigung mit Ägypten nicht zuließen. Aber Nasser versuchte weiterhin Einfluß im Irak zu gewinnen, übte Druck auf Arif aus, um
den Irak stärker auf die Politik Ägyptens hin auszu-
richten. Arif sollte gewisse Maßnahmen in dieser Richtung veranlassen. Nassers Botschafter in Bagdad fand für
ägyptische Ideen durchaus Unterstützung bei hohen Beamten der irakischen Bürokratie.

Arif gab in gewisser Weise nach und verstaatlichte im
Juli 1964 die irakische Wirtschaft. Verstaatlichung und
Sozialismus waren ja die Hauptbegriffe von Nassers Politik. Aber Nasser war immer noch nicht zufrieden, und
seine Anhänger übten im Irak weiterhin Druck aus.

Mit ägyptischer Unterstützung versuchten die Nasse-
risten im Irak im Herbst 1965 einen Staatsstreich gegen
Arif. Aber der Präsident überlebte, und in den folgenden
Monaten wurde der Einfluß der Nasser-Anhänger im

Irak weitgehend zurückgedrängt. Arif bestand auf einer liberalen Politik, die von Abdul Rahman Al Bassas durchgesetzt wurde, dem ersten zivilen Premierminister seit dem Sturz der Monarchie im Jahr 1958.

Der Niedergang der sogenannten Nasseristen, der dem fehlgeschlagenen Putsch folgte, machte den Weg frei für neue Aktivitäten der Bath-Partei. Unter Arif hatte man die Bath-Anhänger nicht sonderlich hart verfolgt. Die Tikritis, die mit der Bath sympathisierten, hatten ihren Einfluß in der Regierung weitgehend behalten, so konnten sie ihre Hand schützend über Bath-Anhänger halten. Dann, im April 1966, starb Arif bei einem jener mysteriösen Hubschrauberunfälle, die im Irak sozusagen zum Alltag gehören und bei denen es immer heißt, es seien „plötzliche Sandstürme" aufgetreten. Der Nachfolger von Arif als Präsident war ein schwacher, weichlicher Mann, sein älterer Bruder Abdul Rahman Arif, während Bassas Premierminister blieb. Sie schlossen einen Waffenstillstand mit den Kurden, boten ihnen eine zeitliche begrenzte Vereinbarung an, die schließlich Frieden in den irakischen Norden brachte. Unter der Präsidentschaft des zweiten Arif schwächte sich der Druck der Regierung ziemlich ab, und die Verletzung der Menschenrechte wurde eingedämmt.

Die Nasseristen versuchten im Juni 1966 einen zweiten Staatsstreich, aber wiederum ohne Erfolg. Die Bath hatte Abdul Rahman Arif bei der Niederschlagung der Revolte unterstützt, was ihr seitens der Regierung größere Freiräume eintrug. Bakr, der nach Saadis Exil 1963 Generalsekretär der Partei geworden war, beauftragte Saddam mit dem Aufbau einer zivilen Schutztruppe der Partei und der Errichtung einer parteiinternen Geheimpolizei. Als Günstling von Bakr begann nun Saddam seine Karriere als der kommende Mann in der wiedererstarkten Bath-Partei.

Zwei Jahre später, am 17. Juli 1968, hatte die Bath zum zweitenmal in fünf Jahren Erfolg bei ihrem Versuch, die Macht zu übernehmen. Wie früher, so tat sie sich auch diesmal mit den arabischen Nationalisten unter den Offizieren zusammen, diesmal mit der Republikanischen Garde. Ein unerfahrener, aber ehrgeiziger junger Offizier, Oberst Abd Al Rassak Al Naytif, stellvertretender Direktor des militärischen Nachrichtendienstes, hatte sich nach Partnern für seinen Putsch umgesehen. Schließlich wählte er dafür die Bath aus. Nayif brachte die Republikanische Garde dadurch auf seine Seite, daß er ihren Führungskadern hohe Posten versprach.

Diese Unterstützung allein aber genügte nicht, um die Bath an die Macht zu bringen. Die Kommandeure wichtiger Panzereinheiten machten zuerst nicht mit. Dann aber verärgerte sie ein Streit zwischen Tahir Yahya, der im Juli 1967 Premierminister geworden war, und einem Scheich der Shammar, einem wichtigen Volksstamm im Norden. Die Panzeroffiziere, die enge Beziehungen zu dem Scheich unterhielten, entschieden sich, mit ihren Einheiten bei der Verschwörung mitzumachen.

Die Republikanische Garde spielte die Schlüsselrolle beim Erfolg des Staatsstreiches. Sie war eine Eliteeinheit, persönlich von Arif ausgesucht. Er glaubte, der Kommandeur der Garde, Oberst Ibrahim Al Daud, sei ihm loyal ergeben. Die Hauptaufgabe der Garde war es, den Präsidenten gegen Mordanschläge zu schützen und die Ordnung in Bagdad aufrechtzuerhalten. Die jungen Offiziere, die den Schlüssel für den Erfolg oder den Mißerfolg des Putsches in ihren Händen hielten, meinten, daß sie Herr der Lage seien. Sie wollten eine Regierung nach ihrer Fasson einsetzen, worin die Bath-Partei nur eine untergeordnete Rolle spielen sollte. Das war ein großer Fehler.

Die Bath hatte ihre Lektionen aus den Ereignissen von 1963 gelernt. Die Fehler, die sie damals die Macht gekostet hatten, würde sie nicht wieder begehen. Bakr wurde der neue Präsident des Irak, die Verbündeten der Bath, Nayif und Daud, machte man zum Premierminister beziehungsweise Verteidigungsminister. Aber beide konnten sich nicht lange in der Regierung halten. Aus

dem Jahr 1963 hatte man gelernt, daß es unbedingt notwendig war, die einstigen Bundesgenossen bei einem
Putsch so schnell als möglich zu beseitigen. Genau das tat
die Bath-Partei. 13 Tage nach dem Staatsstreich, am 30.
Juli, hatte es die Bath so eingerichtet, daß sich Daud auf
einer Auslandsreise befand. Bakr lud Nayif zum Früh-
stück in den Präsidentenpalast ein. Danach gingen die
beiden in ein anderes Zimmer des Palastes, um den Tee
zu nehmen. Der Präsident entschuldigte sich und ließ
Nayif allein. Aber Bakr kehrte niemals zurück. Statt dessen stürmten Saddam Hussein und ein bewaffneter Begleiter in den Raum. Saddam zog seinen Revolver und
begann Nayif zu beschimpfen. Er nannte ihn „Sohn einer
Hure" und schleuderte ihm noch andere Obszönitäten an
den Kopf. Dann fuchtelte er dem Premierminister mit
dem Revolver vor dem Gesicht herum. Nayif brach zusammen und bat Saddam, sein Leben zu schonen. Saddam lachte ihn aus. Die ganze Angelegenheit endete mit
der Ausweisung von Nayif, ein Flugzeug brachte ihn
nach Marokko. Auch die anderen Zivilisten wurden aus
dem Regierungskabinett entfernt. So endeten die 30
Amtstage von Nayif, die Bath war wieder an die Macht
gekommen. (10 Jahre später wurde Nayif in London auf
Befehl von Saddam Hussein ermordet; Daud kehrte niemals in den Irak zurück und lebt heute im Exil in Saudi-
Arabien.)
Daß die Bath-Partei für die Machtübernahme einen Militärputsch benötigte, war ein weiterer Beweis dafür, daß
die Partei im Land nur wenig Rückhalt hatte. Nach eigenen Aussagen hatte sie im Jahr 1968 kaum mehr als 5000
eingeschriebene Mitglieder. Die Rückkehr der Bath an
die Macht löste bei der irakischen Bevölkerung große
Ängste aus, erinnerte man sich doch nur zu gut an die Ex-
zesse im Jahr 1963. Aber was konnte das Volk schon groß
tun, es blieb ihm nichts anderes übrig, als stillzuhalten.
Die anfängliche Zusammensetzung der Bath-Regierung
nach dem Putsch vom 30. Juli war ein Beweis für die Vormachtstellung der Partei. Verglichen mit der jüngeren

Zivilisten-Fraktion, angeführt von Saddam Hussein, waren die Offiziere älter, selbständiger und nicht ganz so gewalttätig. Der regierende Revolutionsrat, der nach der Vertreibung von Nayif und Daud die Macht übernommen hatte, bestand zumindest nach außen hin aus fünf Männern: Bakr, Präsident und gleichzeitig Feldmarschall; General Hardan Al Tikriti, stellvertretender Premierminister und Verteidigungsminister; General Saleh Mahdi Ammash, ebenfalls stellvertretender Premierminister und Innenminister und einst unter der Monarchie Militär-Attaché in Washington; General Sadun Ghaydan, Kommandeur der Republikanischen Garde; und General Hamad Schihab, Stabschef und ein Vetter von Bakr.

Bemerkenswerterweise zog es Saddam Hussein vor, im Hintergrund zu bleiben. Obwohl er der stellvertretende Generalsekretär der Partei war, wurde seine Mitgliedschaft im Revolutionsrat bis zum November 1969 nicht bekanntgegeben. Er fürchtete wohl, die Bath könnte, wie schon 1963, erneut vertrieben werden. Falls dies einträte, so meinte er, wäre es für ihn besser, eine unbekannte Größe gewesen zu sein.

Von allen Führern der Bath hatte Saddam Hussein die klarsten Vorstellungen von der Zukunft. Unter der schützenden Hand von Präsident Bakr baute er seine Stellung in der Partei mit Hilfe des Sicherheitsapparates und des Geheimdienstes aus. Sein Ziel sah er in der totalen Kontrolle des Irak und seiner Bevölkerung. Die Partei sollte das Land beherrschen, und er würde die Partei kontrollieren. Der „Dschihas Haneen", eine echte Terrororganisation der Partei, wurde genauso weiterentwickelt und organisiert wie der „Mikhabarat", und er war Saddam Hussein verantwortlich.

Die Bath wußte, daß ihr Aufstieg von der Bevölkerung nicht begeistert aufgenommen worden war, und so versuchte sie schnell, das zu demonstrieren, was ihr neuer Partei-Slogan aussagte: „Wir kommen, um für immer zu bleiben." Saddam Hussein war verantwortlich dafür, durch öffentliche Spektakel wieder die Macht und die Entschlossenheit der Bath-Partei vorzuführen. Kassems Schaustück, der Mahdawi-Gerichtshof, hatte die meiste Zeit über unblutig agiert. Saddams öffentliche Demonstrationen waren nun immer mit Blut befleckt.

Im Oktober 1968, drei Monate nach der Machtübernahme, behauptete das Regime, es habe einen großen zionistischen Spionagering auffliegen lassen. In Wirklichkeit hatte das Regime eine Falle gestellt. Ein Agent namens Sadik Jafer übergab Briefe an prominente Leute in Bagdad und Basra; Briefe, die so geschrieben waren, als seien sie an Agenten eines israelischen Spionagerings gerichtet. Sobald Jafer die Briefe abgeliefert hatte, erschien ein Agent der Sicherheitspolizei und beschlagnahmte sie. Auf diese Weise wurden Dutzende Prominenter verhaftet, darunter auch der frühere Premierminister Bassas, der im Jahr 1973 an den Folterungen, die er im Gefängnis erlitten hatte, starb. Saddam Hussein beauftragte Salah Omar Ali Al Tikriti, ein Mitglied des regionalen Revolutionskommandos, mit der Untersuchung. Die Erfahrung eines der Angeklagten, Abdul Hadi Al Batchari, eines früheren Parlamentsmitgliedes, war typisch für die Untersuchungsmethoden. Als es auch die scheußlichsten Folterungen nicht schafften, von ihm ein Geständnis und Aussagen über weitere Spione zu erpressen, drohte man ihm, seine Frau zu vergewaltigen. Er unterschrieb das Geständnis – und wurde aufgehängt. Das Regime setzte auch viele irakische Juden gefangen. Unter den ersten 14 Irakern, die öffentlich gehängt wurden, waren elf Juden. Die Exekutionen am 27. Januar 1969 wurden zu einer großen öffentlichen „Feier". Rund 100000 Menschen versammelten sich zu diesem Ereignis, viele von ihnen Arbeiter aus Bagdad und Landarbeiter aus der Umgebung, einige mit ihren kleinen Kindern auf den Schultern. Die Verurteilten wurden an Galgen aufgehängt, die in einer Reihe auf dem „Freiheitsplatz" in Bagdad aufgestellt waren. Die ganze Prozedur dauerte rund 24 Stunden. Bakr, Salah Omar und andere hielten ausschweifende, geschwollene Reden zur Verdammung des Zionismus und Imperialismus. Hinter den Rednern baumelten die Leichen der Gehängten an den Galgen. In Wahrheit richtete sich die Wut des Regimes auf Iraks politische Elite, die potentielle Opposition. Die Schimpftiraden gegen den Zionismus und den Imperialismus, speziell auch gegen die kleine jüdische Gemeinde im Irak, waren eher ein Vorwand. Wenn sie die angeblich bösen Geister des Zionismus und Imperialismus beschworen, die irrelevant für das gegenwärtige Problem im Irak waren (es ging ja in erster Linie um die Absicherung der Macht für die Bath), so konnten sie dennoch dadurch in gewisser Weise die Massen mobilisieren. Iraks führende Elite wußte aber auch, daß sich diese Taktik gegen sie wenden konnte. Es passierte dann tatsächlich, und die Bath war darauf vorbereitet. Ein früherer Funktionär des Regimes erinnerte sich später an ein Gespräch mit Saddam Hussein über Spionagesatelliten. Saddam behauptete, diese Satelliten würden so präzise arbeiten, daß man mit ihrer Hilfe die Schriftzüge eines Briefes lesen könnte, den er in der Hand hielt. „Warum hängen wir dann die Juden auf?" fragte der Funktionär. „Um dem Volk eine Lektion zu erteilen", antwortete Saddam. Diese Lektion bedeutete, daß das Regime nicht zögerte, so brutal vorzugehen, wie es noch nie im Irak der modernen Geschichte vorgekommen war.

Viele Hinrichtungen folgten. Aber das Regime fand auch andere Mittel und Wege, um Furcht und Terror in die Bevölkerung zu tragen. Es veranlaßte Mordanschläge und Entführungen. Das erste prominente Opfer war Nasser Al Hani, ein früherer Außenminister, einst Professor an der Londoner Hochschule für Orientalische und Afrikanische Studien und ehemals Iraks Botschafter in Washington. Im November 1968 holte ihn eine Gruppe von jungen Bathisten aus seinem Haus, unter dem Vorwand, Präsident Bakr wolle ihn sprechen. Nasser Al Hani ging mit und kehrte nie zurück. Wenige Tage später wurde seine Leiche in einem Kanal außerhalb Bagdads gefunden. Seine Ehefrau, eine Irin, identifizierte einen seiner Entführer, als eine Bagdader Zeitung ein paar Jahre später das Bild eines jungen „Märtyrers" veröffentlichte. Der Mann war bei einem sogenannten Autounfall ums Leben gekommen, der klassische Fall eines Mörders, der selbst ermordet wird. Abdul Karim Al Sheikhli, auch ein früherer Außenminister, führendes Mitglied der Bath-Partei und Rivale von Saddam Hussein, erlitt zehn Jahre später einen ähnlichen tödlichen „Autounfall". Noch viele andere endeten auf diese Weise.

Die Bath erfand auch eine ungewöhnliche neue Methode, um reiche Mitbürger zu terrorisieren. Anfang der siebziger Jahre trieb eine Gangsterbande ihr Unwesen in Bagdad, brach in die Häuser der Wohlhabenden ein und ermordete ganze Familien mit Äxten. Der Führer dieser Bande erlangte traurigen Ruhm als „Holzhauer von Bagdad". Nach vielen gräßlichen Morden wurde der „Holzhauer" verhaftet. Samir Al Khalil berichtet, daß die Axt-Bande Zugriff zum Code des Polizeifunks hatte und so immer wieder entkam. Der „Holzhauer" soll ein Agent der Sicherheitspolizei gewesen sein, mit dem Auftrag, planlos zu morden.

Das Regime verfolgte eine ausgeklügelte Politik, bekannte Persönlichkeiten im Irak zu erniedrigen, um der Bevölkerung zu zeigen, daß seine Macht unbegrenzt war. Seyyid Muhsin Al Hakim, das geistliche Oberhaupt der Schiiten, wurde öffentlich gedemütigt, als er im September 1969 von Nadschaf nach Bagdad reiste. Überall wo er auftauchte, strömten sonst die Menschen zu Tausenden zusammen. Diese Popularität störte das Regime, das solche Anhänglichkeit selbst nie erfahren hatte. Eine Woche später erschien ein Mann im irakischen Fernsehen und enthüllte, daß Hakims Sohn Seyyid Mahdi ein Spion und Verräter sei. Die Regierung hielt nun die Leute von dem geistlichen Oberhaupt der Schiiten fern. Er wurde gezwungen, ohne jedes Aufsehen in einem Auto nach Nadschaf zurückzufahren. Sein Sohn Mahdi tauchte unter und wurde später in Abwesenheit zum Tode verurteilt.

Er arbeitete weiter in der Opposition, bis er von Agenten Saddam Husseins 20 Jahre später, im Jahr 1988, in der Lobby des Hilton-Hotels in Khartum ermordet wurde.

Die Bath-Partei versuchte zwar mit brutaler Gewalt die Bevölkerung unter Druck zu halten, aber noch existierte Opposition, und das Regime mußte sich stets bedroht fühlen. Am 21. Januar 1970 gab die Regierung die Aufdeckung einer Verschwörung bekannt. Diesmal war es wirklich ein echter Umsturzversuch. Der Iran hatte eine Gruppe unterstützt, die von Nayif und einem früheren stellvertretenden Ministerpräsidenten angeführt wurde, um die Bath aus dem Land zu vertreiben. Sobald die Verschwörung aufgedeckt war, konstituierte sich ein Revolutionsgericht, das innerhalb von nur 36 Stunden 44 Männer anklagte und zum Tode verurteilte. Viele von den Verurteilten hatten gar nichts mit dem Aufstand zu tun gehabt, weil sie schon seit längerer Zeit im Gefängnis saßen. Aber das Regime nützte die Gelegenheit zu einer Art „Großreinemachen".

Kaum waren die Todesurteile ausgesprochen, wurden die Delinquenten erschossen. Unter den Exekutierten war ein junger Armeeoffizier, der (das wurde später entdeckt) aus Versehen hingerichtet wurde. Die Baath bezahlte dem Vater des Toten, einem hohen Zivilbeamten, 5000 Dinar als „Entschädigung" für das Leben seines Sohnes. Er wurde gezwungen, das Geld anzunehmen.

Zusätzlich zu der Festigung ihrer Macht in der Bevölkerung mußten die Parteiführer auch darum besorgt sein, ihrer Stellung innerhalb der Partei einen sicheren Halt zu geben. Dazu benutzten sie im wesentlichen die gleichen Methoden. Obwohl zu jener Zeit nur die Nummer zwei in der Bath, waren Saddam Hussein mächtige Rivalen erwachsen. Sie waren älter als er und verfügten über einen starken Rückhalt im Militär. Allmählich hat er sie alle ausgeschaltet.

Daß General Hardan Al Tikriti nach der Parteispaltung im November 1963 in Arifs Regierung verblieben war, machte ihn Saddam Hussein besonders verdächtig. Auf

Saddams Druck hin entband Bakr Hardan von seinen Pflichten als Verteidigungsminister und versetzte ihn im April 1970 auf den bedeutungslosen Posten des Vizepräsidenten. Im Oktober entfernte er ihn aus allen Ämtern und zwang ihn außer Landes zu gehen. Im darauffolgenden Februar wurde Hardan bei einem Besuch in Kuwait in Begleitung des irakischen Botschafters ermordet. Die kuwaitische Regierung hat den Mörder weder verhaftet, noch ihn an der Ausreise in den Irak gehindert. Ein anderer Rivale von Saddam, General Saleh Mahdi Ammash, wurde im April 1970 ebenfalls zum Vizepräsidenten „befördert". Vorher war er Innenminister gewesen. Im September 1971 entfernte man ihn aus dem Revolutionsrat und bestellte ihn zum Botschafter in Moskau.

Der Rest von Saddams gefährlichsten Rivalen verschwand im Zuge des Staatsstreichs von General Nadhim Ksar. Der General, Schiite und langjähriges Parteimitglied der Bath, war seit 1969 Direktor des internen Sicherheitsdienstes der Partei. Im Jahr 1973 heckte er eine Verschwörung aus, wobei Bakr am 30. Juni bei seiner Rückkehr von einer Reise nach Osteuropa auf dem Bagdader Flugplatz ermordet werden sollte. In den Morgenstunden jenes Tages nahm der Verschwörer-General den Verteidigungsminister General Hamad Schihab und den Innenminister Sadun Ghaydan als Geiseln.

Bakrs Flugzeug verspätete sich um zwei Stunden, und Ksars Pläne fielen ins Wasser. Er floh mit seinen beiden Geiseln über die iranische Grenze. Bevor er dort festgenommen wurde, erschoß er Schihab. Saddam leitete die Untersuchung dieses Anschlags persönlich. Er stellte einen Armeetrupp zusammen und stürmte die Kaserne des Sicherheitsdienstes, wo sich viele von Ksars Anhängern aufhielten. Auf Saddams Befehl hin wurden viele verhaftet, andere aber auch auf der Stelle erschossen.

Eine Woche später wurden Ksar, sieben Sicherheitsoffiziere und 30 Armeeoffiziere verurteilt und hingerichtet. Am nächsten Tag machte man auch 36 Zivilisten den Prozeß, wobei 30 Todesurteile ausgesprochen wurden.

Unter jenen, die zu langen Gefängnisstrafen verurteilt wurden, war auch Abdul Khalik Al Samarrai, ein Mitglied des Revolutionsrates. Er blieb so lange im Gefängnis, bis ihn Saddam nach jenem berüchtigten Juli-Parteitag im Jahr 1979 erschoß. Samarrai war zwar irgendwie in diese Verschwörung verwickelt, aber er leugnete jede Kenntnis und Beteiligung. Viele Leute glaubten, daß Saddam diesen Vorfall nur benutzt habe, um einen mächtigen Konkurrenten loszuwerden.

In der Tat, nach dem versuchten Putsch von Kasr waren alle verbliebenen Rivalen von Saddam aus dem Wege geräumt. Mehr noch, Saddam Husseins persönliche Rolle bei der Niederschlagung dieser Verschwörung versetzte viele Offiziere so in Angst und Schrecken, daß sie nicht mehr aufzumucken wagten. Nach 1973 war die sogenannte Militärfraktion innerhalb der Partei, die noch vor fünf Jahren die führende Rolle gespielt hatte, zerschlagen. Als einziger Offizier blieb Bakr in einer Schlüsselposition, während Saddam Hussein nun unbestritten der starke Mann war.

Zusätzlich zu den Machtkämpfen innerhalb der Führungsclique wurden die Kurden erneut zu einem drückenden Problem. Kurz bevor die Bath die Macht übernommen hatte, begann sich jenes Stillhalteabkommen, das Premierminister Bassas mit den Kurden 1966 vereinbart hatte, aufzulösen. Im Frühling 1969 befand sich der Krieg mit den Kurden wieder in vollem Gang. Zehntausende von schiitischen Kurden wurden schließlich gezwungen, in den Iran zu flüchten.

Eine ernsthafte Bedrohung für das Bath-Regime wurden die Kurden auch, als die UdSSR mit dem Kurdenführer Mustafa Barsani, der vor seiner Rückkehr in den Irak ein elfjähriges Exil in Moskau verbracht hatte, in Verhandlungen eintrat. Die Sowjets wollten Barsani veranlassen, mit dem irakischen Regime Frieden zu schließen. Auch Saddam Hussein seinerseits strebte eine Vereinbarung mit den Kurden an. 1970 traf er sich mit Barsani in Kurdistan. Er offerierte dem Kurdenführer ein leeres Stück

113

Papier mit seiner Unterschrift und forderte Barsani auf, seine Bedingungen einzutragen. Aus diesen Gesprächen entstand eine Vereinbarung, die in fünfzig Punkten die Bedingungen für eine kurdische Autonomie detailliert aufführte.

Saddams Verhalten in der Folgezeit ließ aber erkennen, wie wenig er von diesem Übereinkommen hielt. Er bemühte sich keineswegs, die verschiedenen Absprachen in die Tat umzusetzen, sondern versuchte obendrein, Barsanis Sohn Idris umbringen zu lassen. Dessen Auto wurde im September 1970 in Bagdad aus Maschinenpistolen beschossen.

Ein Jahr später versuchte Saddam, sogar Barsani selbst zu ermorden. Ein kompliziertes Komplott wurde geschmiedet. Auf Saddams Befehl hin bat Ksar eine Gruppe von religiösen Scheichs, mit Barsani zu sprechen. Als sie Ksar Bericht erstatteten, bat er sie, Barsani erneut aufzusuchen, und gab ihnen diesmal zwei Tonbandgeräte mit, um die Antworten von Barsani korrekt wiedergeben zu können. Beim Treffen in Barsanis Hauptquartier in Hadsch Omran schaltete einer der Scheichs während der Teepause eines der Bandgeräte ein, wie es ihm Ksar gezeigt hatte. Das Gerät explodierte, der Scheich und ein Bediensteter wurden getötet. Danach gab es kaum noch etwas, was Barsani hätte mit Saddam Hussein besprechen wollen.

Obwohl die Bath seit 1963 einigermaßen vernünftige Beziehungen zu den Vereinigten Staaten unterhielt und sogar so etwas ähnliches wie eine moderate Außenpolitik betrieb, verhielt sie sich doch recht widersprüchlich. Aber um was es auch ging, sie blieb radikal. Unter den arabischen Staaten war es der Irak, der sich am heftigsten Verhandlungen mit Israel widersetzte. Nach 1968 unterstützte der Irak die radikalsten Fraktionen innerhalb der PLO und war mehr als andere arabische Staaten an den Terrorakten der Palästinenser beteiligt. Nach Auskunft des israelischen Journalisten Yossi Melman war der berüchtigtste unter den Terroristenführern, Abu Nidal, ein

Bathist. Als er seine Organisation in den frühen siebziger Jahren aufbaute, wurde er vom irakischen Geheimdienst unterstützt und unterhielt stets enge Beziehungen zu Bagdad. Damals waren Abu Nidals bevorzugte Terrorziele andere Araber, speziell die „Fatah" von Yasir Arafat, mit der die Bath ebenso über Kreuz war.

Der Extremismus der irakischen Bath konnte auch deshalb gedeihen, weil Irak keine direkten Grenzen mit Israel hatte und deshalb vorerst wenigstens keine Gegenschläge zu befürchten waren. Aber im September 1970, während der blutigen Kämpfe zwischen der PLO und Jordanien, geriet der Irak in ein Dilemma. Er hatte in Jordanien seit dem Krieg von 1967 Truppen stationiert, aber als die Spannungen zwischen dem jordanischen König Hussein und der PLO in offene Kämpfe ausbrachen, mußte sich der Irak öffentlich auf die Seite der PLO stellen. Die Vereinigten Staaten befürchteten schon, die irakischen Truppen könnten das Gleichgewicht zugunsten der Palästinenser verändern. Aber die irakischen Truppen blieben in ihren Kasernen und hielten sich aus allem heraus.

In der Bath-Partei gab es Vorwürfe, die führenden Leute würden sich zu wenig für die Palästinenser einsetzen. Als 1973 der dritte arabisch-israelische Krieg ausbrach, wollte Saddam Hussein alle Zweifel an seiner Armee ausräumen, die sich 1970 so passiv verhalten hatte.

Deshalb entschied er, über den Kopf von Präsident Bakr hinweg, ein großes Kontingent der irakischen Armee in den Kampf um die Golan-Höhen zu entsenden. Saddam verurteilte dann die Entscheidung der Ägypter und Syrer, einen Waffenstillstand mit Israel zu akzeptieren, und zog seine Truppen sofort zurück.

Als die Nachkriegsverhandlungen zwischen Israel und den arabischen Staaten begannen, bekämpfte Saddam alle Übereinkünfte. Das kostete ihn nichts, und er hoffte obendrein, dadurch seinen wichtigsten Rivalen, den syrischen Präsidenten Hafis Assad, in Schwierigkeiten zu bringen. Der Propagandakrieg zwischen Syrien und Irak sollte für die nächsten fünf Jahre unvermindert anhalten. In seinen Anfangsjahren war das Bath-Regime, und also auch der Irak, eng verbunden mit der UdSSR. Unter anderem unterstützte der Irak die sowjetische Invasion in der Tschechoslowakei im August 1968.

Drei Jahre später, nach einem Besuch von Saddam in Moskau im Februar 1972, unterzeichneten die beiden Staaten einen „Freundschaftsvertrag", der eine Unterstützung der Bathisten gegen äußere Feinde enthielt und Moskaus Hilfe bei allen Problemen versprach. Mehr noch, in diesem Pakt wurde festgelegt, daß die Kommunistische Partei im Irak keine Gefahr mehr für die Bath sein sollte. Die Sowjets drängten auf die Schaffung einer „Nationalen Progressiven Front", in der auch die Kommunisten mitarbeiten sollten. Aber Iraks Kommunisten zeigten sich angesichts der Leiden, die ihnen vom Bath-Regime zugefügt worden waren, widerspenstig und wollten dieser Vereinbarung nicht zustimmen. Nach beträchtlichem Druck aus Moskau ließen sie sich jedoch umstimmen, und die „Nationale Progressive Front" wurde 1974 aus der Taufe gehoben. Vielleicht hätten die irakischen Kommunisten besser ihrem Instinkt folgen sollen, denn 1978 wurden sie vom Bath-Regime wieder brutal unterdrückt.

Der Freundschaftsvertrag erlaubte es dem Irak ebenso, eine starre Position in der Ölfrage einzunehmen. Im Juni 1972 verstaatlichte Saddam Hussein die Iraq Petroleum Company. Die Verstaatlichung der Erdölindustrie brachte ihm aber keine Vorteile. Denn andere ölproduzierende Golfstaaten lehnten nun alle Beziehungen zum Irak ab. Tatsächlich legte diese Vorgehensweise dem Irak eine schwere Bürde auf. Die Staatseinnahmen sanken um 25 Prozent, denn die westlichen Ölkonzerne verhängten ein internationales Embargo. Der Irak verlor die meisten seiner Märkte. Trotzdem hatte die Verstaatlichung der Erdölindustrie das Ansehen der Bath vor allem innerhalb des eigenen Landes gestärkt, denn sie hatte sich als eine furchtlose Partei gezeigt, die mutig den

Kampf mit den imperialistischen Monopolen aufnahm. Auch der sowjetisch-irakische Vertrag schuf Probleme für Saddam Hussein. Er veranlaßte die Vereinigten Staaten und den Iran zu einer Zusammenarbeit bei dem Plan, durch verdeckte Aktionen in Kurdistan den Irak zu destabilisieren. Kurdenführer Barsani war bereit, bei einer solchen Aktion mitzuarbeiten, forderte aber, daß die amerikanische Hilfe so lange andauern müsse, bis das Bath-Regime gestürzt war. Die Kämpfe in Kurdistan eskalierten zwischen 1973 und Anfang 1974 und entwickelten sich im März zum offenen Krieg. Saddam Hussein persönlich leitete die Operationen, befahl schwere Bombardierungen von zivilen Zielen während der ganzen Auseinandersetzungen. Bei den Luftangriffen auf Kala Disa wurden 200 Menschen getötet. Im Herbst hatte sich der Krieg festgefahren, und die Armee, die schwere Verluste hatte hinnehmen müssen, zeigte sich immer nervöser und widerspenstiger, weil sich nichts tat. Nun zeigte es sich wieder, wie pragmatisch und opportunistisch das irakische Regime vorgehen konnte. Saddam Hussein versuchte, eine Vereinbarung mit dem Schah von Persien zu treffen, und warb um die Unterstützung von Ägyptens Präsident Anwar As Sadat und von Algeriens Präsident Houari Boumedienne. Diese Anstrengungen zeitigten ihren Erfolg beim Gipfeltreffen der OPEC in Algier am 5. März 1975. Saddam Hussein und der Schah schlossen ein überraschendes Agreement. Der Schah von Persien entzog den Kurden seine Unterstützung, und der Irak anerkannte im Gegenzug die iranischen Forderungen nach dem Besitz des halben Schatt Al Arab. Bevor die Übereinkunft unterzeichnet wurde, hatte der Irak noch einen harten und letztlich entscheidenden Schlag gegen die Kurden geführt. Barsani verließ den Irak und kehrte niemals mehr in seine Heimat zurück. Später machte er seiner Verbitterung darüber Luft, daß er dem Schah getraut und angenommen hatte, die USA würden ihn nie betrügen.
Die Vereinbarung von Algier verursachte eine erheb-

liche Veränderung in der Politik des Irak. Der Extremismus wurde abgeschwächt. Saddam Hussein schien zu glauben, daß mit der endgültigen Unterdrückung der kurdischen Rebellion seine Position im eigenen Land nun so abgesichert war, daß er es sich erlauben konnte, eine friedlichere Haltung einzunehmen. Ab 1975 begann der Irak seine Spannungen mit vielen arabischen Staaten, vor allem mit Ägypten, Saudi-Arabien und Jordanien, abzubauen.

Die beträchtlichen Veränderungen in Saddams Politik wurden dadurch erleichtert, daß sich die Ölpreise durch den Yom-Kippur-Krieg von 1973 vervierfachten. Der Irak bekam auch seine Märkte wieder, die er nach der Verstaatlichung von 1972 verloren hatte. Dies gelang ihm, weil er sich während des Krieges nicht an den Beschränkungen der Erdöl-Förderquoten anderer arabischer Staaten beteiligt hatte. Die Regierung erhöhte die Fördermengen, wobei sie zugleich einen totalen Exportstopp für jene Staaten forderte, die „als Imperialisten die israelische Aggression unterstützt hatten". Durch solche Aussagen konnte der Irak Strafmaßnahmen seitens der arabischen Staaten vermeiden, die ihn wegen seiner Ölpolitik an den Pranger stellen wollten.

Ab 1973 war der Verlust, den der Irak durch die Verstaatlichung seiner Öl-Industrie erlitten hatte, wieder wettgemacht. Die Einnahmen aus dem Ölgeschäft waren 1974 zehnmal so hoch wie 1972. Die Regierung versuchte durch größere Ausgaben den Lebensstandard anzuheben, entwarf ein Programm für einen umfangreichen Import von Verbrauchsgütern. Die staatlichen Unterstützungsmaßnahmen flossen in reichlichem Maße, die Ausgaben für die Industrie wuchsen um das Zwölffache, für den Wohnungsbau um das Neunfache. Mit diesen Maßnahmen konnte das Regime auch darauf hoffen, wenn es schon nicht die Unterstützung des Volkes hatte, daß doch die Menschen jetzt zumindest das Bath-Regime tolerieren würden.

Iraks neuer Reichtum führte auch zu Veränderungen in

den Beziehungen zu den Supermächten. Bagdad wurde in wachsendem Maße unabhängig von Moskau. Es richtete sich mehr auf den Westen hin aus, auf dessen hochqualifizierte Technologie, und baute viel weniger auf sowjetische Hilfe. Der Handel mit den Vereinigten Staaten wuchs, obwohl die diplomatischen Beziehungen zwischen dem Irak und den USA seit dem arabisch-israelischen Krieg von 1967 eingefroren waren. Im Jahr 1980 importierte der Irak amerikanische Waren im Wert von 700 Millionen Dollar. Die Abteilung in der belgischen Botschaft in Bagdad, die die amerikanischen Interessen vertrat, mußte beträchtlich ausgeweitet werden. Aber der Irak war dennoch nicht interessiert an der Wiederaufnahme der diplomatischen Beziehungen mit Washington. Bagdad blockte zweimal Angebote der Carter-Administration, die Beziehungen wieder aufzunehmen, strikt ab. Gleichermaßen erkalteten aber auch die Beziehungen zu Moskau. In der Tat war der Irak unter den arabischen Staaten jener, der den Einmarsch der sowjetischen Truppen in Afghanistan Ende 1979 am schärfsten verurteilte.

Hinter den Veränderungen in der irakischen Politik nach dem Agreement von Algier, nach der Kritik an Moskau und nach der Zurückhaltung gegenüber Washington muß man aber auch einen bestimmten politischen Ehrgeiz von Saddam Hussein sehen. Seine Motivation wurde zum erstenmal sichtbar in der vom Irak inszenierten Ächtung Ägyptens nach den Vereinbarungen von Camp David im September 1978. Saddam Hussein strebte jetzt nach einer Hauptrolle auf der Bühne des Nahen Ostens.

Krieg ohne Ende

Im Sommer 1979 hatte Saddam Hussein endgültig die Macht erobert, er wurde Präsident des Irak. Er gab den Menschen und dem Land eine neue, seine Richtung, inspiriert sowohl von Ehrgeiz als auch von Furcht. Saddams Ehrgeiz bestand darin, den Irak zu der dominierenden Macht am Persischen Golf und in der gesamten arabischen Welt zu machen. Befürchten mußte er, daß die schiitische Mehrheit im Irak durch die leidenschaftlichen Hetzreden des Ajatollah Khomeini zu einer Revolte aufgestachelt werden könnte. Im Triumph war der Ajatollah am 1. Februar 1979, nach einem 15 Jahre dauernden Exil, in den Iran zurückgekehrt.

Die unberechenbare Politik des Iran bekam einen entscheidenden Einfluß auf den Irak und auf die gesamte Region. Die ersten beiden Revolutionsregierungen im Iran wurden noch von weltlichen Männern geleitet. Aber zwischen ihnen und den radikalen Religionsführern tobte ein fortwährender Machtkampf. Am Anfang hatten sich die weltlichen Regierungen des Iran noch um stabile Beziehungen mit ihren Nachbarn bemüht. Aber die Gruppe um Ajatollah Khomeini versuchte bald, die islamische Revolution des Iran auch in jene Länder der Golfregion zu übertragen, in denen die schiitischen Glaubensgemeinschaften unterdrückt wurden.

Während die politischen Verhältnisse im Iran immer instabiler wurden, entwickelte sich ein heftiger Propagandakampf zwischen Teheran und Bagdad. Vier Monate nach der Rückkehr Khomeinis eskalierten die Spannungen im Juni 1979 zu heftigen Grenzzwischenfällen, und überall in den grenznahen Gebieten tobten gewalttätige religiöse Auseinandersetzungen. Bagdad begann damit, nichtpersische Separatistengruppen im Iran zu unterstützen, versorgte kurdische Rebellen im Norden mit Geld und Waffen und half auch den arabischen Dissidenten in der ölreichsten und vornehmlich von Arabern bewohnten iranischen Provinz Chusestan. Dieses Gebiet war bis 1924 ein autonomes arabisches Fürstentum gewesen. Entsprechend seinen Zielen aktivierte Saddam in Chusestan kleine Zellen seiner Bath-Partei und bildete die Söhne religiöser arabischer Schiiten militärisch aus. Über das irakische Konsulat in Chorramschahr, der wichtigsten Stadt im südlichen Chusestan und Irans Haupthafen am Schatt Al Arab, lief die Versorgung mit Geld und Waffen. Die iranischen Geistlichen forderten ihrerseits die irakischen Schiiten zum Aufstand auf und unterstützten ebenso die kurdischen Rebellen im nördlichen Irak.

Am 4. November 1979 stürmten radikale Studenten mit Billigung von Ajatollah Khomeini die US-Botschaft in Teheran und nahmen das Personal als Geiseln. Die Besetzung der Botschaft beschleunigte den Verfall der weltlichen Regierung im Iran. Neuer Präsident wurde kurz danach der in Frankreich erzogene marxistische Wirtschaftswissenschaftler Abul Hassan Banisadr. Die geistlichen Führer ließen nicht davon ab, weiterhin radikale Aktionen zu fordern, und unterminierten mit ihren Aktionen konsequent die legitime Regierung.

Die arabischen Staaten am Golf waren durch diese Vorgänge um ihre Ruhe gebracht. Saddam Hussein reagierte darauf, indem er versuchte, die politische und ideologische Bedrohung, die vom Iran ausging, für eine irakische Vorherrschaft auszunützen. Er bot sich als Beschützer der schwachen arabischen Monarchien an. Aber die Golfstaaten hielten nicht viel von einem derartigen „Schutz".

Saddams Anstrengungen, für Bagdad eine neue Rolle am Golf zu finden, brachten ihn in Schwierigkeiten mit den Vereinigten Staaten. Nachdem die Sowjets im vergangenen Dezember in Afghanistan einmarschiert waren, erklärte Präsident Carter, die Vereinigten Staaten würden Saudi-Arabien und die anderen Golfstaaten gegen jede Aggression verteidigen. Diese neue Politik der USA wurde bekannt als die „Carter-Doktrin". Zwei Wochen

121

später, am 8. Februar, dem 17. Jahrestag der Bath-Revolution von 1963, veröffentlichte Saddam Hussein dagegen seine „Panarabische Charta". Man nannte sie auch die „Hussein-Doktrin". Diese Charta appellierte an eine kollektive arabische Verteidigung und sprach sich gegen jede fremde Präsenz am Golf aus. Auch verbot sie „jedem arabischen Staat den Einsatz von Truppen gegen irgendeinen anderen arabischen Staat".

Die Ereignisse vom April 1980 veranlaßten Saddam, seine „Hussein-Doktrin" anzuwenden. Am 1. April versuchte die revolutionäre, schiitisch-islamische Partei Al Daawa, Tarik Asis zu ermorden, Iraks stellvertretenden Ministerpräsidenten. Er war ein überzeugter Christ. Während andere bei diesem Anschlag getötet wurden, überlebte Asis. Die Daawa unternahm vier Tage später einen weiteren Anschlag auf den Trauerzug für die Ermordeten.

Saddam Hussein reagierte brutal. Die Mitgliedschaft in der Daawa-Partei wurde bei Todesstrafe verboten. Saddam ließ 15 000 schiitische Kurden deportieren und veranlaßte darüber hinaus die Massendeportation der schiitischen Bevölkerung aus den wichtigsten Städten des Irak. Bis zum Sommer wurden rund 35 000 arabische Schiiten aus dem Irak vertrieben, aber das war erst der Anfang.

Ajatollah Mohammed Bakr Al Sadr war der wichtigste Religionsführer der Schiiten, eng verbunden mit Ajatollah Khomeini.

Saddam ließ Sadr und seine Schwester Amina Bint Al Huda verhaften und beide nach Bagdad bringen. Dort wurden sie von Saddams Halbbruder Barsan Ibrahim, damals Chef der Mukhabarat, brutal gefoltert. Bint Al Huda wurde vor den Augen ihres Bruders umgebracht, der anschließend einen schrecklichen Tod erlitt. Man zündete seinen Bart an und trieb ihm Nägel in den Kopf. Seine Leiche wurde zu seiner Familie nach Nadschaf gebracht, damit sie ihn beerdigen konnte. Es war den Angehörigen verboten worden, den Sarg zu

öffnen. Aber gläubige Moslems werden in Leichen-
tüchern bestattet, nicht in Särgen. Um die religiösen Vor-
schriften zu erfüllen, wurde der Sarg geöffnet, und so fand
man die Beweise für die schrecklichen Qualen, die Bakr
Al Sadr erlitten hatte.

Im Frühling 1980 hoffte die weltliche Regierung des
Iran immer noch darauf, die Spannungen mit dem Irak
abmildern zu können, obwohl die kriegslüsternen
Elemente, geführt von Ajatollah Khomeini, immer
mächtiger wurden. Um einer Entspannung näherzu-
kommen, reiste Irans Außenminister im April zu Verhandlungen in die Scheichtümer am Golf. Bei seinem
ersten Aufenthalt in Kuwait versuchten ihn irakische
Agenten zu ermorden. Saddam Hussein hatte sich für
Krieg entschieden.

In Bagdad versammelten sich Generäle und Politiker
des ehemaligen Schah-Regimes, die vor Khomeini
geflohen waren. Sie redeten Saddam Hussein ein, der
Iran würde eine leichte Beute sein. Sie berichteten,
die iranische Luftwaffe befände sich in einem miserab-
len Zustand, die meisten Flugzeuge seien nicht funk-
tionsfähig. Die Panzereinheiten, speziell in Chusestan,
seien in Auflösung begriffen. Sie sprachen von einer Mißstimmung in der Armee gegenüber der neu gegründeten Volks-Miliz, den revolutionären Garden, die als
politische Polizei agierten und versuchten, die Ausrüstung und die Funktion der Armee zu übernehmen. Die
Emigranten überzeugten Saddam Hussein davon,
daß gezielte militärische Schläge gegen ausgesuchte
Ziele, in Verbindung mit massiven Panzerangriffen, die
Armee in die Flucht schlagen würden. Das neue revolutionäre Regime würde daraufhin zusammenbrechen.
Im großen und ganzen übernahm Saddam diese Einschätzung, ermutigt auch durch die Feindschaft, die
die internationale Weltgemeinschaft dem Iran ent-
gegenbrachte, speziell wegen der Erstürmung der amerikanischen Botschaft. Es schien unwahrscheinlich, daß
es internationalen Widerstand oder auch nur größere

Irritationen geben würde, wenn der Irak den Iran angreife.

Saddam Hussein erwartete einen leichten und schnellen Sieg innerhalb von zwei oder drei Wochen. Ähnlich schätzten auch die Spezialisten in der amerikanischen Regierung die Lage ein. Die Kriegsstrategie des Irak beruhte zumindest teilweise auf einer Stabsübung, die britische Militärberater von der Kriegsakademie in Bagdad im Jahr 1941 entworfen hatten. Saddam Hussein suchte und wollte keine Hilfe bei den anderen arabischen Staaten, glaubte er doch, der Irak könne mit Leichtigkeit seine Ziele alleine erreichen. Es waren deren drei. Das Minimalziel war die Eroberung und Absicherung des östlichen Ufers des Schatt Al Arab für den Irak. Zweitens wollte Saddam die Abtrennung des von Arabern bewohnten Chusestan vom Iran, was vielleicht noch zusätzlich Aufstände von anderen nichtpersischen Volksgruppen auslösen konnte. Hauptziel war, den schnellen Zusammenbruch des Regimes in Teheran herbeizuführen.

Vor den laufenden Kameras des irakischen Fernsehens zerriß Saddam am 15. September 1980 das 1975 getroffene Algier-Agreement, in dem der halbe Schatt Al Arab dem Iran zugesprochen worden war. Sieben Tage später begann er den Krieg und marschierte in den Iran ein.

Obwohl er über keinerlei militärische Erfahrung verfügte, übernahm Saddam den Oberbefehl. Er entschied über den Zeitpunkt der Angriffe und über deren Richtung. An vorderster Front führte er die militärischen Operationen. Seine militärischen Auftritte wurden immer wieder vom irakischen Fernsehen gezeigt.

Ein Vorbild für Saddam Hussein war der dramatische Anfangsschlag oder „Eröffnungszug", den die Israelis im Sechstagekrieg von 1967 unternommen hatten. Saddam startete mit dem Angriff auf zehn iranische Flugplätze am ersten Tag des Krieges. Aber diese Schläge bewirkten fast nichts. Die iranische Luftwaffe blieb intakt und reagierte rasch mit Angriffen auf den Irak. Die irakische Luftabwehr erwies sich dabei als viel zu schwach, so daß Bagdad gezwungen wurde, sich in Frankreich ein wirkungsvolles Luftabwehrsystem zu kaufen.

Während die irakischen Flugzeuge die iranischen Flugplätze attackierten, unternahmen die irakischen Panzereinheiten einen Vorstoß durch den Schatt Al Arab gegen Chorramschahr. Irans Bodentruppen leisteten zunächst kaum Widerstand. Aber die Stadtbevölkerung kämpfte mit großem Einsatz. Es dauerte einen Monat und kostete schwere Verluste, bis die Stadt am 24. Oktober eingenommen werden konnte. Die irakischen Truppen versuchten dann einen Vorstoß auf die Stadt Abadan, etwa 15 Kilometer südlich. Trotz schwerer Verluste der Iraner konnten sie die Stadt aber nicht erobern.

Schon jetzt wurde klar, daß das iranische Regime nicht so schnell zusammenbrechen würde. Ganz im Gegenteil, der irakische Angriff trug eher zu einer Festigung der Revolution in Teheran bei. Der irakische Fehlschlag in Abadan bedeutete, daß das Minimalziel, das östliche Ufer des Schatt Al Arab zu erobern, nicht erreicht werden konnte. Deshalb grub sich die irakische Armee zunächst einmal ein, verblieb in gesicherten Stellungen, so auch im stark befestigten Chorramschahr. Die Truppen waren nur rund 70 Kilometer weit auf iranisches Gebiet vorgestoßen. Aus dem Bewegungskrieg war ein Grabenkrieg geworden.

Allmählich ging Saddam auf, was Strategie bedeutete. Er hatte versucht, einen Feind zu besiegen, dessen Gebiet dreimal so groß war wie der Irak. Abgesehen von militärischen Anlagen in Chusestan, mußte die irakische Luftwaffe Hunderte von Kilometern weit in den Iran eindringen, um wichtige Ziele angreifen zu können. Die iranische Luftwaffe hingegen konnte vergleichbare Ziele im Irak viel schneller erreichen. „Die Geographie ist unser Feind", sagte Saddam Hussein nur sechs Monate nach Kriegsbeginn.

Dem Iran gereichte es zum Vorteil, daß er über Tausende Kilometer von Küsten am Persischen Golf und am Indischen Ozean verfügte, während der Irak im wesentlichen ein Binnenland geworden war, seit ihm beim Ausbruch des Krieges der Zugang zum offenen Meer abgeschnitten wurde. Schon in den ersten Kriegstagen hatten zerstörte Handelsschiffe den Schatt Al Arab unpassierbar gemacht. Dadurch wurde Basra, der einzige bedeutende Handelshafen des Irak etwa 75 Meilen flußaufwärts, vollkommen gelähmt.

Die kleine irakische Marine wurde rasch im Khor Abdullah, einem schmalen Kanal entlang der Grenze zu Kuwait, eingekesselt. Dort liegt Umm Kasr, Iraks Militärhafen. Weil sich Kuwait nicht mit dem Iran anlegen wollte, verweigerte es dem Irak die Erlaubnis, mit seinen Schiffen einen Kanal zu befahren, der sich südlich zwischen den Inseln Warba und Bubiyan in kuwaitischen Küstengewässern dahinzog. Nur durch ihn hätte der Irak noch Zugang zum Meer gehabt. Die Unzulänglichkeit der irakischen Häfen und Küsten für Kriegszwecke wurde überdeutlich. Darüber hinaus hatte die iranische Marine noch ein gewaltiges Übergewicht.

Iraks mangelhafter Zugang zum Meer war ja deshalb so entscheidend, weil das Land Öl exportieren mußte, um Geld verdienen zu können. Es blieb dem Irak nichts anderes übrig, als sich auf Pipelines zu verlassen. Am Beginn des Krieges verfügte das Land nur über zwei Pipelines, eine durch die Türkei und eine weitere durch Syrien. Ihre Kapazität erwies sich aber bald als zu gering, so daß der Irak noch während des Krieges zwei weitere Pipelines durch die Türkei und durch Saudi-Arabien baute. Abhängig von anderen Staaten war der Irak auch beim Transport weiterer wichtiger Importe. Über Jordanien, Kuwait und die Türkei mußten gewaltige Mengen von Hilfsgütern herbeigeschafft werden. Saddam Hussein befahl auch den Bau von modernen, vierspurigen Autobahnen, um den Transport von kriegswichtigem Material bewältigen zu können. Eine Autobahn führte an der Front entlang in den Süden bis Kuwait, die andere von Bagdad in den Westen zur jordanischen Grenze.

Saddam mußte schmerzhaft erkennen, daß sein Irak auch noch auf andere Weise verwundbar war. Die Sowjetunion, die Husseins Truppen weitgehend ausgerüstet hatte, stoppte ihre Waffenlieferungen nach Saddams Einfall in den Iran. Um Munition, Ersatzteile und neue Waffensysteme zu beschaffen, wandte sich Saddam an osteuropäische Staaten, an China und an Ägypten. In der heiklen Lage des Irak sah Ägyptens Präsident Anwar As Sadat eine Chance, aus jener Isolation herauszukommen, in die ihn, weitgehend auf Saddams Initiative hin, der Friedensvertrag mit Israel geführt hatte.

Aber der Irak betrachtete Waffenkäufe weiterhin strikt als ein normales Geschäft und blieb bei seiner harten ideologischen Haltung gegen das „Camp-David-Regime" und den „Verräter" Sadat. Während des Krieges bemühte sich der Irak selbst eine Rüstungsindustrie aufzubauen, um die Abhängigkeit von fremden Staaten bei wichtigen Rüstungsgütern zu verringern.

Andere politische und militärische Erschütterungen jedoch sollten bald die Grundlagen für einen Umschwung in Bagdad legen. Am 7. Juni 1981 bombardierten israelische Flugzeuge bei einem wagemutigen Überraschungsangriff den Atomreaktor Osirak in der Nähe von Bagdad. Sie hinderten damit Saddam, eigene atomare Waffen zu entwickeln.

Inzwischen wuchs im Iran die Enttäuschung über die schwache Verfassung der eigenen Armee und ihre Unfähigkeit, einen effektiven Gegenangriff auf den Irak einzuleiten. Zum Sündenbock wurde Präsident Banisadr. Als ihn Ajatollah Khomeini am 17. Juni aus seinem Amt warf, floh er umgehend ins Ausland. Die Entlassung von Banisadr verstärkte den heftigen Widerstand gegen das Regime der Geistlichen im Iran. Der Bombenanschlag auf das Hauptquartier der Islamischen Republikanischen Partei am 28. Juni tötete eine Anzahl geistlicher Führer und verursachte zwei Monate lang andauernde blutige innere Unruhen. Aber die geistlichen Führer konnten sich behaupten. Man sah in ihren Leiden ein Martyrium, und die Revolution bekam neuen Zuspruch.

Seit März 1981 liefen die Offensiven der iranischen Streitkräfte, durch die die irakische Armee über die Grenze zurückgedrängt wurde. Den ersten erfolgreichen Angriff starteten die Iraner im September in Chusestan. Bei der nächsten Offensive im November wandte die iranische Führung eine neue Taktik an. Hunderttausende schlecht ausgebildete und unzureichend bewaffnete Freiwillige der revolutionären Garden wurden ins Feuer geschickt, brennend vor religiöser Hingabe. Geführt von ihren fanatischen Geistlichen, zeigten die jungen Männer keinerlei Todesangst, glaubten sie doch, daß sie für ihr Martyrium mit einem Leben im Himmel entschädigt würden. Die neue iranische Strategie übte einen erschreckenden Effekt auf die irakischen Soldaten aus. Ein irakischer Offizier beschrieb dem britischen Militär-Historiker Edgar O'Ballance seinen Eindruck: „Sie stürmten auf uns zu, wie eine Menge Menschen, die am Freitag aus der Moschee kommen. Bald feuerten wir nur noch in tote Männer hinein, die über den Stacheldrahtzäunen hingen oder von Minen zerfetzt am Boden lagen."

Weitere Offensiven der iranischen Truppen folgten. Im Dezember eroberten iranische Truppen eine strategisch wichtige Straßenkreuzung, von der alle Verbindungen im südlichen Sektor abhingen. Einen Monat lang versuchten die Iraker im Februar 1982, dieses entscheidende Gelände zurückzuerobern, aber sie schafften es nicht, obwohl sich Saddam selbst an die Front bemühte, um den Gegenangriff zu lenken.

Ende März errangen die Iraner einen noch wichtigeren Sieg, warfen die irakischen Truppen rund 50 Kilometer zurück und nahmen 15 000 Gefangene. Nach dieser erfolgreichen Offensive schloß sich Syrien dem Iran an, kappte Iraks Öl-Pipeline ans Mittelmeer, was Bagdad einen täglichen Verlust von circa 30 Millionen Dollar eintrug. Von nun an blieb Syrien der engste Verbündete des Iran bis zum Ende des Krieges.

In Bagdad kursierte damals ein Gerücht, Saddam sei während der Märzoffensive um ein Haar in Gefangenschaft geraten. Seine Wagenkolonne wurde hinter der Front nahe der irakischen Grenze von iranischen Truppen eingekesselt. Die Iraner wußten aber offenbar nicht, daß sich in einem der Wagen Saddam befand. Die einzige irakische Einheit, die nahe genug postiert war, um Saddam zu befreien, wurde kommandiert von General Maher Abdul Raschid, einem General aus dem Tikriti-Clan, der auf Saddam schlecht zu sprechen war. Einige Jahre zuvor hatte Saddam für seinen Clan die Ermordung des Onkels von Raschid arrangiert. Als Saddam den Einsatz der Truppen befahl, bestand General Raschid darauf, er solle um Hilfe bitten und den Mord zugeben. Saddam war in einer mißlichen Lage. Seine Kolonne stand unter heftigem Bombardement, und seine Leibwächter mußten ihn mit ihren Körpern schützen. So stimmte er der Forderung von Raschid zu. Raschid befreite seinen belagerten Präsidenten, und obwohl seine Tochter später einen Sohn von Saddam heiratete, konnten die beiden Männer nie mehr ihre gegenseitige Antipathie überwinden. Kurz bevor der Krieg endete, wurde Raschid unter Hausarrest gestellt.

Seinen größten militärischen Erfolg feierte der Iran im Mai 1982. Nach monatelangen Gefechten warfen die Iraner die irakischen Truppen aus ihren Stellungen hinaus und eroberten die Stadt Chorramschahr zurück, wobei ihnen 22 000 Iraker als Gefangene in die Hände fielen. Saddam reagierte auf die zunehmenden Rückschläge mit einer überraschenden Ankündigung. Am 10. Juni erklärte er einen einseitigen Waffenstillstand und ordnete den Rückzug der irakischen Streitkräfte aus dem schmalen iranischen Territorium an, das sie noch besetzt hielten. Saddam glaubte wohl, der Iran und der Irak könnten den Waffenstillstand zu einem Kampf gegen Israel benutzen, das vier Tage zuvor im Libanon eingerückt war.

Der israelische Angriff auf den Libanon war nicht nur ein

glücklicher Zufall für den Irak – Saddam hatte selbst einiges dazu beigetragen. Es war im ganzen Nahen Osten bekannt, daß Israels Premierminister Menachem Begin und sein Verteidigungsminister Ariel Scharon die palästinensische Befreiungsorganisation (PLO) aus dem Libanon hinausjagen wollten. Aber man brauchte einen Anlaß dazu. Jasir Arafat, voller Furcht vor den möglichen Konsequenzen, bemühte sich verzweifelt darum, Israel keinen Vorwand zu liefern. Aber das fatale Attentat auf den israelischen Botschafter in London am 3. Juni verschaffte Israel die gewünschte Begründung. Die Briten verhafteten und verurteilten zwei Männer, die den Mordversuch durchgeführt hatten. Einer von ihnen wurde als ein Oberst im irakischen Geheimdienst entlarvt. Zwei israelische Journalisten, Zeev Schiff und Ehud Yaari, berichteten, daß die Waffen für diese Operation durch das Büro des Militärattachés in der irakischen Botschaft in London besorgt worden waren. Schiff und Yaari folgerten daraus, wie es übrigens auch die „New York Times" tat, daß der Irak damit einen israelischen Angriff auf den Libanon provozieren wollte. Damit hätte der Irak die Chance gehabt, einen Waffenstillstand mit Iran zu schließen, Syrien wäre vollauf beschäftigt gewesen und hätte dem Iran nicht zur Seite stehen können, als sich Bagdad in einer verzweifelten Lage befand.

Aber der Ajatollah Khomeini nahm Saddams Waffenstillstandsangebot nicht an. Am 14. Juli griff der Iran wieder an, und diesmal war der Irak selbst sein Ziel. Wieder zeigte es sich, daß dieser Krieg absolut unberechenbar war, denn der Widerstand der irakischen Truppen war beträchtlich, verteidigten sie doch diesmal ihre Heimat. Zum erstenmal seit dem September 1981 scheiterte eine wohlvorbereitete iranische Offensive bei dem Versuch, die irakischen Stellungen zu durchbrechen. Nun war die Niedergeschlagenheit in Teheran groß, hatte man doch schwere Verluste hinnehmen müssen. Obendrein war es nicht gelungen, die irakischen Schiiten zur Unterstützung von Khomeini zu einer

Revolte zu veranlassen, wie es der Ajatollah erwartet hatte.

Aber obwohl Bagdad den iranischen Attacken widerstanden hatte, brachen nun sehr harte Zeiten für den Irak an. Saddams Träume vom Ruhm waren ausgeträumt. Der Irak war vor Jahren schon zum Gastgeber für das Gipfeltreffen der blockfreien Staaten im September 1982 bestimmt worden, und das Regime hatte große finanzielle Aufwendungen für die Vorbereitung betrieben. Für das Gipfeltreffen wurden in Bagdad mehrere First-Class-Hotels errichtet, darunter waren auch jene, in die der Irak später nach seiner Invasion von Kuwait die gefangengenommenen Ausländer sperrte. Aber die prachtvollen Hotels konnten nie ihrem ursprünglichen Zweck dienen, denn wegen des Krieges wurde das Gipfeltreffen von 1981 nach Indien verlegt.

Nach 1982 herrschte im Krieg eine Patt-Situation, ein blutiger Stillstand, der die Stimmung in Bagdad gewaltig drückte und schiere Hoffnungslosigkeit hervorrief. Die Bevölkerung betrauerte Hunderttausende von Toten, fast jede Familie hatte ein Opfer zu beklagen. Ein Gefühl von Bitternis gegen das Regime breitete sich unter der Bevölkerung aus. Den Machthabern wurde die Schuld angelastet, den Irak in einen Krieg gegen einen weit stärkeren Gegner getrieben zu haben. Es schien keinen Ausweg aus dem Massensterben zu geben, kein Licht am Ende des dunklen, blutigen Tunnels. Die Mißstimmung erfaßte vor allem die irakische Jugend. Viele waren für die gesamte Dauer des Krieges eingezogen worden, junge Frauen konnten nicht heiraten. Der Krieg schien sich endlos hinzuschleppen.

Die schiitische Bevölkerung aber wurde von Saddam Hussein weiterhin terrorisiert. Deportationen von Schiiten, die 1979 bereits begonnen hatten, eskalierten während der Kriegsjahre und hatten ihre Höhepunkte in den Jahren zwischen 1981 und 1985. Am Ende waren es wohl rund 300000 Menschen, die den Irak hatten verlassen müssen. Diese Deportationen wurden brutal durchgeführt. Die Menschen wurden kurzfristig zusammengetrieben oder unter falschen Angaben an irgendeinen Ort gelockt, zur iranischen Grenze transportiert und dort einfach irgendwo abgeladen. Oft geschah dies mitten in kriegerischen Auseinandersetzungen. Zum Beispiel wurden im Winter 1981 700 wichtige schiitische Geschäftsleute von der Handelskammer telefonisch eingeladen, an einem Treffen in Bagdad teilzunehmen. Sie sollten dort mit Beamten des Handelsministeriums zusammentreffen, wobei es angeblich um Importlizenzen ging. Sobald sie eintrafen, wurden sie in Autobusse getrieben und in ein Gebäude der Sicherheitspolizei gefahren, wo sie die Nacht verbrachten. Im Morgengrauen jagte man sie dann auf Lastwagen, fuhr sie zur Grenze und sagte ihnen, sie sollten nun zu Fuß in den Iran gehen.

Trotz ihrer Auseinandersetzungen mit Saddam Hussein hatte die überwiegende Mehrheit der irakischen Schiiten kein Verlangen danach, unter dem fundamentalistischen Regierungssystem des Ajatollah Khomeini zu leben. Obendrein hatte sie mit Khomeini auch nichts im Sinn, weil sie ihn für die Verlängerung des Krieges verantwortlich machte. Die Schiiten, besonders die ärmsten der Armen, bildeten das Hauptkontingent der irakischen Infanterie. Sie waren das Kanonenfutter für die ersten und tödlichsten Schläge der iranischen Sturmangriffe.

Es durfte nicht verwundern, daß sich mit der verschlechterten Kriegslage auch die Mordversuche an Saddam häuften. Im Juli 1982 wurde Saddams Autokolonne von Männern mit Maschinengewehren beschossen. Die Täter verfehlten Saddams Auto, und er konnte davonfahren. Vier Stunden später wurde das Dorf, in dem sich der Anschlag ereignet hatte, von Hubschraubern mit Napalm-Bomben angegriffen. Alle Häuser brannten und stürzten zusammen. Später pflügten Bulldozer das ganze Gebiet um und verwandelten das ehemalige Dorf in einen Acker.

Bei einem Vorfall in Tikrit im Jahr 1985 wurde ein mit

Sprengstoff vollgepacktes Auto nahe einer Stelle geparkt, wo Saddams Wagenkolonne vorbeikommen mußte. Aber die Autobombe explodierte, noch ehe der Präsident in die Stadt kam. Saddams Leibwächter Sabah Mirza berichtete später, daß der Präsident geweint habe, als ihm klar wurde, daß die Opposition gegen ihn auch schon seine eigene Geburtsstadt erreicht hatte. Weitere Anschläge auf Saddams Leben ereigneten sich 1984 und 1987. Früher hatte sich Saddam immer wieder öffentlich in verschiedenen Teilen seines Landes gezeigt, jetzt traute er sich das nicht mehr. Stattdessen mußten die Jahrestage seiner früheren Besuche an den betreffenden Orten in seiner Abwesenheit gefeiert werden. Diese Feiern zeigten, wie intensiv der Personenkult um den Diktator bereits geworden war. Im April 1983 wurde sein Geburtstag zum nationalen Feiertag erhoben. Eine Lichterprozession von 2000 Kerzen, die den Tigris hinunterschwammen, war einer der Höhepunkte dieses Festes. Wie der israelische Wissenschaftler Ofra Bengio meint, zeigte dieser wachsende Personenkult zwei irgendwie widersprüchliche Aspekte von Saddams Herrschaft, die Unsicherheit seiner Position und zugleich seine Fähigkeit, das Volk unter Kontrolle zu halten.

Nach 1982 waren die Ressourcen des Regimes wegen der großen Kriegsanstrengungen weitgehend erschöpft. In den ersten beiden Kriegsjahren konnte der Irak noch beides produzieren, Kanonen und Butter, unterstützt durch einen Kredit von 10 Milliarden Dollar von den Golfstaaten. Danach versuchte Saddam die Härten des Krieges, speziell die Unzufriedenheit, die die ansteigende Zahl von Kriegstoten hervorrief, dadurch zu mildern, daß er den Import von Verbrauchsgütern erhöhte und den betroffenen Familien für ihre Kriegstoten Entschädigungen anbot. Sie erhielten Autos, 7000 Dinar, gegebenfalls Land und Geld, um sich Häuser zu bauen.

Obwohl ja die Kriegswirtschaft weitgehend auf Krediten beruhte und die Rückzahlungen in ferner Zukunft lagen, mußte man den steigenden wirtschaftlichen Schwierigkeiten Rechnung tragen. Im November 1982 wurde ein Sparprogramm eingeführt, einschließlich eines Verbots für jeden Außenhandel. Im nächsten Jahr veröffentlichte das Regime keinen Haushaltsplan. Versorgungsschwierigkeiten machten sich bemerkbar, speziell bei Fleisch und Gemüse. Die Inflation entwertete die Einkommen, und fast jede Familie mußte nur für den Bedarf an Fleisch schon bis zu zwei oder mehr Monatseinkommen ausgeben.

Die Lasten des Krieges bewirkten Veränderungen in der Parteiideologie. Die neuen Grundsätze wurden auf einem Parteitag im Juni 1982 beschlossen, nachdem Saddam seine Truppen aus den besetzten iranischen Gebieten zurückgezogen hatte. Der Wissenschaftler Bengio formuliert es so: „Die Verbindung mit dem Sozialismus wurde beträchtlich reduziert. Der irakische Nationalismus bekam den Vorrang vor dem arabischen Nationalismus. Das Thema der Befreiung Palästinas wurde nicht einmal mehr erwähnt."

Obwohl diese Veränderungen doch wohl eher rhetorischer Natur waren, bewiesen sie doch den prinzipiellen Einsatz der irakischen Politik für eine Verlängerung des Krieges.

Die Veränderungen in der Parteilinie wurden von dem verzweifelten Zustand bestimmt, in dem sich der Irak befand. Michel Aflaks Jünglingsphantasien quälten nun das Land. Die Ideologie der Bath forderte die Einheit der Araber in einem endlosen Kampf mit Zionismus und westlichem Imperialismus. Aber die Araber waren nicht einig (Syrien unterstützte den Iran), und der Iran, der Feind, war weder Zionist noch Imperialist. Tatsächlich war er der fanatische und selbsternannte Feind von beiden. So war der Irak auf quasi widernatürliche Weise gezwungen, sich gegen die Zionisten ebenso zu wenden wie gegen die Imperialisten und auch gegen jene, die beide unterstützten.

Saddams erster Schritt war, die Beziehungen zu Ägypten zu verbessern. Im Januar 1983 schickte er seinen Vertrauten Tarik Asis nach Kairo. Es war die erste Ägyptenreise eines hochrangigen irakischen Politikers seit der Ächtung von Sadat auf dem Bagdader Gipfeltreffen von 1978. Diese Reise war der Anfang einer weitreichenden Annäherung. Auch Saddams Freundschaft mit Jordaniens König Hussein vertiefte sich, als der Irak enge Beziehungen mit allen arabischen Monarchien von Marokko bis Saudi-Arabien aufnahm. Die orthodoxe Bath-Ideologie verdammte diese Regierungen als feudal und reaktionär. Zu dieser Zeit wurden auch die Beziehungen zwischen dem Irak und den USA wieder besser.

Ab 1983 liefen die Kriegshandlungen nach immer den gleichen Mustern ab. Gewöhnlich startete der Iran eine große Offensive im Winter oder Frühling eines jeden Jahres, wenn die zahlenmäßig großen iranischen Infanterie-Einheiten dank des Regenwetters einen taktischen Vorteil hatten. Der Irak behielt seine strikte defensive Einstellung bei, wohl auch deswegen, weil das irakische Regime wegen der hohen Zahl der Kriegsopfer immer mehr Rücksicht nehmen mußte. Der Krieg erstreckte sich zwar über weite Gebiete, aber große Schlachten wurden nur selten geschlagen.

Die iranische Frühjahrsoffensive von 1983 forderte im Süden schwere Verluste, aber sie bedrohte den Irak nicht ernsthaft. Dessen Schwierigkeiten lagen im Norden. In Zusammenarbeit mit Massoud Barsani, dem Sohn des bekannten Kurdenführers Mustafa Barsani, eroberten die iranischen Streitkräfte im Juli 1983 die Stadt Hadsch Omran, Mustafas altes Hauptquartier. Dieser Sieg befähigte den jüngeren Barsani, sich eine Basis für größere Operationen gegen das Iraker Regime in der Folgezeit zu schaffen.

Die Kämpfe gingen weiter, Jahr um Jahr, und die irakische Armee hatte immer größere Schwierigkeiten, den zahlenmäßig überlegenen iranischen Streitkräften Paroli zu bieten. Im Herbst 1983 warnte Saddam den Iran, daß der Irak eine moderne Geheimwaffe besäße. Was diese Warnung bedeutete, stellte sich im folgenden Februar

135

heraus, als der Iran mit seinen Bodentruppen eine massive Offensive in den südlichen Sumpfgebieten des Irak startete. Die Iraker wurden überrascht, hatten sie doch geglaubt, diese Gebiete seien für größere Truppenkontingente unpassierbar. Der Iran mußte schwere Verluste hinnehmen (ungefähr 20 000 Soldaten wurden getötet), aber er eroberte die ölreichen Majnoon-Inseln, während weitere iranische Kräfte für kurze Zeit die strategisch wichtige Autobahn zwischen Bagdad und Basra an mehreren Punkten besetzen konnten. Diese iranische Offensive schien für den Irak so bedrohlich zu sein, daß Saddam Hussein nun den Einsatz von chemischen Waffen befahl.

Ab 1984 veränderte sich Saddams Umgang mit der Armee. Zum erstenmal erlaubte er die Veröffentlichung der Namen von Armeekommandeuren, die früher hatten anonym bleiben müssen. Das hatte auch den Nebeneffekt, daß es nun leichter war, für Niederlagen einen Schuldigen zu finden. Darüber hinaus wurden jetzt Beförderungen nicht mehr von der politischen Einstellung abhängig gemacht. Auch Offiziere, die nicht der Bath-Partei angehörten, konnten nun in der Hierarchie aufsteigen.

Teheran richtete seine Märzoffensive 1985 erneut auf die südlichen Flußgebiete. Ein Zeitlang standen die irakischen Streitkräfte unter schwerem Druck. Ägypten schickte mit Flugzeugen dringend benötigte Munition nach Bagdad. Iranische Truppen bedrohten erneut die Straße von Bagdad nach Basra. Aber diesmal konnten sie die Verbindung nicht unterbrechen. In schweren Gefechten schafften es die Iraker, die Iraner zu stoppen, wobei sie wiederum chemische Waffen einsetzten. König Hussein von Jordanien und Ägyptens Präsident Hosni Mubarak flogen nach Bagdad, um während der bedrohlichen Offensive ihre Solidarität zu beweisen. Zum erstenmal seit dem Gipfeltreffen von Bagdad besuchte wieder ein ägyptischer Präsident den Irak.

Die Offensive ein Jahr später, im Februar 1986, erwies

sich als die erfolgreichste des Iran seit jenem Angriff vom Mai 1982, bei dem die Iraker von iranischem Boden vertrieben worden waren. In der Nacht des 9. Februar, unter dem Schutz von Regen und Nebel, griffen die Iraner im äußersten Süden an. Es war eine Streitmacht von ungefähr 100 000 Soldaten, in der Mehrzahl leichtbewaffnete Freiwillige. In weniger als 24 Stunden eroberten sie die Halbinsel Fao. Diese liegt nicht weit entfernt von Umm Kasr, dem irakischen Militärhafen, jedoch vermochten es irakische Truppen, die Iraner auf der Halbinsel zu binden. Die schweren irakischen Verluste wurden dabei auf 10 000 bis 15 000 Gefallene geschätzt. In den nächsten beiden Monaten versuchte Saddam mit heftigen Gegenangriffen Fao zurückzuerobern. Dabei setzte er auch seine Elitetruppe, die Republikanische Garde, ein. Aber die Iraner konnten nicht von der Halbinsel vertrieben werden.

Nach seinen Niederlagen mußte Saddam Hussein eine für ihn wohl recht schmerzliche Entscheidung treffen: Er räumte seinen Generälen größere Freiheiten für eine eigene Kriegführung ein.

Der Verlust von Fao brachte den Irak in eine so verzweifelte Lage, daß er eine Annäherung an Israel suchte. Glaubwürdige Quellen bestätigen, daß sich im Frühling 1986 irakische und israelische Offiziere der militärischen Geheimdienste mit Hilfe von ägyptischer Vermittlung in Europa trafen. Ein zweites Treffen wurde für den Juli verabredet, aber es ist unklar, ob die Iraker dort erschienen.

Im Juli 1986 startete der Irak gefährliche Angriffe auf iranische Öltanker, um einerseits die iranischen Einnahmen zu beschneiden und andererseits internationalen Druck zur Beendigung des Krieges zu provozieren. Weil Bagdad über keine eigene Flotte im Golf verfügte, reagierte der Iran auf diese neue Strategie des Irak mit Angriffen auf Schiffe irakischer Alliierter, speziell auf die aus Kuwait. Ein kuwaitischer Diplomat sagte dazu: „Fao ist den Iranern zu Kopf gestiegen. Sie wollen Kuwait belagern, damit sich die kuwaitische Bevölkerung gegen die Unterstützung des Irak erhebt." Dann, Anfang November, wurde plötzlich aufgedeckt, daß die Vereinigten Staaten und Israel den Iran heimlich mit Waffen beliefert hatten, um den Profit zur Unterstützung der Contras in Nicaragua zu verwenden. In den USA herrschte große Verwirrung, und Bagdads Klagen über Verschwörungen des Zionismus und des Imperialismus schienen diesmal begründet zu sein, auf eine sehr seltsame Weise.

Noch bevor die Debatten über Washingtons verwirrende Golfpolitik beendet waren, startete der Iran seine 1987er Offensive gegen den Irak. Der Vorstoß vom 6. Januar brachte die iranischen Streitkräfte so nahe an Basra heran, daß die Stadt mit Artillerie beschossen werden konnte. Der Kampf tobte drei Monate lang, und die iranischen Truppen (bewaffnet mit amerikanischen Flugabwehrraketen vom Typ Hawk und mit Panzerabwehrraketen vom Typ Tow) schafften es, vier von fünf der irakischen Verteidigungslinien zu durchbrechen. Viele Einwohner von Basra flohen aus der Stadt. Für den Irak war es die bedrohlichste Offensive des ganzen Krieges. Erst im März war die Gefahr eines iranischen Durchbruchs bei Basra gebannt.

Inzwischen hatte sich Washington auf eine neue Golfpolitik eingestellt. Kuwait hatte die Supermächte um Schutz seiner Erdölexporte gebeten, aber Washington zögerte seine Hilfe so lange hinaus, bis die Kuwaiter damit drohten, daß ja auch die UdSSR diese Verantwortung übernehmen könnte. (Wen wundert es da, daß Saddam 1990 annahm, daß mit dem Ende des kalten Krieges und ohne die Bedrohung durch die Sowjetunion die Vereinigten Staaten nur wenig Interesse daran haben würden, Kuwait zu helfen.) Die Reagan-Administration stimmte nun zu, Kuwaits Tanker zu beschützen, und signalisierte Unterstützung für eine wirkungsvolle Resolution der Vereinten Nationen, den Golfkrieg zu beenden. Am 20. Juli 1987 begleiteten Kriegsschiffe der US-Navy kuwaitische Öltanker durch den Golf. Und im August verabschiedete der UN-Sicherheitsrat die Resolution

598, die einen Waffenstillstand auf der Basis des Status quo ante forderte und beiden Kriegsparteien ein Waffenembargo androhte, falls sie sich der Resolution widersetzten. Der Irak akzeptierte. Der Iran vermied es, eine klare Antwort zu geben, und die Kämpfe gingen weiter. Und doch wurde schon deutlich, zumindest im nachhinein betrachtet, daß verschiedene Faktoren von nun an Irans Kampfmoral aushöhlten. Angesichts der amerikanischen und europäischen Kriegsschiffe im Golf war der Iran immer mehr isoliert, und er spürte den internationalen Druck. Wie sich die Dinge in den USA entwickelt hatten, mußte dem Iran klar sein, daß Washington keinen iranischen Sieg im Golfkrieg hinnehmen würde. Deshalb konzentrierten die Iraner nun ihre Kriegsanstrengungen auf den Norden, auf Kurdistan. Im Herbst und Winter 1987/1988 entwickelten sie eine Strategie mit dem Ziel, Gebiete im Norden zu erobern, die ihnen einen Angriff auf die Ölfelder von Kirkuk ermöglichen sollten. Bei diesen Plänen arbeitete der Iran eng mit den Kurdenführern zusammen. Im März stießen die iranischen Streitkräfte am weitesten vor, als sie Halabscha eroberten. Iraks Vergeltungsschlag, erneut mit chemischen Waffen, auf diese Stadt hielt aber den Iran davon ab, seine neue Strategie weiterzuverfolgen.

Nach fast achtjähriger Defensive schlugen die irakischen Truppen nun plötzlich zurück. Mit einer Offensive am 15. April eroberten sie die Halbinsel Fao in nur 36 Stunden. Am 25. Mai nahmen sie auch wieder die Stadt Salamjeh ein, wodurch sie den östlichen Zugang zu Basra kontrollieren konnten. Hatte sich nach diesen beiden aufeinanderfolgenden Siegen der Wind zugunsten von Bagdad gedreht?

Saddam Hussein nahm seine Verhandlungen mit Israel wieder auf, die 1986 abgebrochen worden waren. Wiederum vermittelten die Ägypter zwischen beiden Ländern. Die beiden Seiten tauschten sozusagen Signale aus. Im März unterbrach Saddam Hussein mitten in einer Ordensverleihung seine Ansprache und sagte: „Ich glaube, daß die Zionisten und Israelis (!) dabei sind, ihre Rolle zu bedauern, die sie bei der Fortsetzung dieses Krieges spielen." Das war Iraks Signal an Israel, und Saddam selbst hatte es gegeben. Diese Rede wurde im irakischen Rundfunk übertragen und in Jerusalem freundlich aufgenommen. Im folgenden Monat erklärte Israels Verteidigungsminister Yitzhak Rabin: „Ich habe meine Meinung geändert. Die Fortsetzung des Krieges zwischen dem Iran und dem Irak dient mit ihrem Wettrüsten nicht mehr den Interessen Israels." Wie die israelische Zeitung „Ha'aretz" berichtete, war Rabins Feststellung eine Antwort auf „Botschaften aus Bagdad". Es gab weiterhin vielversprechende Gespräche zwischen dem Irak und Israel.

Aber der lange Golfkrieg nahm bald eine überraschende Wendung – er ging zu Ende! Am 18. Juli 1988 akzeptierte Ajatollah Khomeini plötzlich einen von den Vereinten Nationen vorgeschlagenen Waffenstillstand. Es schien, als sei die Kampfmoral des Iran zusammengebrochen. Der Krieg, von dem so viele Iraker geglaubt hatten, er würde nie enden, war schließlich vorbei. Viele Kommentatoren verglichen ihn, in bezug auf seine Verwüstungen und seine sinnlose Gewalt, mit dem Ersten Weltkrieg, der ein so großer Schock für eine ganze europäische Generation gewesen war. Der von Saddam Hussein ausgelöste Krieg hatte monströse Ausmaße gehabt, hatte ganze Völker und nicht nur ihre Armeen mobilisiert und gegeneinander in einen furchtbaren Kampf geführt. Die Zahl der Todesopfer war größer als in allen Kriegen zwischen Arabern und Israelis in den vergangenen 40 Jahren, einschließlich der Gemetzel, die in den vergangenen 14 Jahren im mörderischen Bürgerkrieg im Libanon viele Leben ausgelöscht hatten.

Die Opfer, die beide Völker bringen mußten, waren schrecklich hoch: eine Verschwendung von gewaltigen Geldsummen, eine sinnlose Zerstörung von großen Gebieten und ein verachtenswerter Umgang mit menschlichem Leben. Dieser Krieg war unbegreiflich. Obendrein hatte er einen zutiefst zynischen Aspekt. In seinem furchterregenden Roman „1984" schrieb George Orwell: „Die Konsequenzen, sich in einem Krieg zu befinden, scheinen die Überlassung der gesamten Macht an eine kleine Elite zur natürlichen, unvermeidbaren Bedingung des Überlebens zu machen ... Von jedem Parteimitglied wird erwartet, daß es kompetent, fleißig und sogar in gewissen engen Grenzen intelligent ist, aber es ist genauso notwendig, daß dieser Mann ein leichtgläubiger und ignoranter Fanatiker ist, dessen maßgebliche Motive Furcht, Haß, Speichelleckerei und ausschweifende Triumphe sind."

Der Irak, oder besser gesagt Saddam Hussein, begann diesen Krieg in diesem Geist. Aber die langen und schrecklichen Kämpfe warfen schließlich Fragen über jene kleine Elite auf, die den Irak regierte; Fragen, die Saddam Hussein verfolgen sollten, als der Krieg zu Ende war.

Kein Sieg, kein Frieden

Als der Irak dem Waffenstillstand mit dem Iran am 8. Tag des 8. Monats im Jahr 1988 zustimmte, brach in Bagdad ein frenetischer Jubel aus. Während die Stimmung in Teheran eher niedergedrückt war, tanzten die Menschen in Bagdad auf den Straßen, Tag und Nacht. Feuerwerkskörper wurden abgeschossen, Gewehrschüsse knallten, und die Passanten wurden mit Wasser besprüht. Iraks Schicksal hatte sich unglaublich schnell gewendet. Noch vier Monate vorher hatte es so ausgesehen, als sollte der Irak in einem langen Zermürbungskrieg versinken. Aber nun plötzlich war alles ganz anders. Ein Iraker beschrieb sein Gefühl so: „Ein Freudentaumel, vermischt mit Trauer in der Erinnerung an die vielen Verluste, die einem jetzt bewußt wurden."

15 Tage lang wurde gefeiert, und die sonst so allmächtige Regierung konnte die Freudenausbrüche nicht unterbinden. Es war das erstemal unter dem Bath-Regime, daß sich auch die einfachen Leute so spontan äußerten. Nach dem Waffenstillstand freuten sich die Menschen auf ein besseres Leben nach einem schrecklichen achtjährigen Krieg. Ohne länger über die wirkliche wirtschaftliche Lage ihres Landes nachzudenken – der Irak hatte Schulden von über 70 Milliarden Dollar aufgehäuft, je zur Hälfte bei den arabischen und bei den westlichen Staaten –, hofften sie, daß nach dem Krieg wieder Verhältnisse einkehren würden, wie sie davor gewesen waren. Auch die Geschäftsleute am Golf glaubten an einen Nachkriegs-Boom und drückten den Schwarzmarktwert für die irakische Währung erheblich herunter. „Jetzt kaufen die Leute keine importierten Waren mehr. Wir warten darauf, daß der Dinar steigt, wenn ein Friedensvertrag unterzeichnet ist und dann alles billiger wird", erklärte ein Iraker in Bagdad einen Monat nach dem Waffenstillstand.

Er meinte den Vertrag mit dem Iran. Ajatollah Khomeini

142

hatte jedoch gesagt, daß die Annahme des Waffenstillstandes „tödlicher für mich war als Gift". Die irakische
Bevölkerung erwartete eine schnelle Übereinkunft und
die rasche Unterzeichnung eines Friedensvertrages. Dieses Abkommen würde auch bedeuten, daß rund 65 000
irakische Kriegsgefangene aus dem Iran in ihre Heimat
zurückkehren könnten. Um diese Kriegsgefangenen
machten sich die Leute die meisten Sorgen.

Viele Menschen hofften auch auf eine Lockerung der
kriegsbedingten Restriktionen, speziell auf die Aufhebung des Verbots von Auslandsreisen, das seit sieben
Jahren bestand. Es war nicht nur schrecklich heiß während des Sommers in Bagdad. Verreisen zu können, bedeutete auch eine Erholung vom Leben in einem strikten
Polizeistaat, Befreiung von einem Druck, den besonders
die privilegierte Elite spürte. Manche hofften sogar
darauf, das Kriegsende könne „mehr Demokratie" bedeuten. „Wir opferten unser Leben für den Irak. Wir verhielten uns loyal. Saddam sollte uns nun mehr vertrauen."

Aber keine dieser Erwartungen – Friede, Wohlstand und
Demokratie –, welche die Bevölkerung als natürliche
Konsequenzen aus dem Kriegsende ansah, konnte rasch
und großzügig realisiert werden. Solche Erwartungen,
waren sie auch erst noch am Anfang, übten trotzdem
einen gewissen Druck auf das Regime aus. Aber es war
klar, daß sich die irakische Regierung bei ihren politischen Entscheidungen nicht von der öffentlichen Meinung würde beeinflussen lassen. Aber wohl keine Regierung kann auf Dauer Einstellungen ihrer Bevölkerung
ignorieren. Ein gewisses Maß an Rücksichtnahme auf
öffentliche Forderungen ist nötig, um an der Macht zu
bleiben. Und es ist sicher klug, gewisse Zugeständnisse
zu machen.

Nach dem Krieg sah sich die irakische Regierung großen
Problemen gegenüber. Obwohl das Regime es verstand,
seinen „Sieg" über den Iran publizistisch auszuschlach-
ten, hatte das Land einen schrecklichen Preis zahlen

müssen: 120 000 Tote, 300 000 Verletzte oder Verwundete, astronomische Auslandsschulden. Was hatte die Führung schon erreicht? Irak hatte den gesamten Schatt Al Arab besitzen wollen, in dessen Mitte die Grenze mit dem Iran verlief. Dieses Ziel war nicht erreicht, die Wasserstraße blieb weiter gesperrt.

Am Ende des Krieges betrug die Stärke der irakischen Armee eine Million Soldaten. Fast alle gesunden Männer hatten ihren Dienst beim Militär geleistet, viele von ihnen für die gesamte Dauer des Krieges. Es ist für Soldaten nicht einfach, in das zivile Leben zurückzukehren. Viele Männer behalten lange Zeit jene Verhaltensweisen bei, die sie in den Kasernen und an der Front gelernt haben. Vertraut mit der Todeserfahrung in den Schützengräben, fällt es ihnen oft schwer, nun den Anordnungen von zivilen Behörden Folge zu leisten. Der brutale Krieg macht sie selbst brutal, sie sind eher geneigt, selbst gewalttätig zu agieren.

Zehntausende von Soldaten waren während des Krieges aus der Armee desertiert. Sie hatten es riskiert, sofort erschossen zu werden, wenn man sie erwischte. Diese Deserteure konnten nun nicht legal einer Arbeit im Lande nachgehen. Sie fanden sich in den Sümpfen des südlichen Irak zusammen, wo weite Teile fast unpassierbar waren und Schutz vor der Polizei boten. Viele der Deserteure waren schon aus reinen Überlebensgründen gezwungen, kriminell zu werden. Raubüberfälle und Hauseinbrüche häuften sich.

Unter der scheinbar ruhigen Oberfläche von Bagdad brodelte es. Solche Kriege mit großen Verlusten an Menschen verursachen zwangsläufig soziale Veränderungen. Natürlich wird auch schon während des Krieges eine Gesellschaft durcheinandergewirbelt. Frauen zum Beispiel mußten auch im Irak zwangsweise Fabrikarbeit leisten, oder sie wurden zu anderen öffentlichen Arbeiten verpflichtet. Aber die Menschen verlangen schließlich auch irgendwelche Entschädigungen für die Opfer, die sie gebracht haben.

Dem Regime waren solche Überlegungen durchaus vertraut. Die führenden irakischen Politiker beurteilten allerdings die Zukunft weitaus nüchterner als die allgemeine Öffentlichkeit. Während die Menschen auf große Verbesserungen ihrer Lage hofften, wußten sie, daß die Probleme nicht so schnell aus der Welt zu schaffen waren. Ihnen war klar, daß es nicht so leicht sein würde, Männer wieder in die Gesellschaft einzugliedern, die ihr mörderisches Handwerk acht Jahre lang an der Front ausgeübt hatten. Und schon im August 1988, als sich die Bevölkerung immer noch über den Waffenstillstand maßlos freute, berichtete Außenminister Tarik Asis einer Delegation von arabischen Professoren, die Bagdad besuchten, daß sich sehr wohl die politischen Verhältnisse im Irak verändern müßten, weil sonst ein politisches Chaos zu befürchten sei.

Allmählich begriffen die Menschen im Irak, wie unrealistisch ihre hochgespannten Erwartungen gewesen waren. Die allgemeine Ernüchterung begann im Spätherbst 1988. Das „Wall Street Journal" beschrieb die Lage treffend: „Wenn man jetzt, Monate nach dem Waffenstillstand im Golfkrieg, die irakische Hauptstadt betritt, hat man das Gefühl, eine Party zu besuchen, wo gerade damit begonnen wird, die Reste aufzuessen."

Der Frieden selbst schien noch in weiter Ferne zu sein. Der iranische Außenminister verweigerte Gespräche mit seinem irakischen Kollegen. Von den Vereinten Nationen angeregte Friedensgespräche kamen nicht weiter. Und der Austausch der Kriegsgefangenen wurde auf die lange Bank geschoben.

Es wurde nun deutlich, daß der Waffenstillstand keinen Aufschwung gebracht hatte. Statt dessen entwickelte sich eine zweigeteilte Wirtschaft. Ein kleiner privater Sektor, der sich während des Krieges etabliert hatte, erzielte beträchtliche Gewinne. Der öffentliche Sektor, der die weitaus meisten Arbeitskräfte aufwies, blieb arm. Dort verdiente man im Jahr 1988 im Durchschnitt 125 irakische Dinar im Monat. Ein Universitätsprofessor bekam ungefähr 400 Dinar. Aber der Eigentümer eines kleinen Gemüsegeschäftes etwa kam durchaus auf tausend Dinar, und eine Bardame in Basra erzielte ein Monatseinkommen von rund 1500 Dinar. Der Taxifahrer hatte ein höheres Einkommen als der Professor. Angestellte im öffentlichen Dienst hatten in den acht Kriegsjahren keine Gehaltserhöhung bekommen, während die Inflation nun mehr als 40 Prozent jährlich betrug. Der offizielle Wechselkurs des irakischen Dinar – drei Dollar – lag sechsmal höher als sein Wert auf dem schwarzen Markt. Dieser schwarze Markt hätte aber eher den Namen „freier Markt" verdient, denn die Regierung hatte ihn halbwegs legalisiert, um damit harte Währungen und Importe ins Land zu bringen. Weil die Güter, die von der irakischen staatlichen Industrie hergestellt wurden, nicht so teuer waren, wurden sie bald knapp. Man konnte auf dem privaten Sektor durchaus importierte Waren kaufen, aber die Preise auf dem freien Markt konnte kaum jemand zahlen. So kostete ein Film sieben Dinar oder 21 Dollar, ein Oberhemd 30 Dinar oder 90 Dollar, eine Flasche jordanisches Shampoo vier Dinar oder 12 Dollar. Die meisten Parteifunktionäre waren im öffentlichen Dienst angestellt und nörgelten genauso wie alle anderen.

Als sich im November die Friedensgespräche zwischen dem Irak und dem Iran recht zögerlich dahinschleppten, machte Saddam Hussein plötzlich eine überraschende Ankündigung. Bei einer Konferenz von arabischen Juristen in Bagdad versprach er ein neues Demokratieprogramm für den Irak. Es sollte freie Meinungsäußerung geben, eine Verfassungsreform und „Pluralismus", was die Gründung von politischen Parteien neben der Bath erlaubte. Drei hochrangige Kommissionen wurden eingesetzt, um diese Punkte näher auszuarbeiten. Von den ausländischen Botschaften besorgte man sich die Verfassungen ihrer Länder, und die Regierung machte „Demokratie im Irak" zu einem vorrangigen Propagandathema. Im Zusammenhang mit dieser „Demokratiekampagne" beklagte sich Saddam Hussein bei Latif Nusayif Jassim, dem Informationsminister und Vorsitzenden des Komitees für die Pressefreiheit, über den Zustand der Medien. Saddam meinte, die Presse sei „langweilig". Jassim gab diese Beschwerde an die Redakteure der staatseigenen Zeitungen weiter. In winzig kleinen Schritten, bemerkenswert nur im Vergleich zur vorausgegangenen Sterilität, wurden die Zeitungen nun etwas liberaler. Jetzt boten sie auch Platz an für Leserbriefe. Ganz oben auf dieser Seite war die Aufforderung von Saddam Hussein abgedruckt: „Schreiben Sie ohne Furcht alles, was Sie wollen." Syriens Zeitungen hatten solche Leserbriefspalten mit einer ähnlichen Aufforderung des Präsidenten Hafis Assad schon seit längerer Zeit angeboten. Vielleicht hatte sich Saddam Hussein bei seinem Rivalen in Damaskus diese Ideen für die Abmilderung der strengen Pressionen eines Polizeistaates abgeschaut.

Die Leserbriefe strömten nur so herein, angefüllt mit Klagen über bürokratische Probleme und Übergriffe durch die Polizei. In der Ausgabe von „Al Jumhurriyah" vom 9. März 1989 beschrieb ein Mann detailliert, wie ihm sein Auto gestohlen worden war, wobei er behauptete, die örtliche Polizei hätte mit den Dieben zusammengearbeitet. Einen ähnlichen Vorfall beschrieb eine Witwe mit zwei Kindern in der Zeitung „Al Iraq". Man habe ihr das ganze Mobiliar aus dem Haus gestohlen, wobei die Diebe wiederum Helfershelfer bei der Polizei gehabt hätten.

Bald war diese „Klage-Seite" der beliebteste Teil aller Zeitungen, noch populärer als die Sportseiten. Aber diese Briefe handelten nie von politischen Zusammenhängen. Nur ein Artikel in „Al Iraq" vom 7. März bewies erstaunlichen Mut. Der irakische Journalist Sabah Al Lami hatte ihm den Titel gegeben: „Wie das Volk durch Androhung von erheblichen Schwierigkeiten zum Stillschweigen über die öffentliche Korruption gebracht wird". Geschrieben in einem Stil voller Anspielungen, wie ihn eine Diktatur nun einmal erzwingt, begann und endete er mit Lobpreisungen auf Saddam Hussein. Aber die Iraker, gewöhnt zwischen den Zeilen zu lesen, waren von Lamis

147

Wagemut aufs äußerste überrascht. „Meine Kollegen warnten mich davor, diesen Artikel zu schreiben", erzählte Lami, „sie sagten, ich würde meine Freiheit und meinen Kopf verlieren. Ich antwortete, daß jemand, der an Gott glaubt, sich nicht vor jemandem fürchten sollte, den die Allmacht Gottes geschaffen hat." Lami tarnte seine Informationen, indem er allegorische Fragen über prominente Persönlichkeiten stellte, die dem Regime nahestanden. Gebildete Iraker verstanden seine Andeutungen durchaus.

„Haben sie schon von dem Zarzour (einen dummen Vogel) gehört, dessen Vorfahren Zarzours waren, die zwischen Tag und Nacht ihr Auskommen als Falken im Palast von Kawarnak (der Wohnsitz eines reichen Mannes oder eines Führers) bekamen? Meine Kollegen antworteten, wahrscheinlich waren sie Kaufleute. Aber ich antwortete, daß ein Kaufmann ein schlauer Mann ist. Ich kann mich nicht erinnern, daß ein Bauerntölpel je Millionär geworden wäre. Meine lieben Kollegen, erinnert ihr euch an jenen Fußballspieler mit den perlengeschmückten Schuhen, der mit einem Fußtritt Millionär wurde ... Habt ihr schon von jenem Obstbauern gehört, der ein Mr. Nobody war und nun alle Obstgärten des gesamten Landes besitzt? Was ist mit jenem Mann, von dem sie mir sagen, er sei ein Poet?"

Sogar Saddam Hussein konnte als ein „Zarzour" angesehen werden. Die erste Andeutung enthielt eine gefährliche Frage: Woher kamen dieses Regime und seine Elite, und mit welchem Recht nahmen sie Macht und Reichtum für sich in Anspruch? Die zweite Frage bezog sich auf einen Fußballspieler namens Adnan Dirga, der durch eine Laune von Saddam Hussein reich geworden war. Die dritte Frage beschäftigte sich mit Khayrallah Tulfah, Saddams Onkel und Ziehvater. Die vierte Frage wendete sich an Abd Al Rassak Wahhab, einen von Saddam geförderten Dichter, der ein Jahr zuvor den ersten Preis beim irakischen Dichter-Festival gewonnen hatte.

Der Veröffentlichung von Beschwerden in der irakischen

Presse entsprach eine gleichermaßen ungewöhnliche Offenheit in bezug auf private Klagen. Das Regime fühlte durchaus die unterschwellige Unzufriedenheit im Lande und gab den Menschen die Gelegenheit, Dampf abzulassen. Die Leute taten dies auch. Kuwaiter, die damals den Irak besuchten, zeigten sich sehr erstaunt darüber, wie offen die Iraker ihren Enttäuschungen und Befürchtungen Ausdruck verliehen. Saddam ist in Schwierigkeiten, vielleicht stürzt sein Regime, mögen einige Kuwaiter damals gedacht haben. Die Ägypter sahen dies anders, gewitzt durch ihre eigene historische Erfahrung. Sie glaubten, daß der Irak nun jene Veränderungen erleben würde, wie sie sich in Ägypten nach dem arabisch-israelischen Konflikt von 1973 ereignet hatten. In Ägypten herrschte zwischen 1967 und 1973 der Kriegszustand. Die Sparmaßnahmen während dieses Ausnahmezustandes hatten gewaltige Bedürfnisse bei den Verbrauchern aufgestaut. Als die Notlage im Oktober 1973 vorüber war, opponierten die Menschen gegen den überstarken politischen Druck. Dem Krieg von 1973 folgte in Ägypten eine allmähliche Liberalisierung von Wirtschaft und Politik. Das gleiche mochte jetzt auch im Irak passieren.

Die Ergebnisse der Wahlen zur irakischen Nationalversammlung im April 1989 verstärkten die ägyptische Auffassung, daß Saddam nun in die Fußstapfen von Anwar As Sadat trat. Diese Wahlen fanden vor dem Hintergrund der regierungsamtlichen Demokratiekampagne statt, und sie waren offener oder freiheitlicher als ihre Vorgänger. Obwohl sich die Kandidaten wegen ihrer Loyalität gegenüber Saddam streng überprüfen lassen mußten, schienen die Wahlen korrekt abzulaufen. Ausländische Beobachter, darunter Mitglieder des britischen Parlaments, waren eingeladen worden, den Ablauf der Wahlen zu kontrollieren.

Die Bath-Partei gewann nur 40 Prozent der Sitze, beträchtlich weniger als jene 75 Prozent, die sie bei den Wahlen von 1984 errungen hatte. Einige prominente

Mitglieder der Bath-Partei mußten Niederlagen hinnehmen, während sich einige unabhängige Kandidaten durchsetzten. Zum Beispiel gewann die Schwester eines bekannten Abtrünnigen der Bath-Partei die Wahl in einem Bezirk von Bagdad mit 90 Prozent der Stimmen gegen ein hochrangiges Parteimitglied.

Die Nationalversammlung traf sich zweimal im Jahr für jeweils zwei Monate. Sie ist allerdings ein Organ mit nur geringen Befugnissen. Jedoch konnten die ungewöhnlichen Wahlergebnisse bei einigen Skeptikern Mißtrauen abbauen, das sie gegenüber der Ankündigung von politischen Reformen gehegt hatten. Viele gutwillige Menschen glaubten, diese Nationalversammlung würde eine neue Verfassung beschließen, sich dann selbst auflösen, um den Weg zu Neuwahlen unter einer liberalen Regierung freizumachen. Selbst Mitglieder der Nationalversammlung gingen nicht davon aus, daß sie die ganze Legislaturperiode über im Amt bleiben würden.

Aber es passierte nichts. Es wurde keine neue Verfassung erarbeitet und kein Zeitplan für Neuwahlen aufgestellt. Zwei Monate nachdem die Sitzungsperiode der Nationalversammlung geendet hatte, erhöhte die Regierung die Gehälter für die öffentlichen Angestellten um 25 Dinar, das entsprach einer Steigerung von 20 Prozent. Aber diese Gehaltserhöhung, die erste in neun Jahren, machte nur die Hälfte der jährlichen Inflationsrate wett. Das Regime hatte keinerlei Konzept, den Erwartungen der Bevölkerung im Hinblick auf Frieden, Wohlstand und mehr Demokratie zu entsprechen. Das Resultat war nur Bewegung ohne Fortschritt. Saddam Hussein war entweder unfähig oder unwillig, mehr zu tun.

Etwa ab Juli nahm die Enttäuschung immer größere Ausmaße an. Ein Iraker erklärte das Dilemma des Regimes so: „Ihr Leute aus dem Westen seht den Druck nicht. Alles scheint unter Kontrolle zu sein. Aber ihr erblickt nur die Oberfläche. Die Leute haben genug. Das Regime muß befürchten, daß es hier eines Tages eine Explosion gibt." Er erzählte von einem Tumult am zentralen Bus-

bahnhof. Soldaten wollten nach einem wichtigen moslemischen Feiertag in ihre Kasernen zurückkehren.
Irgend etwas ereignete sich. Entweder gab es nicht genug
Busse, oder die Fahrer nützten die Situation aus und ver-
langten überhöhte Fahrpreise. Es kam zu Zwischenfällen
und einer Schießerei, weil die Soldaten schwere Strafen
befürchten mußten, wenn sie zu spät in ihre Quartiere
zurückkehrten. „Das", meinte der Mann, „ist das, was das
Regime fürchtet und warum es um Veränderungen bemüht ist. Aber es hat kein Rezept, und in der Partei wird
nur debattiert. Man redet über Demoraktie und Stabilität. Viele behaupten, in den vergangenen zwanzig Jahren
sei der Irak ja stabil gewesen, deshalb brauche man jetzt
keine Demokratie. Andere behaupten das Gegenteil, gerade Stabilität erfordere mehr Demokratie."
Weitere Probleme kamen hinzu. Am 17. August 1989
ereignete sich eine mysteriöse Explosion in der Raketen-
fabrik von Al Hillah, 45 Kilometer südlich von Bagdad.
Es handelte sich um eine der beiden wichtigsten
Rüstungsfabriken des Landes. In der westlichen Presse
stand zu lesen, daß dabei 700 Menschen getötet wurden.
Iraks Außenminister behauptete, daß die „große Hitze
dieses Tages" den Unfall verschuldet habe, aber die
Ursache der Explosion wurde niemals zufriedenstellend
geklärt. War es Sabotage? Von wem? Wie stark hatte dieser Vorfall Saddam Hussein beunruhigt? Farzad Bazoft,
ein für britische Zeitungen arbeitender Journalist und gebürtiger Iraner, suchte Antworten auf diese Fragen,
wurde verhaftet und sechs Monate später gehängt.
Die bisher recht zögerliche Demobilisierung der irakischen Armee wurde im September beschleunigt, als die
Regierung die Auflösung von fünf Armeedivisionen bekanntgab. Offensichtlich registrierte das Regime in Bagdad, daß es nun militärisch weitaus mächtiger war als das
des Iran. Anfangs hatte es gar nicht danach ausgesehen.
In den ersten Monaten nach dem Waffenstillstand äußerten sich führende Politiker skeptisch über die Absichten
des Iran. Die irakische Bevölkerung hingegen vertraute

darauf, daß nach Ajatollah Khomeinis Tod im Juni der Krieg nun endgültig vorüber sei.

Ob bedingt durch die zunehmende Verringerung der irakischen Armee oder nur ein zufälliges Zusammentreffen damit, jedenfals folgte für die ägyptischen Gastarbeiter im Irak eine Tragödie. Ungefähr zwei Millionen Ägypter waren im Irak beschäftigt, aber plötzlich setzte eine Verfolgung der Fremden ein. Die Iraker begannen Ägypter zu ermorden, und die irakische Regierung mußte immer mehr Leichen nach Kairo überführen lassen. Innerhalb von drei Wochen im Oktober und November wurden mehr als tausend Leichen von Ägyptern in die Heimat geflogen. Möglicherweise hingen diese Vorfälle mit den harten Kämpfen um Arbeitsplätze zusammen. Obwohl die ägyptische und irakische Regierung gemeinsam versuchten, die Krise zu bewältigen, wurde die Rolle der irakischen Politik bei diesen Ereignissen nie vollständig geklärt. Es gab keinerlei Untersuchungen im Irak, und niemand wurde des Mordes angeklagt.

18 Monate nach dem Waffenstillstand waren rund 300 000 Soldaten, ungefähr ein Drittel des Gesamtbestandes, entlassen. Aber es gab keine Arbeitsstellen für sie. Wie ein westlicher Diplomat Anfang 1989 berichtete, benötigte Saddam Hussein dringend massive ausländische Investitionen in seine Wirtschaft, um Jobs für die entlassenen Soldaten zu schaffen. Aber der Irak war so verschuldet, und seine Rückzahlungen der Kredite mehr oder weniger von Zufällen abhängig, daß kaum fremdes Geld in das Land floß. Ende 1989 lungerten immer mehr arbeitslose junge Männer in den Städten und Dörfern des Irak herum.

Am 5. Januar 1990 berichtete die offizielle Nachrichtenagentur des Irak, daß Saddams Auto einen Unfall gehabt habe, während der Präsident Jordaniens König Hussein durch Bagdad begleitete. Da die Straßen der Hauptstadt gewöhnlich total abgesperrt werden, wenn sich die Autokolonne des Präsidenten nähert, war ein Zusammenstoß ziemlich unwahrscheinlich. Glaubwürdiger erschienen die Darstellungen von irakischen Dissidenten, daß vier Offiziere versucht hätten, mit Maschinengewehren Saddam Hussein zu ermorden.

Die jährliche Militärparade war für den nächsten Tag auf dem „Großen Festplatz" unterhalb des Triumphbogens angesetzt. Wie immer waren dazu die Öffentlichkeit und hochrangige Gäste eingeladen worden. In letzter Minute jedoch wurden die Einladungen zurückgezogen. Die ausländischen Diplomaten mußten sich mit einer kleinen Audienz bei Saddam Hussein begnügen.

Es gab manche unheilverkündende Zeichen in der politischen Welt. Gefestigte Herrschaftssysteme kamen ins Wanken. Warum nicht auch das von Saddam Hussein? Im Oktober 1988 brachen in Algerien Unruhen wegen der Preissteigerungen aus. Westliche Journalisten schätzten, daß zwischen 150 und 300 Zivilisten, in der Mehrzahl Jugendliche, von der algerischen Armee getötet wurden, als sie gegen die Menge vorging. Fünf Monate später, im März 1989, gab es die gleichen Unruhen aus demselben Anlaß in Jordanien. Die Führer beider Länder reagierten auf den öffentlichen Zorn mit dem Versprechen von politischen Reformen. Sowohl in Algerien als auch in Jordanien fanden bald Wahlen statt; Wahlen, die korrekt verliefen und von hoher Bedeutung waren. Sie schienen durchaus Ansätze für demokratische Reformen in den arabischen Ländern zu sein. Aber im Irak ereignete sich nichts Vergleichbares. Der Zusammenbruch der kommunistischen Regime in Osteuropa im Herbst 1989 jedoch ging nicht spurlos an Bagdad vorüber.

In der gesamten Welt wurde der Sturz dieser anscheinend bis in die Ewigkeit gefestigten Regime mit Erstaunen und Bewunderung registriert. Irak lag zwar nicht in Osteuropa, aber wie jene Regierungen dort war es ein repressiver Einparteien-Staat. Vergleiche etwa mit Rumänien, wo Nicolae Ceausescu gestürzt und erschossen worden war, lagen auf der Hand. Ähnlich wie Saddam Hussein hatte Ceausescu einen riesigen Persönlichkeitskult betrieben, und der ganze häßliche Poli-

153

zeistaat arbeitete anscheinend nur zum Wohl seiner Familie.

Es gibt einen Beweis, daß der Sturz der osteuropäischen Kommunisten Saddam Hussein beunruhigte. In einem Interview sagte er zu der Reporterin von ABC, Diane Sawyer, dreimal: „Ich bin nicht Ceausescu". Er wiederholte diese Bemerkung gegenüber der US-Botschafterin April Glaspie am Vorabend der irakischen Invasion von Kuwait. Der „Observer" berichtete, daß Saddam Hussein nach dem Zusammenbruch des Ceausescu-Regimes führenden Funktionären seiner Bath-Partei befahl, Video-Filme über die Ereignisse in Rumänien auszuwerten, um herauszubekommen, was dort mit der Kontrolle der Öffentlichkeit schiefgelaufen und warum die Koordination innerhalb der verschiedenen Geheimpolizeiorganisationen zusammengebrochen war. Die Auswertung brachte das beunruhigende Resultat, daß die irakischen „Apparatschiks" nahezu ebenso verwundbar waren wie die rumänische „Securitate".

Im Februar fragte ein bekannter arabischer Rechtsanwalt, der im November 1988 Saddams erste Ankündigung für sein neues Demokratieprogramm miterlebt hatte, den Präsidenten, wie es sich nun mit diesen Versprechungen verhielte. Saddam antwortete ihm: „Wie Sie ja wohl in Osteuropa gesehen haben, ist Demokratie wahrscheinlich nicht das Beste. Wir müssen sehr sorgfältig mit ihr umgehen." Die Vorfälle in Osteuropa zeigten zweifellos, daß ein Reformprogramm aus dem Ruder laufen und die Regierungen zu Fall bringen konnte. Der Rechtsanwalt verließ Bagdad mit dem Eindruck, daß Saddam Hussein wohl nichts mehr für die Einführung demokratischer Verhältnisse tun werde. Jedoch veranlaßten Ceausescus Sturz und sein Tod Saddam Hussein schließlich doch, wenigstens eine kleine Geste in Richtung jener Erwartungen der Öffentlichkeit zu machen, die nach dem Waffenstillstand um sich gegriffen hatten. Am 17. Januar wurde das kriegsbedingte Reiseverbot aufgehoben. Später wurden dann auch importierte Waren, die es bislang nur in staatseigenen Läden gegeben hatte, für die örtlichen Märkte freigegeben. Aber der Irak besaß immer noch nicht genügend harte Währung, um Konsumimporte oder Auslandsreisen bezahlen zu können. Tatsächlich hatte sich die wirtschaftliche Situation seit dem Waffenstillstand weiter verschlechtert. Die Staatsschulden wuchsen um weitere zehn Milliarden Dollar, während der Dinar ständig an Wert verlor.

Mehr als andere vergleichbare Diktatoren brauchte Saddam Hussein dringend Geld, um an der Macht zu bleiben. Das Volk mußte bei einigermaßen guter Laune gehalten werden, und Saddam verschwendete ein Vermögen an seine gewaltigen, weit übertriebenen Prestige-Objekte; vor allem aber an sein ambitioniertes Rüstungsprogramm. Es sollte ja dem Volk seine unangreifbare Macht demonstrieren. Es ist nur ein kleiner Schritt vom ruhelosen Ehrgeiz zum Absturz, und Saddam Hussein balancierte am Abgrund.

Die besonderen Beziehungen

Im siebenten Stock des Außenministeriums, im Kommandozentrum des Pentagon und in den holzgetäfelten Büros des National Security Council hatten Amerikas Politmanager sorgfältig Saddam Husseins geschickte Balanceakte seit Jahren beobachtet. Zunächst herrschte große Erleichterung darüber, daß er gegen Amerikas „großen Satan", den Iran, vorgegangen war.

Im Gegensatz zu Ajatollah Khomeini schien Saddam, trotz seiner Gewalttätigkeit, der Mann für Washington zu sein, sein Überleben begrüßte die US-Regierung. Aber das Verständnis verwandelte sich in Verwirrung, als der Seiltänzer den Halt zu verlieren schien. Wieder einmal war eine dieser problematischen Verbindungen geknüpft worden, für die die amerikanische Diplomatie bekannt ist.

Die Gründe für dieses Phänomen liegen in der wechselvollen 40jährigen Geschichte der Beziehungen zwischen den USA und dem Irak, die gekennzeichnet ist von Feindschaft, Drohung, Herzlichkeit, Enttäuschung, Unterstützung und unrealistischen Erwartungen auf beiden Seiten. Den entscheidenden Wendepunkt brachten Saddam Husseins „Lockangebote" an die Vereinigten Staaten und seine arabischen Kollegen, die einen realen Hintergrund bekamen, als Anfang der achtziger Jahre während des Krieges gegen den Iran seine militärischen Unternehmungen in große Schwierigkeiten kamen. Washington bemühte sich damals um Bagdad, um eine drohende irakische Niederlage zu verhindern und in der Hoffnung, daß bessere Beziehungen vielleicht einen mäßigenden Einfluß auf den Diktator haben könnten.

Der Krieg zwischen dem Irak und dem Iran war jedoch nicht das erstemal, daß Washington solche Hoffnungen bei seinen Beziehungen mit Bagdad näherte. Amerika hatte ähnliche diplomatische Phantasien kurz nach dem Zweiten Weltkrieg. Noch in den dreißiger Jahren war die

US-Regierung nicht besonders stark in der Golfregion engagiert gewesen. Der Nahe Osten war die traditionelle Domäne der Briten und, in einem etwas geringeren Maße, von Frankreich. Die amerikanische Präsenz in der Region beschränkte sich auf rein wirtschaftliche Dinge. Die Interessen der USA wurden im wesentlichen von den großen Ölkonzernen vertreten, wobei die Interessen ziemlich deckungsgleich waren.

Die Jahre nach dem Zweiten Weltkrieg waren für die Vereinigten Staaten von Amerika zugleich aufregend, berauschend und belastend durch ihren großen Sieg und durch den gleichzeitigen Zusammenbruch von Europa als dem bis dahin erklärten Zentrum der Macht in der Welt. Die Nation zeigte sich in Geisteshaltung und Taten sehr großzügig. Der Marshall-Plan trug entscheidend dazu bei, Europa wieder aufzubauen. Aber im Osten setzte der kalte Krieg mit dem „gottlosen Kommunismus" starre Haltesignale. Amerikas Politik im Nahen Osten nach dem Krieg wurde so von beidem geprägt, vom Idealismus und vom Antikommunismus. Natürlich sympathisierten einige amerikanische Politiker auch mit der jungen arabischen Opposition, die das Ende der europäischen Vormachtstellung und das Recht auf Selbstbestimmung forderte. Uund viele stimmten auch den Argumenten dieser jungen arabischen Revolutionäre zu, daß die Beseitigung der feudalen arabischen Monarchien Regierungen an die Macht bringen würde, die sich mit amerikanischen Wertsystemen identifizieren und die besten Bollwerke gegen den Kommunismus im arabischen Nahen Osten sein würden.

Im US-Außenministerium sah man in den jungen arabischen Offizieren, die Militärputsche im Namen der „Revolution" veranstalteten, eine neue Generation der Mittelklasse, die durchaus in der Lage schien, ihre rückständigen Gesellschaften zu modernisieren. Oft genug waren die Geheimdienste in solche Umstürze verwickelt, halfen mit, diese Männer an die Macht zu bringen. In seinem Buch „The Game of Nations" beschreibt der frühere

157

US-Geheimdienstagent Miles Copeland, wie die Vereinigten Staaten den ersten Nachkriegsstaatsstreich in der arabischen Welt planten – den Sturz des syrischen parlamentarischen Regierungssystems im Jahr 1949. Der CIA hatte enge Kontakte mit der ägyptischen Bewegung „Freie Offiziere" kurz vor ihrem Putsch im Juli 1952. Aber in den meisten Fällen blieb die amerikanische Regierung doch bei ihrer Haltung, den Monarchien zu helfen und sie zu festigen.

Die arabischen Staaten litten immer unter schlimmen sozialen und wirtschaftlichen Ungerechtigkeiten, einschließlich des Irak. Die Masse der Bevölkerung lebte im Elend. In einer Liste der seit langem ausgebluteten und verarmten Gesellschaften standen die Monarchien an der Spitze. Vor dem Ersten Weltkrieg war das Wort Mesopotamien ein Synonym für Seuchen und Epidemien. Ein Kommandeur der britischen Streitkräfte starb dort an Cholera. Bagdad war eine schmutzige Stadt, regelmäßig überflutet vom Hochwasser des Tigris. König Faisal, den die Briten 1921 eingesetzt hatten, unternahm große Anstrengungen, um sein Land zu entwickeln. Die Monarchie ließ Dämme errichten, die schließlich die Wasser des Tigris bändigten. Man bemühte sich um eine durchgreifende Verbesserung des Gesundheits- und Erziehungswesens. Mit den Augen Washingtons gesehen, war aber wohl der entscheidende Punkt, daß die Monarchien fest zum Westen hielten.

1954 akzeptierte der Irak Militärhilfe von den Vereinigten Staaten, und im Februar 1955 trat er dem von den USA geförderten Bagdadpakt bei, einem gegenseitigen Verteidigungs- und Kooperationsabkommen zwischen der Türkei, dem Iran, Pakistan und Großbritannien. Die anderen arabischen Staaten übten scharfe Kritik an dieser Zusammenarbeit.

Als Armeeoffiziere König Faisal in einem Staatsstreich in Bagdad 1958 stürzten, war die US-Regierung entsetzt. Der neue starke Mann General Abdul Karim Kassem entwickelte bald enge Beziehungen zu den irakischen

Kommunisten, trat 1959 aus dem Bagdadpakt aus und nahm keine Militärhilfe mehr von den Vereinigten Staaten an. Die UdSSR begrüßte die Versuche des neuen Regimes, eine unabhängige Politik der Bündnisfreiheit gegenüber dem Westen in Gang zu bringen. Bagdad und Moskau nahmen 1958 wieder diplomatische Beziehungen auf. Sowjetisches Geld und sowjetische Waffen strömten in den Irak. Aber General Kassem war unfähig, seine versprochenen Vorhaben in die Tat umzusetzen. Sein Regime wurde immer repressiver und instabiler. Man sagt, der CIA hätte versucht, ihn durch ein vergiftetes Taschentuch zu töten. Mit geradezu ermüdender Regelmäßigkeit wechselten sich die Putschversuche ab, bis die Bath-Partei 1963 kurz an die Macht kam, laut einer Aussage von Jordaniens König Hussein mit Hilfe des CIA. Der Geheimdienst soll, so jedenfalls lauten Gerüchte, Namenslisten von Kommunisten geliefert haben, die dann von der Bath gejagt, gefoltert und getötet wurden.

Durch den Sechstagekrieg von 1967 brachen die diplomatischen Beziehungen zwischen Bagdad und Washington vollkommen ab. Als die Bath-Partei ab 1968 ihre Macht über den Irak endgültig absichern konnte, gehörte das Land zu den wichtigsten jener „Ablehnungs-Staaten", die alle Verhandlungen sowohl mit Israel als auch mit den Vereinigten Staaten vermieden. 1972 unterschrieben Bagdad und Moskau einen Freundschafts- und Kooperationsvertrag, der ihre Beziehungen noch intensivierte.

Aber schon 1975 entstanden erhebliche Spannungen zwischen dem Irak und der Sowjetunion. Nachdem die irakische Armee gewaltsam gegen die Kurden vorgegangen war, stellte Moskau die Waffenlieferungen an den Irak ein. Die Vereinigten Staaten sahen eine Chance, wieder normale Beziehungen zum Irak aufzunehmen, aber die Offerte blieb unbeachtet.

Als 1979 Ajatollah Ruhollah Khomeini die Macht im Iran übernahm, waren Washington und Bagdad gleichermaßen alarmiert. Richard M. Preece, ein Nahost-Experte im Wissenschaftlichen Hilfsdienst des Kongresses in Washington, stellte fest, daß sich die Kontakte zwischen irakischen und amerikanischen Diplomaten merklich verstärkten, nachdem iranische Jugendliche und Studenten die US-Botschaft in Teheran im November gestürmt und mehr als fünfzig Geiseln genommen hatten. Am 12. April 1981 berichtete Preece: „Der stellvertretende Abteilungsleiter im Außenministerium Morris Draper traf in Bagdad mit irakischen Politikern zusammen, um mit ihnen darüber zu diskutieren, wie in Zukunft die irakisch-amerikanischen Beziehungen aussehen sollten, wie man sich wirtschaftlich näherkommen könnte und wie man den Plan von Außenminister Alexander Haig durchsetzen könne, der eine ‚strategische Übereinkunft' gegen die sowjetische Expansion in der Golfregion vorsah." Wieder tauchten Hoffnungen auf eine bessere Zusammenarbeit mit Bagdad auf. Die Kontakte wurden fortgesetzt, trotz des israelischen Angriffs auf die irakischen Atomfabriken im Juni 1981 (mit Hilfe von in Amerika gebauten Flugzeugen, die amerikanische Bomben an Bord hatten).

Aber eine echte Annäherung begann erst, nachdem Saddam 1980 in den Iran einmarschiert war. Ende 1981 und Ende 1982 unterstrich Saddam Hussein wiederholt seinen Wunsch, die diplomatischen Beziehungen mit den Vereinigten Staaten zu intensivieren, als sich seine militärische Lage immer mehr verschlechterte. 1982 hatte der Iran die wichtigsten irakischen Öl-Anlagen auf der Halbinsel Fao erobert und war so weit auf irakisches Territorium vorgedrungen, daß er die wichtige Hafenstadt Basra, Iraks zweitgrößte City, ernsthaft bedrohen konnte. Dann unterbrach Damaskus die irakische Öl-Pipeline durch Syrien. Jetzt konnte der Irak sein Öl, die wichtigste Einnahmequelle für das Land, nur noch durch die Türkei transportieren. „Die Erinnerung an die Geiselnahme war noch ganz frisch, der Ajatollah nannte uns Amerikaner immer noch den ‚großen Satan' und versuchte weiterhin die Regierungen der Golfstaaten zu destabilisieren", sagt Geoffrey Kemp, damals der Vorsitzende der Abteilung für den Nahen Osten im Nationalen Sicherheitsrat unter Präsident Reagan. „Wir waren wirklich naiv, wir wollten, daß Saddam weder den Krieg gewinnt, noch daß er ihn verliert. Wir wußten, daß er ein Hundesohn war, aber er war unser Hundesohn." Saddam Hussein versicherte den Vereinigten Staaten, er würde ihnen für ihre Hilfe sehr dankbar sein. Aber da gab es ein entscheidendes Hindernis. Der Palästinenser Abu Nidal, der die Anschläge auf die Flughäfen in Rom und Wien inszeniert hatte, gehörte zu jenen berüchtigten Terroristen, die von Bagdad aus ihr Unwesen trieben. Und die amerikanischen Gesetze verboten es, mit Ländern, die auf der Terroristenliste standen, intensive Beziehungen zu unterhalten oder ihnen Kredite und andere Unterstützungen zuteil werden zu lassen. Nach entsprechenden Konsultationen zwischen irakischen und amerikanischen Offiziellen verließ Abu Nidal Bagdad und verlegte sein Hauptquartier nach Damaskus. Im März 1982 wurde der Irak von der amerikanischen Terroristenliste gestrichen, ohne vorherige Konsultationen mit dem Kongreß. Noel C. Koch, damals Direktor der Antiterrorismus-Abteilung im Verteidigungsministerium, erzählte der Zeitung „The Washington Post", daß der Irak nicht deshalb von der Liste gestrichen worden sei, weil er kein Zufluchtsort für Terroristen mehr war. „Niemand zweifelte daran, daß der Irak weiterhin in den Terrorismus involviert war", sagte Koch. „Der wahre Grund dafür war, daß die Iraker im Krieg gegen den Iran erfolgreich sein sollten."

Abu Nidal war verschwunden, aber andere nicht. Radikale Gruppen der palästinensischen Befreiungsorganisation PLO, die aus dem Libanon vertrieben worden waren, fanden Anfang der achtziger Jahre Zuflucht in Bagdad. Im Jahr 1985 schützte der Irak den berüchtigten Terroristen Abul Abbas, den Initiator des Überfalls auf das Kreuzfahrtschiff „Achille Lauro", vor Verfolgung, indem er ihm den Aufenthalt in Bagdad erlaubte.

Nachdem Bagdad von der bewußten Liste gestrichen worden war, konnte Saddam Hussein jene Hilfe erhalten, die er verzweifelt brauchte. Im Dezember 1982 stimmte das Department of Agriculture's Commodity Credit Corporation (CCC) zum ersten Male einer Bürgschaft für einen Kredit von 300 Millionen Dollar zu, womit Bagdad Reis und Weizen einkaufen konnte. Die Hilfe war lebenswichtig für ein Land, das immer weniger Geld in den öffentlichen Kassen hatte. Nach den ausgehandelten Bedingungen hatte Bagdad drei Jahre Zeit, die Darlehen zurückzuzahlen, ansonsten war die US-Regierung gezwungen, für die Schulden einzustehen. Saddam Hussein bot weitere „Versuchungen". Bei einem Treffen mit dem Kongreßabgeordneten Stephen Solarz aus New York, Mitglied des Auswärtigen Ausschusses des Repräsentantenhauses und eifriger Förderer Israels, akzeptierte Saddam Hussein das prinzipielle Recht Israels auf seine Existenz. Solarz entschied sich dafür, diese Aussage weder der Regierung noch der Jüdischen Gemeinde mitzuteilen. Der Irak aber veröffentlichte den Inhalt dieser Unterredung über seinen neuen Pressedienst, während Solarz glaubte, es habe sich sozusagen um ein privates Gespräch gehandelt. Es folgten weitere Meetings zwischen dem Irak und Außenminister George Shultz im Mai 1983, und im Oktober besuchte der stellvertretende Außenminister des Irak Washington.

Als die neue Reagan-Administration ihre Regierungsgeschäfte aufnahm, ließ sie umfangreiche Studien über ihre zukünftige Politik anfertigen. Doch in der Praxis veränderte sich dann wenig, man hielt sich im wesentlichen an die Leitlinien der vorangegangenen Carter-Regierung. Als sich dann die Lage des Irak im Krieg erheblich verschlechterte, entschied sich die Regierung für eine Neubewertung ihrer Politik. Eine Studie des Nationalen Sicherheitsrates vom Oktober 1983 kam zu dem Schluß, daß die amerikanischen Interessen beträchtlich beschädigt werden würden, falls der Irak zusammenbräche. Man stellte aber auch fest, daß die USA kaum in der Lage seien, dem Irak direkt zu helfen, denn offiziell verhielt sich Washington in dieser Auseinandersetzung ja neutral. Jedoch konnte indirekte Unterstützung gewährt werden, und dies tat man auch. Unter dem Druck der Reagan-Administration steigerten die Golfstaaten ihre Unterstützung für den Irak.

Im November 1984, als Präsident Ronald Reagan gerade wiedergewählt worden war, nahmen die Vereinigten Staaten wieder volle diplomatische Beziehungen mit dem Irak auf. Die Zusammenarbeit wurde erheblich verbessert, einschließlich der Beziehungen zwischen den jeweiligen Geheimdiensten. Aus dem Außenministerium war damals zu hören, daß die meisten Informationen, die Bagdad dem CIA lieferte – vor allem solche über sowjetische Waffen im Irak und über Terroristen – ziemlich wertlos seien. Und Bob Woodward von der Zeitung „The Washington Post" ergänzte, daß die Informationen, die der Irak vom amerikanischen Geheimdienst bekam, von umso größerer Bedeutung gewesen seien. Er lieferte Auswertungen von Satellitenfotos, die Aufschluß gaben über iranische Stellungen. Mit ihrer Hilfe konnten die irakischen Stäbe entsprechende Strategien entwerfen. Inzwischen begann die „Operation Staunch" (im Amerikanischen soviel wie „Blut stillen" oder „undurchlässig machen") zu greifen, die darauf hin abzielte, den Iran von seinen ausländischen Waffenlieferungen abzuschneiden. 1986 konnte der Irak eine weitere Pipeline für sein Erdöl durch Saudi-Arabien eröffnen, aber zu dieser Zeit war die finanzielle Lage des Landes schon recht prekär. Mit Ausnahme derjenigen der USA konnte der Irak seine ausländischen Darlehen nicht mehr zurückzahlen. Obwohl die Weltbank eine Konferenz befürwortete, die neue Zahlungstermine des Irak diskutieren sollte, bestand das Land darauf, alle seine Darlehen einzeln mit jeder Bank und jedem Land neu zu verhandeln. Ausländische Banken setzten neue Darlehensgrenzen für den Irak fest, amerikanische Banken taten dies jedoch nicht.

Im Jahr 1987 war der Irak mit dramatisch angestiegenen

567 Millionen Dollar beim CCC-Programm verschuldet, vor vier Jahren hatte dieser Betrag noch 215 Millionen Dollar ausgemacht. Privatbanken gaben ebenfalls hohe Kredite, vor allem die Niederlassung der italienischen Banco Nazionale de Lavoro in Atlanta. Sie zahlte zwischen 1983 und 1990 Darlehen im Wert von circa drei Milliarden Dollar aus. Diese Gelder wurden nicht nur für den Ankauf von Weizen und Reis verwendet, obwohl der Irak nun der fünftgrößte Aufkäufer von amerikanischem Weizen und der größte Importeur von amerikanischem Reis war. Die Zeitung „The Financial Times" berichtete damals von höchst fragwürdigen Materialeinkäufen, die man sowohl zivil als auch militärisch verwenden konnte. Mitte September erwog ein Geschworenengericht, Ermittlungen gegen die Banco Nazionale einzuleiten.

Die Beziehungen zwischen dem Irak und den Vereinigten Staaten, traditionell von Höhen und Tiefen gekennzeichnet, erreichten im November 1986 ihren Tiefpunkt. Die Nachrichten über die sogenannte Iran-Contra-Affäre, das geheime Waffengeschäft der Reagan-Administration mit Teheran, schockte Saddam Hussein. Zur „Schadensbegrenzung", wie das in Regierungskreisen genannt wurde, ließ man zahlreiche aufrichtige Entschuldigungen verlautbaren, die man noch verstärken mußte, als die USA im folgenden Jahr eine weitere riskante Verpflichtung eingingen. Nachdem der Iran damit gedroht hatte, kuwaitische Öltanker anzugreifen, die auch einen großen Teil des irakischen Öls transportierten, gab Washington bekannt, daß es die kuwaitischen Öltanker „umflaggen" und bei der Durchfahrt durch den Golf durch amerikanische Begleitschiffe schützen lassen würde. Diese Ankündigung verursachte eine scharfe Debatte in Washington, aber sie besänftigte den zornigen Saddam.

1987 brachte ein weiterer Vorfall die Beziehungen in Gefahr: Eine französische Exocet-Rakete, abgefeuert von einem irakischen Jet, traf die „USS Stark" und tötete 37 Matrosen. Aber Saddam reagierte prompt. Einer überschwenglichen Entschuldigung für diesen „Unfall" folgte eine Zahlung von 27 Millionen Dollar an die Familien der Opfer.

Im August 1988 wurde der Krieg zwischen dem Irak und dem Iran mit einem Waffenstillstand beendet. Weil der Iran geschworen hatte, so lange zu kämpfen, bis Saddam vertrieben sei, wirkte dieser Waffenstillstand wie ein Sieg für den Irak. In Washington erwartete man, Saddam Hussein würde nun Sparmaßnahmen einführen, seine Streitkräfte verringern und sein ziemlich zerstörtes Land wieder aufbauen. Aber der Diktator tat dies nicht, sondern attackierte nahezu postwendend die kurdische Minderheit in seinem Land mit Giftgas. Außenminister Shultz verurteilte dieses Verbrechen mit scharfen Worten und forderte vom Irak die Zusicherung, niemals wieder solche schändlichen Waffen einzusetzen. Er bekam aus Bagdad auch eine entsprechende Versicherung. Aber nun, nach Ende des Krieges, wuchs die Opposition im amerikanischen Kongreß gegenüber jener Politik, die viele als die „Umarmung eines Tyrannen" betrachteten. Peter Galbraith, Mitglied des Senatsausschusses für Auswärtige Angelegenheiten, war schwer betroffen von dem, was er auf einer Reise durch die kurdischen Gebiete im Irak gesehen hatte. „Das Land machte einen schaurigen Eindruck, bot eine gespenstische Mischung aus tödlicher Ruhe und Schönheit. Aber was früher eine mit Leben erfüllte Landschaft war, bewohnt von rund zwei Millionen Menschen, war nun verödet und leer. Die kurdischen Dörfer, die es dort seit Menschengedenken gegeben hatte, waren verschwunden. Ihre Einwohner waren in Lager verschleppt worden, die man überstürzt in einigen wenigen großen Städten errichtet hatte."

Senator Claiborne Pell aus Rhode Island, der liberale Vorsitzende des Senatsausschusses für Auswärtige Beziehungen, tat sich mit Jesse Helms, dem Erzkonservativen aus North Carolina, zusammen, um die irakischen Gasangriffe gegen die Kurden zu verurteilen. Pell hatte schon 1988 ein Gesetz zur Verhinderung von Völkermord eingebracht. Nach diesem Gesetz konnte ein Handelsembargo gegen den Irak verhängt werden. Aufgehoben werden konnte dieses Gesetz erst dann, wenn der Präsident bestätigen würde, daß der Irak keinen Völkermord beging, und wenn der Irak versicherte, er würde kein Giftgas mehr einsetzen. Die Reagan-Regierung sperrte sich gegen dieses Gesetz, und nachdem es den Senat einstimmig passiert hatte, verschwand es im Sumpf der politischen Bürokratie und gab seinen Geist auf.

Inzwischen hatte in den USA der Präsidentschaftswahlkampf seinen Höhepunkt erreicht, in dem die Reagan-Administration als „die lahmste der lahmen Enten" bezeichnet wurde. Nachdem George Bush die Wahlen gewonnen hatte, stritt man sich zunächst einmal um die Posten in der neuen Regierung. „So dauerte es eine ganze Weile, bis man wieder Boden unter die Füße bekam", sagt ein Beamter des Außenministeriums. „Über eine lange Zeit gab es keinerlei Konzentration auf die Golfpolitik. Nachträglich betrachtet, glaube ich, daß das Fehlen jeglicher politischen Leitlinien für dieses Problem, ja das Fehlen jeglichen Interesses für die Golf-Angelegenheiten in der damaligen Zeit eine sehr unglückliche Sache waren."

Eine Neuorientierung der amerikanischen Politik in bezug auf die Probleme am Persischen Golf fand erst im Frühling 1989 statt, beinahe ein Jahr nach dem Waffenstillstand im Krieg zwischen dem Irak und dem Iran. John Kelly, Abteilungsleiter im Außenministerium für die Sektion Naher Osten und Südasien, der normalerweise die Dinge sicher im Griff gehabt hätte, war bis jetzt noch nicht einmal in seinem Amt bestätigt worden. Der Nationale Sicherheitsrat gab schließlich neue Richtlinien heraus. „Die Politik war im wesentlichen immer dieselbe", meint ein Regierungsangestellter. „Bringt die Irakis weg von ihrer unmäßigen Produktion von atomaren und chemischen Waffen; bindet sie wirtschaftlich enger an die USA und an die westliche Welt; versucht sie lieber mit Zuckerbrot als mit der Peitsche zu mäßigen."

166

Die Experten in Washington erhoben keine Einwände gegen diese Politik gegenüber dem Irak, weil es so schien, als würde Bagdad von Teheran überrannt werden. „Auf dem Capitol Hill, im Außenministerium, im Verteidigungsministerium und in der gesamten Regierung gab es eine gewaltige Übereinstimmung darüber, daß Saddam das kleinere von zwei Übeln war", sagt ein hoher Beamter. Aber die Beibehaltung dieser Politik nach dem Waffenstillstand schien vielen ihrer Kritiker inakzeptabel zu sein, nachdem Irak weiterhin in schändlicher Weise die Menschenrechte mißbrauchte, Atomwaffen entwickelte und die Produktion seiner chemischen Waffen erhöhte. „In Wirklichkeit entwickelte die Bush-Administration keinerlei neue Politik", sagt der Abgeordnete Solarz. „Es war eigentlich die alte, nur in einer neuer Verpackung." Es war, kurz gesagt, eine Politik der „automatischen Kurssteuerung".

Einige Insider auf dem Capitol Hill und innerhalb der Regierung behaupten, daß eine politische Neuorientierung schon vor dem Waffenstillstand hätte durchgeführt werden müssen. Laut einer glaubwürdigen Quelle aus dem Abgeordnetenhaus hatte der Nachrichtendienst des Verteidigungsministeriums bereits Ende 1986 die Meinung vertreten, der Irak würde keineswegs den Krieg verlieren. Viele Kenner sind der Meinung, daß die Golfpolitik innerhalb der Bush-Administration keinerlei Priorität besaß. „Außenminister Jim Baker war von den gewaltigen Ereignissen in der Sowjetunion und vom Zusammenbruch der kommunistischen Systeme in Osteuropa total beansprucht", sagt ein hoher Beamter. „Seine Sorge in bezug auf den Nahen Osten betraf höchstens Überlegungen, wie man Frieden schaffen könnte zwischen Israel und den Palästinensern", ist aus Regierungskreisen zu hören. In einer anderen Behörde wären vielleicht jüngere Beamte dazu fähig gewesen, sich dieses drängenden Problems anzunehmen und den Minister zu zwingen, sich stärker darauf zu konzentrieren. Aber das war im Außenministerium von Jim Baker nicht möglich.

„Jeder gab John Kelly die Schuld für die Vorgänge auf dem Capitol Hill kurz vor Beginn der Invasion", sagt ein anderer hoher Beamte des Außenministeriums. „Aber in Bakers Außenministerium machten weder John Kelly noch irgendein anderer Abteilungsleiter die Politik. Es waren Jim Baker und ein paar Burschen im siebten Stockwerk, die die Richtlinien bestimmten. Sie besprachen alles in ihrem inneren Kreis. Es wäre kaum möglich gewesen, ihre Aufmerksamkeit auf etwas zu lenken, von dem die meisten Experten innerhalb und außerhalb der Regierung annahmen, es würde niemals passieren."

Ende 1989 und Anfang 1990 wuchs der Druck auf den amerikanischen Kongreß, wirtschaftliche Sanktionen gegen Saddam Hussein zu beschließen. Die Beweise für die verbrecherischen Umtriebe des Regimes in Bagdad hatten sich gehäuft: die Hinrichtung des Journalisten Bazoft, der wegen Spionage verurteilt worden war; die Beschlagnahme von Bauteilen für eine „Superkanone" und für technische Einrichtungen der Atomindustrie; Behauptungen über Schmiergeld-Affären bei der amerikanischen Niederlassung der Banco Lavoro in Atlanta im Zusammenhang mit der Kreditvergabe für den Irak. Die Bush-Administration widersetzte sich der entsprechenden Gesetzgebung. Obwohl das Weiße Haus verkündet hatte, daß wirtschaftliche Gesichtspunkte bei dieser Haltung keine Rolle gespielt hätten, hatten viele Konzerne und auch Farmer ein beträchtliches Interesse daran, daß auf dem Kapitol keine jener Maßnahmen in Kraft gesetzt würde.

Die zuständigen Behörden hatten bis 1990 486 Genehmigungen im Wert von rund 730 Millionen Dollar für die Ausfuhr von sensiblen technischen Gerätschaften in den Irak erteilt. Man versicherte, daß diese Produkte militärisch nicht genutzt werden könnten, so jedenfalls berichtete es die „Washington Post". Als der Irak Kuwait überfiel, waren weitere 160 solcher Anträge noch nicht entschieden worden. Inzwischen hatten die Iraker vom CCC Kredite in Höhe von rund einer Milliarde Dollar er-

halten, 1987 hatte die Summe noch 547 Millionen betragen. Zwischen 1983 und 1989 hatte sich die jährliche Außenhandelsquote zwischen dem Irak und den Vereinigten Staaten versiebenfacht, von 571 Millionen Dollar auf 3,6 Milliarden. Während dieser Zeitspanne hatten die USA ihrerseits vom Irak Öl im Wert von 5,5 Milliarden Dollar gekauft. Dem Amerikanisch-Irakischen Handelsforum gehörten rund siebzig amerikanische Firmen an. Das Weiße Haus jedoch bestritt weiterhin, daß bei seiner Politik Geld eine Rolle spielte. In den Worten eines hohen Beamten des Weißen Hauses konnte man die Politik der Bush-Administration während ihrer ersten 18 Monate als eine „begrenzte Entspannung" beschreiben: eine Politik, die ihrer Idee nach jener Entspannung in den Beziehungen zwischen den USA und der UdSSR Anfang der siebziger Jahre ähnelte. In den letzten Monaten vor der kuwaitischen Invasion, fährt er fort, wurde das Verhältnis zum Irak, das nie „ein kumpelhaftes" war, weitaus mehr belastet. „Wenn die Politik früher ausbalanciert war zwischen etwa 70 Prozent Sanktion und 30 Prozent Initiative, so veränderte sich jetzt dieses Verhältnis auf 90 Prozent Sanktion zu 10 Prozent Initiative in den Wochen vor Saddams Überfall."
Auch die folgenden Beurteilungen stammen von jener Quelle aus dem Weißen Haus. Daß dies die richtige Politik gewesen sei, darüber habe es innerhalb der Administration genauso volle Übereinstimmung gegeben wie zwischen Amerikas Verbündeten in Europa und in der arabischen Welt. Nach dem Krieg mit dem Iran habe es so ausgesehen, als sei die Führung in Bagdad gemäßigter, stärker proamerikanisch geworden. Der Irak sei in eine Kooperation mit Ägypten, Jordanien und dem Jemen eingetreten, alles Länder, die freundschaftliche Beziehungen zu den Vereinigten Staaten unterhielten. „Ich glaube fest daran, daß diese Strategie richtig war. Es wäre verrückt gewesen, den Irak noch weiter gegen uns aufzubringen. Aber darüber gab es niemals eine intensive Debatte."

Es habe wohl in den USA einen Streit darüber gegeben, daß der Irak von den Vereinigten Staaten alles kaufen oder bekommen konnte, was er nur wollte. „Wir haben niemals unsere Schranktür weit aufgerissen, damit er nur hineinzugreifen brauchte, und in letzter Zeit stand diese Schranktür für ihn nur einen Spaltbreit offen." Es habe auch keine nennenswerten militärischen Beziehungen zwischen beiden Staaten gegeben. Die Vereinigten Staaten hätten keine Waffen an den Irak verkauft. 1990 habe das Weiße Haus rund 500 Millionen Dollar eingefroren (die Hälfte des jährlichen Anteils, der dem Irak aufgrund der CCC-Garantien zustand), nachdem kritische Fragen wegen irakischer Rückzahlungen und überhaupt wegen Saddams Missetaten aufgetaucht seien. Die Regierung habe Transporte von Teilen jener „Superkanone" und von anderer „zweifach nutzbarer" Technologie beschlagnahmt, was Bagdad zutiefst aufregte. Die Regierung habe auch in schärfster Weise auf die erwähnte Hinrichtung des Journalisten Bazoft reagiert. Einmal sei der Irak so stark von der feindseligen öffentlichen Meinung in den USA irritiert gewesen, daß Saddam Hussein vor Diplomaten geäußert habe, in den USA könnte es eine Verschwörung gegen den Irak geben. Soweit diese inoffizielle Lagebeurteilung aus der Sicht des Weißen Hauses. In ähnlicher Weise äußerte sich der Journalist Milton Viorst in einem Artikel in „The New Yorker" Ende September. Viorst hatte Jesse Jackson nach Bagdad begleitet und bewertete nur mit geringer Skepsis die bizarre Annahme des irakischen Außenministers Tarik Asis, daß sich Kuwait und die Vereinigten Staaten zu einer seltsamen Verschwörung zur Zerstörung Bagdads zusammengefunden hätten. Wir wollen noch einmal jenen hohen Beamten aus dem Weißen Haus bemühen: Nachdem Saddam Hussein Drohungen sowohl gegen die Vereinigten Arabischen Emirate als auch gegen Kuwait ausgestoßen hatte, hätte die Regierung einer Empfehlung des Verteidigungsministeriums zugestimmt, große Manöver im Golf abzuhalten. Die Vereinigten Arabischen

Emirate, die diese Manöver angeregt hatten, hätten trotzdem soviel Angst vor einer Provokation des Irak gehabt, daß sie öffentlich abstritten, an der Militär-Show teilgenommen zu haben. „Es gab eine bestimmte Grenze für das, was wir sagen und was wir tun durften, auch eine Grenze für unsere Unterstützung der arabischen Staaten."

Die Strategie sei zwar defensiv gewesen, vielleicht aber die Taktik nicht. Das Weiße Haus habe niemals eine klare Aussage darüber gemacht, daß der Einsatz von militärischer Gewalt zur Lösung wirtschaftlicher oder territorialer Probleme für die Vereinigten Staaten nicht akzeptabel sei. Aus dem Verteidigungsministerium seien aber härtere Signale gekommen. „Vielleicht hätten unsere Äußerungen etwas deutlicher sein können."

Diese Beweisführung des Weißen Hauses klingt nicht sehr überzeugend. Denn während die Regierung noch mit ihren 30 Prozent „Zuckerbrot" die Sache in den Griff bekommen wollte, verlangte eine wachsende Zahl der Kongreßabgeordneten und Senatoren, alarmiert durch Saddam Husseins Verhalten, den Einsatz von 70 Prozent „Peitsche". Die Regierung verschleppte alle Anstrengungen, Sanktionen gegen den Irak zu beschließen, nahezu bis einen Tag vor der Invasion.

Dieses Lavieren, aus dem Saddam Hussein kräftig Vorteile zog, beruhte auf seiten Washingtons auf einer kuriosen Vermischung von Zynismus und Naivität. Regierung um Regierung hatte sich um eine Öffnung dieses abgeschotteten, fremdenfeindlichen Regimes bemüht. In seinem Eifer, zu besseren Beziehungen zu kommen, zeigte sich Washington blind für die Mißachtung der Menschenrechte. Zuerst brauchte Saddam Hussein die Vereinigten Staaten, Westeuropa und sogar einige der gemäßigten arabischen Länder, um seinen Krieg gegen den Iran zu führen. Dann benötigte er sie, um sein ruiniertes Land wieder aufzubauen. Schließlich aber ging er nach einer ganz anderen Tagesordnung vor.

Die Fabriken des Todes

In weniger als einer Minute war alles vorbei. In der Abenddämmerung des 7. Juni 1981, einem Sonntag, stießen acht israelische F-16-Düsenbomber und sechs F-15-Abfangjäger aus der untergehenden Sonne heraus und vernichteten den teuersten Besitz des Irak. Es war der mit Hilfe Frankreichs errichtete Atomreaktor Osirak, benannt nach Osiris, dem ägyptischen Gott des Todes. Obwohl die Nuklearanlage am Stadtrand von Bagdad gut geschützt war durch französische Luftabwehr-Raketen vom Typ Roland, wurden diese von den irakischen Soldaten nicht abgefeuert. Der einzige Widerstand kam von einigen wenigen Abwehrgeschützen, die ihre Geschosse wahllos in die Luft jagten, während die israelischen Flugzeuge wieder und wieder angriffen. Die israelischen Piloten belegten die sandbraune Betonkuppel des Reaktors mit Bomben, die mit einem zeitverzögernden Zünder ausgerüstet waren. Sie detonierten, wenn sie die Basis der Kuppel erreichten, damit der Reaktorkern tief im Boden zerstört werden konnte. In weniger als 60 Sekunden war Osirak Geschichte.

„Es lief ab wie ein Schweizer Uhrwerk", gab ein erleichterter israelischer Ministerpräsident Menachem Begin bekannt, wie es Steve Weissman und Herbert Krosney in ihrer packenden Darstellung dieses Angriffes berichteten. „Besser als ein Schweizer Uhrwerk".

Die offizielle Verlautbarung durch das Büro des Premierministers am Nachmittag las sich viel nüchterner. „Am Sonntag, dem 7. Juni 1981, hat die israelische Luftwaffe einen Angriff auf den Atomreaktor Osirak nahe Bagdad durchgeführt. Unsere Piloten haben ihren Auftrag voll erfüllt. Alle unsere Flugzeuge kehrten unbeschädigt zu ihrem Stützpunkt zurück."

Dieser Angriff hatte natürlich schwerwiegende diplomatische und politische Konsequenzen. Die Vereinigten Staaten arbeiteten monatelang zusammen mit

172

dem Irak an verschiedenen UN-Resolutionen, die Israel verurteilen sollten. Vehementer reagierte Frankreich, das den Tod eines französischen Ingenieurs beklagte. Aber der französische Zorn war wohl eher theatralisch. Es ist nachweisbar, daß Israel die gerade gewählte sozialistische Regierung des Präsidenten François Mitterrand über seine Absichten informiert hatte, und Präsident Mitterrand, durchaus freundlich gegenüber Israel eingestellt und der einzige ausländische Staatsmann, der vorher von diesem Luftangriff wußte, hatte nichts dagegen unternommen.

Viele Regierungen waren schockiert und äußerten ihre Mißbilligung. Aber zahlreiche ihrer Atomexperten waren wohl eher erleichtert. Die Franzosen hatten eine Technologie geliefert, die viel zu ausgedehnt für das gerade entstehende Atomenergieprogramm des Irak war. Vieles, was der Irak in den siebziger Jahren auf diesem Gebiet an Material kaufte, konnte wohl nur damit erklärt werden, daß Bagdad plante, eine Atombombe zu bauen. In den Hauptstädten des Westens war man erheblich besorgt deswegen. Obwohl der Irak, im Gegensatz zu Israel, das schon die Atombombe besaß, den Nichtverbreitungsvertrag über Atomwaffen unterzeichnet hatte, kamen die meisten Experten schließlich zu der Überzeugung, wie sie auch Leonard S. Spector, ein anerkannter Experte in Washington, vertrat, daß nämlich „das versteckte Ziel hinter den irakischen Bemühungen auf dem Nuklearsektor Mitte der siebziger Jahre nichts anderes war als die Atombombe".

Als Vizepräsident hatte Saddam Hussein 1976 persönlich die Verhandlungen über den Ankauf des französischen Reaktors während eines Besuches in Paris geführt, einer seiner sehr seltenen Ausflüge in den Westen. Wie Weissman und Krosney schreiben, hatte Saddam Hussein einer Beiruter Zeitung im Jahre 1975 gesagt, seine Jagd nach einem angeblich friedlichen Reaktor sei Teil der „ersten arabischen Versuche, sich atomar zu bewaffnen".

Nach dem israelischen Angriff waren seine Visionen von einer irakischen Atombombe genauso zerschmettert wie die Betonblöcke im Osirak. Saddam Hussein rief die Welt auf, den Irak gegen Israels überwältigende militärische und nukleare Kriegsfähigkeiten zu verteidigen. „Die friedliebenden Nationen sollten nun den Arabern helfen, Atombomben zu erwerben, als Gegengewicht und Abschreckung gegen jene, die Israel bereits besitzt", erklärte er. Seine „Bitten" verhallten ungehört. Trotz vieler Presseberichte, daß die Franzosen einem Wiederaufbau des Reaktors mit Hilfe saudischer Gelder zugestimmt hätten, blieb Osirak eine Ruine.

Aber Saddam Hussein gab nicht auf. Ganz im Gegenteil, wie man angesicht der Aktivitäten seiner Regierung urteilen darf. Der Angriff der Israelis auf Osirak brachte Saddam zu der Überzeugung, daß der Irak niemals wieder abhängig sein dürfe von der militärischen Technologie anderer Länder. Nun wollte der Irak großräumige, stark geschützte militärische Anlagen für chemische, biologische und atomare Rüstungsproduktionen errichten, die kein Feind mehr zerstören könnte. In den Nachwehen des israelischen Angriffs entwickelte der Irak ein ehrgeiziges, langfristig angelegtes Programm, nicht nur um Waffen zu kaufen, sondern auch um Material und Technologie zu erhalten, die er zur Produktion eigener Zerstörungswaffen benötigte. Seine Helfer bauten ein Netz aus Scheinfirmen und falschen Handelsagenten auf. Europäische Firmen, die Teile für Waffenfabriken produzierten, wurden insgeheim aufgekauft. Gewaltige „Einkaufslisten" von gewünschtem Material und Bauteilen wurden aufgestellt. Schon mitten im Krieg gegen den Iran arbeitete Bagdad eifrig daran, sich für die nächste Konfrontation zu rüsten. Der Irak sollte nie mehr gedemütigt werden.

Seit der Zerstörung des Atomreaktors durch israelische Flugzeuge vor nunmehr zehn Jahren hat der Irak viel für die Erreichung dieses Ziels getan. Natürlich hatte der Krieg zwischen Irak und Iran einen gewaltigen Bedarf an

Waffen auf beiden Seiten hervorgebracht. Das renommierte Stockholmer Internationale Friedensinstitut hat geschätzt, daß der Irak allein im Jahr 1984 14 Milliarden Dollar – die Hälfte seines Bruttosozialproduktes – für Waffen und Verteidigungsmaßnahmen ausgegeben hat. Nach Berechnungen von Anthony H. Cordesman, einem Verteidigungsexperten im Beraterteam von Senator John McCain aus Arizona, importierte der Irak zwischen 1982 und 1989 Waffen im Wert von 42,8 Milliarden Dollar, zwischen 1982 und 1985 im Wert von 27,3 Milliarden und gab zwischen 1986 und 1989 noch einmal 15,5 Milliarden Dollar für den gleichen Zweck aus. Obwohl schon diese Zahlen enorme Investitionen beweisen, habe laut Cordesman der Gesamthaushalt für Verteidigung noch etwa 10 bis 30 Prozent höher gelegen, denn manches, was offensichtlich zu der militärischen Infrastruktur gehörte, wurde im zivilen Haushalt untergebracht.

Bagdads gewaltige Ausgaben bewiesen, daß es auch nach dem Waffenstillstand mit dem Iran für Irak keinen Frieden geben würde. In den letzten fünf Jahren vor der Invasion Kuwaits war der Irak das Importland Nummer eins der Welt, was Waffen betraf. Er allein kaufte in dieser Zeit rund neun Prozent der gesamten Waffenproduktion der Welt. Wie Cordesman berichtet, stammten 40 Prozent dieser Waffenkäufe aus der Sowjetunion, 13 Prozent kamen aus China; die westeuropäischen Länder lieferten rund 15 Prozent. Und nicht nur fertige Waffen ließ sich der Diktator in Bagdad liefern, sondern auch Material, mit dem er selber welche bauen konnte. Zum Beispiel verkaufte Frankreich dem Irak für ungefähr zwölf Milliarden Dollar militärische Ausrüstungsgegenstände zwischen 1981 und 1988. Nach Berichten aus dem Büro von Senator Jesse Helms verkauften französische Firmen auch solche Teile und Ausrüstungen, die zur Waffenherstellung dienten. Erst als Saddam Hussein wenige Monate vor seiner Besetzung von Kuwait mit der Bezahlung seines Handels in Rückstand geriet, stoppte Frankreich die Verkäufe an den Irak. Alle diese Aktivitäten waren still und heimlich von der US-Regierung sanktioniert worden. Washington hatte sich dafür entschieden, daß dieser Waffenhandel von großer Bedeutung dafür war, daß der Irak den Krieg nicht verlor. Es änderte seine Politik auch dann nicht, als der Waffenstillstand in Kraft trat. Dieses ungehinderte Wachstum des Militärsektors bedeutete nach Ende des Krieges, daß der Irak, wenn auch nicht als Sieger, aber doch, in den Worten von Cordesman, „als bedeutende Militärmacht am Golf" aus dem Gemetzel hervorging.

Ein wesentlicher Teil der irakischen Stärke beruhte auf dem Erdöl: Im Gegensatz zu anderen ehrgeizigen Entwicklungsländern konnte Bagdad dank der Einnahmen aus dem Ölgeschäft kaufen, was es brauchte. Sachkundig wählten die Iraker das aus, was ihren Absichten nützte. Cordesman schreibt, daß der Irak allein im Februar 1988 fünf neue, weitreichende Raketentypen installierte. Eines von diesen neuen Geschossen, die „Al Abbas", eine Version der sowjetischen Scud-Rakete, hatte wahrscheinlich eine Reichweite von rund 800 Kilometern – mehr als zweimal soviel wie die ursprüngliche Scud-Version. Laut Cordesman wurde sie im April 1988 getestet. Israelische Militärkreise ließen verlauten, sie hätten keinen Beweis für diesen Test, aber sie seien besonders beeindruckt von der „Al-Hussein-Rakete", eine weitere Scud-Version, die zuerst 1987 erprobt wurde. Die „Al Hussein" hatte eine geschätzte Reichweite von 600 Kilometern, was vollends genügte, um Tel Aviv vom westlichen Irak aus zu treffen. Rund 200 dieser Raketen wurden gegen den Iran eingesetzt.

Im Dezember 1989 erprobte der Irak eine neue Raketen-Abschußrampe, genannt „Al Abid", mit einer Reichweite von nahezu 1500 Seemeilen. Zwei Tage später gab Bagdad bekannt, es hätte nun noch zwei neue Raketen entwickelt, die „Tamuz I", eine dreistufige 48-Tonnen-Rakete, sowie eine von festem Brennstoff angetriebene Rakete namens „Condor", gebaut mit ägyptischer und argentinischer Hilfe.

Einen ersten Verdacht, daß Saddam Hussein ein neues Abenteuer plane, äußerten israelische Militärkreise knapp ein Jahr vor der kuwaitischen Invasion, als der Irak rund ein Dutzend Al-Hussein-Raketen auf festen Abschußrampen im westlichen Teil des Landes stationierte. Diese Anlagen nahe der Straße, die Jordanien mit dem Irak verbindet, verfügten über sechs Abschußrampen, mit dem Ziel Israel oder Syrien. Die Israelis rätselten: Wenn Saddam Hussein einen Angriff gegen Israel plante, warum ging er dann so offen vor, konnte doch jeder Spionage-Satellit oder jeder Militärattaché diese Anlagen sehen? Als Israels Verteidigungsminister Moshe Arens im Juli zu Besuch bei US-Verteidigungsminister Richard Cheney war, bildete der Irak den Hauptpunkt ihrer Besprechungen. An der Spitze der Tagesordnung standen auch die mysteriösen Raketenanlagen. Aber Israel war offensichtlich zu stark auf die Bedrohung seiner eigenen Grenzen konzentriert, es sah nicht die Bedrohung von Kuwait.

Nach Ende des Krieges mit dem Iran unternahm Saddam Hussein große Anstrengungen für sein Ziel, nicht mehr vom Import kompletter Waffensysteme abhängig zu sein. Natürlich mußte er noch Flugzeuge und Luftabwehrsysteme im Ausland kaufen, aber er hatte gezeigt, daß der Irak durchaus in der Lage war, große und bedeutsame Forschungs- und Entwicklungseinrichtungen aufzubauen, ohne entscheidende Teile, wie etwa fertige Abschußrampen, kaufen zu müssen. Cordesman stellte fest: „Der Irak hatte bewiesen, daß ein reicher Käufer immer einen Verkäufer finden oder neue Methoden des Erwerbs von fertiger Technologie oder Ersatzteilen entwickeln kann, solange nur wenige Regierungen einem konsequenten Waffenkontrollsystem zustimmen und dieses dann auch strikt einhalten."

Die meisten Modifikationen der irakischen Raketen wurden in einer Anlage namens „Saad 16" durchgeführt, einer Fabrik mit Windkanälen, Testrampen für Raketenmotoren, einer Raketen-Abschußbasis und chemischen und elektronischen Laboratorien. Diese völlig neu errichtete Anlage in der Nähe von Mosul im nördlichen Teil des Landes soll rund 200 Millionen Dollar gekostet haben. Zusätzlich zur Entwicklung und Modifikation von Raketen entwickelten die Wissenschaftler dieser Fabrik auch chemische Waffen und unternahmen möglicherweise auch Experimente mit Hochgeschwindigkeitszentrifugen zur Anreicherung von Uran, das für Atombomben benutzt werden kann.

Den größten Teil dieser Anlage lieferte die Consens-Gruppe, ein in der Schweiz beheimatetes Konsortium, das ausländische Technologie und Erfahrung für das irakische Raketenprogramm über die vielen Tochtergesellschaften in Argentinien, Monaco, der Schweiz und der Bundesrepublik Deutschland besorgte. Das jedenfalls berichtete Michael Eisenstadt, ein Wissenschaftler vom Washingtoner Institut für Nahostpolitik. „Die Gruppe Consens beendete ihre Mitarbeit Anfang 1989, weil der Druck der Öffentlichkeit zu groß geworden war." Angeblich übernahmen deren Funktion dann andere Schweizer Firmen, zum Beispiel Vufvalturn und Finanzierung AG (VUFAG), sagt Eisenstadt.

Christopher Crowley, ein britischer Ingenieur, der in Saad 16 in den Jahren 1988 und 1989 arbeitete (und nun wegen seiner Beteiligung bei der Beschaffung der „Superkanone" vor Gericht steht), wurde von englischen Fernsehjournalisten für eine Dokumentation über Iraks Waffenarsenal interviewt. Er nannte die Fabrik „absolut brillant ... Etwas Vergleichbares mit dieser speziellen Forschungseinrichtung und ihrer perfekten Ausstattung gibt es in ganz Europa nicht."

Aber Saad 16 war keineswegs die einzige Raketen-Fabrik im Irak. Eisenstadt beschreibt neben einschlägigen Ingenieur-Büros in der Nähe von Falludschja eine Raketentreibstoffabrik in der Nähe von Mahmudiya und ein Raketen-Testzentrum in der Nähe von Kerbela. Die Einrichtungen für diese Projekte wurden Anfang 1989 fertiggestellt, nach Eisenstadt mit geschätzten Kosten von 400

Millionen Dollar. Laut Cordesman wurde der Fortschritt des irakischen Programms für die Entwicklung von Waffentechniken durch die Explosion in der Rüstungsfabrik von Al Hillah aufgedeckt. Bei dieser mysteriösen Explosion kamen 700 Menschen ums Leben, aber die Produktion geriet kaum in Verzug.

Nach den Erfahrungen von Osirak wurden alle neuen militärischen Produktionseinrichtungen gut abgesichert, zumindest theoretisch. Zum Beispiel war Saad 16 umgeben von einem Luftabwehrsystem. Die Anlage verfügte über viele Gebäude-Attrappen, um die Spionage-Satelliten zu täuschen und als vermeintliche Angriffsziele für einen Luftangriff zu dienen.

Ein frühzeitiger und ungewöhnlich offener Kritiker der Verbreitung von Raketen und chemischen Waffen war William H. Webster, der Direktor des Central Intelligence. In einer ungewöhnlichen Rede im März 1989 warnte er davor, daß die Entwicklung von eigenen Raketensystemen in etwa 15 Ländern bis zum Jahr 2000 Teil eines „zerstörerischen Trends" sei, und wies hin auf die wachsenden Fähigkeiten von Ländern der dritten Welt, atomare, chemische und biologische Waffen zu entwickeln. Obwohl er die Länder nicht nannte, setzten Beamte der Regierung in Washington den Irak an die Spitze ihrer Liste, lange vor der Besetzung von Kuwait. Obwohl Leiter einer Behörde, die für Geheimnisse zuständig ist, warnte Webster in einer öffentlichen Rede, daß mindestens zwanzig Länder in der Lage sind, chemische Waffen zu erzeugen, die einst Churchill als „dieses höllische Gift" bezeichnet hatte, und Webster fuhr fort, „daß die moralischen Barrieren für eine biologische Kriegführung längst zusammengestürzt sind". Es gibt keinen Zweifel daran, daß er dabei, unter anderen Ländern, auch auf den Irak Bezug nahm.

W. Seth Carus vom Washingtoner Institut für Nahost-Politik zog in einem Bericht die Schlußfolgerung, daß „der Irak das größte und möglicherweise am weitesten entwickelte Programm zur Herstellung von chemischen

Waffen in der dritten Welt hat". In signifikanter Weise habe der Irak seit dem Ende des Krieges mit dem Iran die Herstellung chemischer Waffen fortgesetzt und noch ausgeweitet. Der Irak hatte das Genfer Protokoll von 1925 unterschrieben, das die Benutzung von chemischen Wirkstoffen verbot, außer als Antwort gegen ein anderes Land, das sie zuerst benutzt hat. Im Krieg gegen den Iran setzte Bagdad wiederholt Giftgas ein und benutzte es auch noch nach dem Waffenstillstand, um kurdische Rebellen umzubringen.

Carus meint, daß der Irak wahrscheinlich sein chemisches Waffenprogramm bereits in den sechziger Jahren in Angriff nahm, lange bevor Saddam an die Macht kam. In einem sorgfältig recherchierten Artikel dokumentierte David Ignatius von der „Washington Post" die Geschichte der Entwicklung von chemischen Waffen im Irak. Er schreibt, daß sich der Irak am Anfang an die Pfaudler Company in Rochester, New York, gewandt habe, ihm bei der Errichtung einer Fabrik für „Pflanzenschutzmittel" zu helfen. Das sei schon 1975 gewesen. Pfaudler habe den Irak hingehalten und versucht, ihn zur Errichtung einer eher bescheideneren Fabrik zu überreden, aber keinen Erfolg damit gehabt. Bagdad brach schließlich die Verhandlungen ab und wandte sich an den britischen Konzern Imperial Chemical Industries (ICI). Der Konzern begriff sofort, was der Irak plante, und stoppte die Verhandlungen. Dazu Cordesman: „Aber auch der zweite Reinfall entmutigte den Irak nicht. Er wandte sich nun an Firmen in der Bundesrepublik Deutschland, der Schweiz, in Frankreich, Holland, Belgien und Italien und bekam schließlich, was er benötigte." Im Geschäft mit chemischen Waffen, so scheint es jedenfalls, muß man nur beharrlich sein. Carus schreibt, daß eine „Entscheidung auf höchster Ebene" getroffen wurde – mit ziemlicher Sicherheit von Saddam Hussein selbst –, um Anlagen für die Fabrikation chemischer Wirkstoffe für Waffen zu bauen, und daß man dieses Ziel wohl 1985 voll erreicht hatte. Zu dieser Zeit, so schrieb er, „produzierte der Irak eine Vielzahl von chemischen Wirkstoffen, einschließlich Senfgas und zweier unterschiedlicher Typen von Nervengift – Tabun und Sarin". Gestützt auf Informationen von Webster, zog Carus die Schlußfolgerung, daß der Irak nun über Fabriken verfügte, die zwischen 3300 und 13 200 Tonnen verschiedener chemischer Wirkstoffe pro Jahr herstellen konnten – das wäre fünf- bis zwanzigmal soviel als früher geschätzt. Die Anlagen waren über das ganze Land verstreut, und auch solche Experten, die viel von der Luftwaffe halten, meinten, daß es extrem schwierig wäre, alle diese Einrichtungen durch Bomben zu zerstören.

Wie hoch man im Irak den Sektor chemische Waffen einschätzte, wird auch dadurch bewiesen, daß er von Hussein Kamal geleitet wurde, dem Schwiegersohn von Saddam Hussein und dem kommenden Mann in der Familie. Hussein Kamal kontrollierte das Ministerium für Rüstung und Industrie (MIMI), das für die gesamte Beschaffung von militärischen Gütern zuständig war. Chemische Kriegführung, eigentlich seit dem Ersten Weltkrieg geächtet, war wieder in Mode, dank des großen Einsatzes von Saddam Hussein. Die wichtigste Anlage für chemische Waffen war ein Komplex in der Nähe der Stadt Samarra, ungefähr hundert Kilometer nordwestlich von Bagdad. Laut Webster gab es zusätzlich verschiedene andere solcher Anlagen, deren Lage er nicht nennen konnte. Aber Carus meinte, der Irak könne auch andere chemische Wirkstoffe genauso gut produzieren, zum Beispiel Phosgene, Arsen und Zyanid. Chemische Waffen sind sozusagen eine natürliche Ausweitung der Tradition der Bath. Die Führer der Bath-Partei waren schon immer darauf versessen, in aller Stille mit entsprechenden chemischen Mitteln Dissidenten umzubringen. In seinem Buch „Republik der Angst" schreibt Samir Al Khalil, daß es in den späten siebziger Jahren sozusagen zur Mode geworden sei, seinen Feinden langsam wirkende Gifte zu verabreichen, wie Thallium oder Blei. Es wurde ihnen während längerer Befragungen in den

Getränken verabreicht. 1981 veröffentlichte Amnesty International die Aussage eines britischen Arztes, daß mindestens zwei Patienten an Thallium-Vergiftungen litten und daß 15 Iraker auf diese Weise ums Leben gekommen seien. 1981 veröffentlichte die Zeitschrift „New Scientist" einen Bericht über den Druck, der auf irakische Wissenschaftler in dieser Beziehung ausgeübt wurde. Der Bericht enthielt auch Interviews mit Opfern und beschrieb Einzelschicksale. „Shawkat A. Akrawi, ein Chemiker, der an der Universität von Leeds promoviert hatte, schaffte es heimlich von einem Bagdader Hospital aus, mit dem ‚New Scientist' Kontakt aufzunehmen. In kurdischer Sprache sagte er: ‚Der Unfall, den sie arrangiert haben, hat mich nicht getötet. So gaben sie mir im Krankenhaus, wo ich behandelt wurde, Thallium. Sagen Sie allen Leuten auf Wiedersehen.' Danach war die Verbindung unterbrochen."

Heute hat der Irak die Möglichkeit, Gift in größtem Umfang einzusetzen. Aber die Erzeugung von solchen Giften oder Gasen bereitet immer noch große technische Schwierigkeiten. Die Prozedur hat sich seit dem Ersten Weltkrieg kaum verändert. Zum Beispiel, um Senfgas zu produzieren, braucht man einen „Vorbereiter", einen Wirkstoff namens Thiodiglycol. Diese Chemikalie wird im allgemeinen zur Herstellung von Farben und Tinten verwendet. Wenn Thiodiglycol mit Hydrochloridsäure gemischt wird, entsteht eine Mixtur, aus der dann das Senfgas hervorgeht. Aber Thiodiglycol war knapp, und der Irak konnte es Anfang der achtziger Jahre nicht selbst herstellen. Eine amerikanische Firma in Belgien war dann aber so entgegenkommend, zu liefern, behauptet Carus. „In Zukunft aber wird es dem Irak möglich sein, Exportkontrollen zu umgehen, indem er sein eigenes Thiodiglycol herstellt", beurteilte Carus die Lage. Tatsächlich soll der Irak dazu fähig sein, „Tausende Tonnen von Senfgas im Jahr zu produzieren, falls er es will". Und weil die Produktion von Nervengift-Wirkstoffen weitaus komplizierter ist als die Herstellung von Senfgas, bauten bundesdeutsche Firmen zwei entsprechende Anlagen im Samarra-Komplex Anfang der achtziger Jahre, die in der Lage waren, ein Maximum von 48 Tonnen Sarin und Tabun herzustellen. Wieder einmal, so Carus, konnte sich der Irak an europäische Firmen und andere ausländische Lieferanten wenden, um die Grundstoffe, die er benötigte, zu kaufen.

Militärkreise in Israel sagen, daß es keinen Beweis dafür gibt, daß der Irak bei der Entwicklung von zielgenauen Raketen, bestückt mit chemischen Gefechtsköpfen, erfolgreich war. Er sei jedoch in der Lage, mit relativ primitiven Bomben oder mit Tausenden von Artilleriegeschossen chemische Angriffe zu führen. Israelische Militärexperten schätzen, daß ein Gefechtskopf mit konventionellem Sprengstoff, gezielt auf Tel Aviv, etwa fünf bis zehn Menschen töten könnte. Eine Rakete, gefüllt mit Chemikalien, bringt mindestens 50 Leute pro Gefechtskopf um, aber diese Schätzungen nehmen an, daß die Bevölkerung über Gasmasken verfügt und auch mit ihnen umgehen kann. Chemische Waffen kann man aber auch als Terrorinstrumente benutzen, und wie man bei früheren irakischen Angriffen mit Chemiewaffen erlebt hat, üben sie einen verheerenden psychologischen Effekt aus.

Weitaus erschreckender und fürchterlicher, wenn auch noch am Anfang befindlich, sind die Forschungen und Entwicklungen des Irak auf dem Gebiet der biologischen Waffen. Der Irak leugnet zwar ein derartiges Programm, aber es gibt ein irakisches Forschungszentrum für die biologische Kriegführung in Salman Pak, wie Carus berichtet. Dort sollen irakische Wissenschaftler mit verschiedenen bekannten Krankheiten experimentieren – Typhus, Cholera, Milzbrand, Tularämie (eine pestähnliche Seuche) und Gehirnentzündung. Bis jetzt glaubt aber noch niemand daran, daß es die Iraker verstanden haben, solche biologischen Forschungen „waffenfähig" zu machen. Das bedeutet, man hat noch nicht die Mittel gefunden, solche Waffen mit Bakterien zielgenau zu gestalten, ein technisch sehr schwieriger Vorgang. Auch gibt es Zweifel daran, so jedenfalls Carus, daß die Iraker „die notwendige Ausrüstung dafür besitzen, entsprechende biologische Kampfstoffe in großem Umfang zu produzieren".

Während der größte Teil dieser Technologie und Ausrüstung von bundesdeutschen Firmen geliefert wurde, haben wahrscheinlich auch die Vereinigten Staaten unabsichtlich dazu beigetragen. Ein Labor in Atlanta transportiert routinemäßig potentiell tödliche Bakterienkulturen für die wissenschaftliche Forschung mit Hilfe von Flugzeugen, Eisenbahnzügen und auch mit der Post und den Bundes-Expreßdiensten. Senator John Glenn und seine Mannschaft, die sorgfältig diese Transportbedingungen untersucht haben, sagen, daß es sehr schwierig sei, abzusichern, daß eine solche Bakterienkultur, die für medizinische und wissenschaftliche Forschungen geliefert wird, nicht auch in der militärischen Forschung verwendet wird. Das Problem der Kontrolle des Exports solcher „zweifach nutzbaren" Materialien betrifft ja nicht nur biologische Wirkstoffe und Gifte, sondern ebenso Technologien, die mit Raketen oder chemischen Waffen verbunden sind.

Laut den Exportlisten, die bei Kongreß-Hearings veröffentlicht wurden, lieferte CDC in Atlanta drei getrennte Transporte von einem bestimmten Fiebervirus im Jahr 1985 an ein Forschungslaboratorium in Basra. Im selben Jahr arbeiteten in Fort Detrick (Maryland) Wissenschaftler, die auf Wirkstoffe für die biologische Kriegführung spezialisiert waren, an einem Impfstoff gegen diese Krankheit. Und im Jahr 1989 berichteten bundesdeutsche Zeitungen, daß der Irak von einer deutschen Firma eine kleine Menge von Mycotoxinen gekauft habe, Gifte, die von Pilzen an Weizen und Gräsern produziert werden. Diese Gifte können Menschen und Tiere töten, weil sie die Fähigkeiten der Körperzellen, Proteine umzuwandeln, weitgehend zunichte machen.

Ein Mitarbeiter von Senator John Glenn gab zu bedenken, „daß allein schon der Besitz von solchen Kulturen nicht auch schon notwendigerweise bedeuten müsse, daß dort mit biologischer Kriegführung experimentiert wird". Aber jenes Problem der „doppelten Verwendung", verbunden mit im allgemeinen großen Fortschritten auf dem Gebiet der Biotechnologie, veranlaßte Fachleute in der US-Regierung, von den Schwierigkeiten zu sprechen, die bei einer Kontrolle der Ausweitung von biologischen Waffen entstehen. H. Allen Holmes, ein Beamter im Außenministerium, der mit der Kontrolle der Verbreitung von biologischen Kampfstoffen befaßt ist, unterrichtete den Kongreß im Jahr 1989, daß es wohl unmöglich sei, ein durchgreifendes internationales Kontrollsystem der Exporte von solchen Wirkstoffen einzurichten. Er wisse wohl, daß die große Verbreitung von chemischen Waffen die Sicherheit Amerikas bedrohen könne und daß „es nur eine Frage der Zeit ist, bis Terroristen in den Besitz solcher Waffen kommen und sie auch einsetzen".

„Es gibt keine Wirkstoffe oder Chemikalien, die ausschließlich für die Herstellung von biologischen Kampfstoffen benützt werden können", sagte CIA-Direktor Webster 1989. „Tatsächlich kann jedes Land mit einer einigermaßen entwickelten pharmazeutischen Industrie biologische Kampfstoffe herstellen, wenn es nur dazu bereit ist."

Laut Webster gibt es mindestens zehn Staaten, wo man versucht, bereits existierende oder auch neue Typen von biologischen Waffen herzustellen. Er nannte zwar wieder keinen Namen, aber der Irak war bestimmt gemeint.

Rund 110 Länder, einschließlich der Vereinigten Staaten von Amerika und der Sowjetunion, haben 1972 eine Konvention unterschrieben, welche die Entwicklung und die Lagerung von biologischen Waffen verbietet. Dennoch gibt es eine Lücke in den amerikanischen Gesetzen, die es Privatpersonen und auch Konzernen erlaubt, solche Waffen zu produzieren. Der Irak hat jenes Abkommen zwar unterschrieben, aber bis heute noch nicht ratifiziert, was bedeutet, daß das Abkommen für ihn keinerlei rechtliche Bindung hat. Aber selbst wenn es in Kraft getreten wäre, würde es ja, angesichts der irakischen Vertragsbrüche und Gesetzesübertretungen, kaum irgendeine Sicherheit bieten.

Trotz seiner Fortschritte in der Forschung und Entwicklung von chemischen und biologischen Kampfstoffen blieb jedoch das irakische Nuklearprogramm das größte Druckmittel für Drohungen innerhalb der Golfregion. Darin stimmen israelische und amerikanische Spezialisten überein. Das Muster war wieder deutlich: Der Irak befand sich auf einer gut durchdachten und finanziell abgesicherten „Einkaufstour" für alle Arten von Technologie zur eigenen Herstellung von Atomwaffen.

Laut Leonard Spector konnte der Irak auf zweifache Weise versuchen, in den Besitz der Bombe zu gelangen. Er konnte angereichertes Uran, das er unter internationalen Sicherheitsbestimmungen gelagert hatte, benützen, um eine primitive Bombe herzustellen, die man sozusagen „im Notfall" einsetzen würde. Frankreich hatte rund 13 Kilogramm solchen angereicherten Urans (diese Menge an spaltbarem Material genügt für eine Bombe) an den Reaktor Osirak geliefert. Nach Spectors Ansicht war aber daran viel Unwahrscheinliches. „Erstens können sie damit nur eine einzige Bombe herstellen, was ihnen sicher zuwenig ist", meint Spector, der auch anmerkt, daß Atomwaffenspezialisten glauben, Israel verfüge heute nach unbestätigten Schätzungen über rund 200 solcher Atombomben. Die wahrscheinlichere Alternative bestehe darin, daß der Irak weiterhin versuchen werde, jene Bauteile zu kaufen, die er zur Errichtung einer Anlage benötigt, in der er selbst sein eigenes Uran so weit anreichern kann, daß es waffenfähig ist.

Spector schreibt in seinem Buch „Nuclear Ambitions", daß der Irak 1980 und 1981 „große Mengen von natürlichem Uran in Brasilien, Portugal, Niger und Italien" aufgekauft habe. Dieses Material konnte nicht in dem alten Reaktor von Osirak verwendet werden, denn der benötigte angereichertes Uran. Spector erwähnt auch mindestens vier Anlagen, in denen nuklear experimentiert werden kann: Tuwaitha, Saad 16 nahe der Universität von Mosul, Irbil an der kurdischen Grenze und Al Kaim. Israelische Militärexperten glauben, daß es mindestens fünf andere Orte gibt, wo entsprechende Forschungsarbeiten im Gange sind. Aber sie lehnten es ab, genaue Angaben über die Lage dieser Anlagen und über die Forschungsarbeiten zu machen.

Innerhalb von zwei Jahren besorgte sich der Irak die notwendigen Materialien zur Errichtung einer Fabrik zur Herstellung von Zentrifugen, mit Hilfe derer Uran angereichert werden kann, in einem solchen Umfang, daß die Atomwaffenexperten in höchstem Maße alarmiert waren. Im Februar 1989 verhinderte das US-Handelsministerium den Versuch des Irak, spezielle Vakuum-Pumpen zu erwerben. Auch sie können zur Anreicherung von Uran verwendet werden. Im Dezember 1989 berichtete das bundesdeutsche Nachrichtenmagazin „Der Spiegel", daß eine bundesdeutsche Firma unter dem Verdacht stehe, den Irak zwischen 1987 und 1989 mit speziellen Walzmaschinen zur Herstellung solcher Zentrifugen beliefert zu haben. Der Irak hat 1989 laut der Zeitung „The Financial Times" versucht, in Westeuropa spezielle Magneten zu kaufen, welche die mit hoher Geschwindigkeit sich drehenden Zentrifugen standfest machen. Man vermutete, der Irak habe, als diese Einkäufe fehlschlugen, sich mit Hilfe der Chinesen an die eigene Herstellung solcher Magneten gewagt. Im März 1989 wurde eine umfangreiche Lieferung von militärisch benutzbaren Kondensatoren, die man für die Auslösung von Atomwaffen verwenden kann, beschlagnahmt, bevor sie in den Irak gebracht werden konnte. „Nuclear Fuel", ein renommiertes Wirtschaftsmagazin, berichtete im August 1989, daß die Schweizer Regierung Ermittlungen gegen Firmen angeordnet habe, die im Verdacht ständen, den Irak mit Endstücken für Zentrifugenröhren beliefert zu haben, ebenfalls eine Ausrüstung, die man für Anreicherungsanlagen braucht. Im selben Monat schrieb die „Washington Post", westdeutsche Behörden hätten einen Weitertransport von Metallen aus der Schweiz in den Irak aufgehalten, um untersuchen zu können, ob diese Lieferung aus einem speziellen Stahl bestand, den man für die Zentrifugen in Anreicherungsanlagen benützen kann.

Der größte Teil dieser Technologie wurde von europäischen Firmen geliefert, ein Teil aber auch über Irak-eigene Scheinfirmen durch Strohmänner besorgt. Militärexperten schätzen, daß der Irak viele Millionen Dollar an Schmiergeldern ausgab, um sich das notwendige Material für seine Atomwaffenindustrie zu beschaffen.

Ein weiteres strukturelles Problem für die Exportkontrolle von „zweifach benutzbarer" Technologie entdeckte Gary Milhollin vom Institut für Nukleare Waffenkontrolle in Wisconsin, das sich mit den Problemen der Nichtweitergabe von atomaren Waffen befaßt. Milhollin stellte 1989 fest, daß COCOM – eine von den Vereinigten Staaten und ihren Verbündeten nach dem Zweiten Weltkrieg eingesetzte Organisation zur Kontrolle von Technologielieferungen in den Ostblock – dabei war, hochwertige Technologie-Exporte in die Staaten des Warschauer Paktes und in andere kommunistische Länder von seiner Verbotsliste zu streichen. Unter jenen Materialien, die im Juni 1989 nicht mehr einer scharfen Kontrolle unterzogen wurden, seien auch „wichtige Elemente für Atombomben gewesen, die der Irak im März aus den USA herauszuschmuggeln versucht hatte". Unter die Aufhebung der Kontrolle seien auch Maschinen gefallen, die der Irak für seine Uran-Anreicherungszentrifugen brauchte. Milhollin warnte davor, und andere stimmten ihm zu, daß die Aufhebung der COCOM-Kontrolle wahrscheinlich auch den Effekt habe, die Beschränkungen gegenüber dem Irak aufzuheben. Jedes COCOM-Land könne nun solche Materialien an Polen, Ungarn oder die Tschechoslowakei verkaufen, als ob sie „ein Korb voller Zwiebeln" wären. „So könnte der Irak durchaus in der Lage sein, in den USA hergestellte Atombomben-Zünder über seine Strohfirmen in Europa zu bestellen, ohne irgendein Gesetz zu umgehen." Im Gegensatz zu den Vereinigten Staaten bestehen die meisten europäischen Länder nicht auf einer separaten Kontroll-Liste, um die Verbreitung von Nuklearwaffen oder die Lieferung von Raketen zu stoppen.

Bei allen Fehlern im Exportgeschäft haben die Vereinigten Staaten jedoch im allgemeinen mit großem Nachdruck versucht, die Verbreitung solcher Technologien zu stoppen. Im Jahr 1987 beschlossen die USA und sechs weitere ihrer Waffen produzierenden Verbündeten die Einrichtung eines Kontrollsystems für Raketentechnik, um den höchst gefährlichen Technologietransfer an Regime wie das des Irak einzudämmen. Sie beschränkten den staatlichen Handel mit Raketen, schafften es aber kaum, ihre Privatindustrie auf denselben Weg einzuschwören. Laut einem Bericht der „New York Times" halfen Firmen in Frankreich, Schweden, der Bundesrepublik und in Belgien, Brasilien beim Aufbau von Raketen-Abschußbasen und bei der Entwicklung von Raketen-Leitsystemen. Es war dann Brasilien, das dem Irak bei der Herstellung seiner weitreichenden und tödlichen Condor-Rakete half.

Das Büro von Senator Helms veröffentlichte im Sommer 1989 eine Liste mit dem Titel „Saddams Fremdenlegion", in der nachweisbare Verkäufe von militärischen Gütern an den Irak durch ausländische Firmen aufgeführt waren. Die Liste enthielt 14 Länder als „Verkäufer", mit der Bundesrepublik an der Spitze, wobei 70 Firmen namentlich genannt wurden. Das kleine Österreich stand nur kurz dahinter an zweiter Stelle, mit 16 Firmen, die als Verkäufer identifiziert worden waren. Die Vereinigten Staaten und Großbritannien lagen an dritter Stelle, beide mit elf aufgelisteten Firmen.

Auch hier schlug nun die Regierung einen neuen Ton an. Richard Perle, früher stellvertretender Verteidigungsminister unter Präsident Reagan, äußerte sich zwar recht ironisch über die Proteste der US-Regierung wegen der

Verkäufe von sensiblen Ausrüstungsgegenständen an verdächtige Staaten. Aber die schärferen Vorwürfe aus Washington, verbunden mit steigenden Ängsten über die wachsende Verbreitung dieser gefährlichen Technologien zwischen den europäischen Staaten, führten zu weitaus gründlicheren Prüfungen solcher Technologietransfers.

Auf lange Sicht aber fanden die Experten keine andere Alternative, als die entsprechenden Exportbestimmungen weiter zu verschärfen, neue Verträge abzuschließen und die Gesetzeslücken zu schließen, um endlich zu einer Ächtung dieser Waffen mit so schrecklicher Zerstörungskraft zu kommen. Aber angesichts eines solchen „Verbrecherstaates" wie dem Irak, so nannte ihn jedenfalls ziemlich treffend Jim Hoagland in der „Washington Post", sind diesen Vorhaben engste Grenzen gesetzt. April Glaspie, die US-Botschafterin in Bagdad, mußte wahrscheinlich nicht davon überzeugt werden, daß Iraks Anerkennung von internationalen Übereinkommen ziemlich unwahrscheinlich war. Am Tag ihrer Abreise aus Bagdad in die Ferien erhielt sie noch von Saddam Hussein die Zusicherung, er würde Kuwait so lange nicht angreifen, wie sich sein Nachbar vernünftig verhalte. Kurz danach führte sie noch ein weiteres Gespräch mit Industrieminister Hussein Kamal. Er hatte sie kurz vor ihrer Abreise zu sich bestellt. Er wisse wohl, sagte er, daß es viele Gerüchte über jene Schmelzöfen gäbe, die der Irak zu kaufen versuchte. Er habe sie nicht bestellt, so versicherte er der Botschafterin, der Auftrag stamme noch vom früheren Industrieminister. Aber, so fuhr er fort, diese Schmelzöfen dienten wirklich nur friedlichen Zwecken. „Sie haben ja alle diese jungen Männer in unseren Straßen gesehen, die keine Arme oder Beine mehr haben. Sie wissen wohl am besten, wie nötig wir Prothesen brauchen." Er bat sie, die entsprechenden Importwünsche zu unterstützen.

Aber in Washington befragte die Bush-Administration ihre eher unsentimentalen Atomexperten. Diese

Schmelzöfen, so stellten die Experten fest, seien viel zu kompliziert, als daß sie für den vom Irak behaupteten Zweck dienen könnten. Der einzige wahrscheinliche Verwendungszweck sei ein militärischer. Auf den Handel wurde verzichtet.

Schwarzes Gold

Das Erdöl spielt eine wichtige Rolle auf der Bühne der modernen Welt. Es ist die Kraftquelle für unser bequemes Leben, und es kann durch keine andere Energie so reichlich und so billig ersetzt werden. Gegen den verschwenderischen Umgang mit diesem Öl ging man nur halbherzig vor. Die Bemühungen waren oft ebenso schmerzvoll wie vergeblich. So sehr ist das Öl in die Wirtschaft und das alltägliche Leben der meisten Völker eingeflochten, daß sie, ob reich oder arm, beinahe zu Geiseln dieses bemerkenswerten Stoffes geworden sind. Wie es dazu kam, ist eine Geschichte von Gier, Habsucht, Feindschaften und abgekarteten Tricks. Vor dem Hintergrund der Leiden und Leidenschaften im Nahen Osten zieht sich der Kampf um die Kontrolle über das Erdöl wie ein roter Faden durch die Geschichte. Das Erdöl hat sie mehr oder weniger zusammengehalten, diese leicht entflammbare Mixtur aus historischen Intrigen, nationalen Gefühlen und religiöser Hingabe. Dieser Kampf strebt nun seinem Höhepunkt zu, entfaltet sich am Persischen Golf.

Als Winston Churchill Anfang dieses Jahrhunderts die britische Admiralität dazu überredete, sich von der Kohle abzuwenden und lieber Öl als den wichtigsten Treibstoff für die Royal Navy zu akzeptieren, war die Grenze zwischen staatlichen Eingriffen und privaten Unternehmungen in der Ölindustrie auf Ewigkeit verwischt. Genau dies ereignete sich auch im Nahen Osten. Churchills Entscheidung führte zur Gründung der Anglo-Iranian Oil Company, an der die britische Regierung ein großes Interesse als Eigentümerin hatte, sollte sie doch die großen Ölvorkommen im Iran ausbeuten. Der Persische Golf war für die Briten im frühen 20. Jahrhundert von lebenswichtigem Interesse als „Tankstelle" für die britische Flotte, die die Verbindungen des Empires nach Indien sicherte.

Die Vorherrschaft der Briten war aber nicht von Dauer.

Am Ende des Zweiten Weltkrieges wurde Großbritannien von den Vereinigten Staaten von Amerika als bedeutendste Weltmacht abgelöst. Für die Standard Oil Company in New Jersey (heute Exxon) nahmen die Dinge eine glückliche Wendung. Seit Jahrzehnten hatten die Europäer, vor allem die Engländer, stets die internationalen Pläne von Standard Oil durchkreuzt. Zum Beispiel durfte sie nach dem Ersten Weltkrieg nicht in Burma nach Öl bohren. Ebenso wurde sie abgeblockt, als sie es im nördlichen Iran versuchte, und es wurde ihr auch verwehrt, im Irak Fuß zu fassen. Erfolgreich waren ihre Bemühungen nur in Mexiko und Venezuela.

Standard Oil hatte sich beim US-Außenministerium heftig über die europäische Politik der „geschlossenen Tür" beklagt. Das Außenministerium intervenierte mit einer Reihe von scharfen Noten Anfang der zwanziger Jahre beim britischen Außenministerium zugunsten der amerikanischen Ölfirmen. Man bestand darauf, daß das Territorium des früheren Osmanischen Reiches auf gleiche Weise offen sein müßte für alle Länder der Welt, wollten sie dort Ölförderung betreiben. Die Amerikaner versuchten eine Politik der „offenen Tür" zu erreichen, in bezug sowohl auf China als auch auf die ehemaligen Gebiete des Osmanischen Reiches, zu denen damals der Irak, Arabien und Bahrain gehörten, nicht aber Kuwait.

Aber im Irak besaß die Iraq Petroleum Company die Exklusivrechte für die Suche und Förderung von Erdöl. Diese Firma war vor dem Ersten Weltkrieg als Turkish Petroleum Company (1929 änderte sie ihren Firmennamen) von Calouste Sarkis Gulbenkian, dem Sohn eines armenischen Ölhändlers, gegründet worden. Gulbenkian war ein enger Freund des damaligen Sultans des Osmanischen Reiches gewesen. Er organisierte die Iraq Petroleum Company mit finanzieller Hilfe von deutschen und britischen Banken im Irak, zusammen mit der Royal Dutch/Shell Company. Kurz nach dem Ausbruch des Ersten Weltkrieges 1914, konnte die britische Regierung Gulbenkian verdrängen und statt dessen die Anglo-

Iranian Oil Company einsetzen. Aber nach dem Krieg tauchte Gulbenkian wieder auf, als Berater der französischen Regierung in den Ölverhandlungen mit den Briten.

Nach den Bedingungen des Vertrages von San Remo (1920), der die überseeischen Vermögenswerte Deutschlands zwischen den alliierten Siegern aufteilte, fielen die deutschen Anteile am irakischen Ölgeschäft an die Franzosen. Die französischen Interessen wurden durch die staatseigene Compagnie Française des Petroles vertreten. Gulbenkian erhielt seine Anteile an der Iraq Petroleum Company zurückerstattet. Streitigkeiten im Ölhandel waren Gulbenkian verhaßt. Deshalb riet er, als das US-Außenministerium auf einen amerikanischen Anteil an der Ölförderung im Irak drängte: „Laßt doch die amerikanischen Konzerne herein, oder sie kommen mit Gewalt, und dann haben wir wirklich einen Schlamassel." Weil sie so einen „Schlamassel" vermeiden wollten, stimmten die europäischen Partner den amerikanischen Forderungen zu. Standard Oil und seine amerikanischen Partner, vor allem Socony-Vacuum (heute Mobil), hielten danach einen 24prozentigen Anteil an der Iraq Petroleum Company.

Das Außenministerium hatte die Klagen von Standard Oil deshalb erhört, weil nach seinem Verständnis allen amerikanischen Firmen der Zugang zum Öl auf gleicher Basis geöffnet werden mußte. Aber das war durchaus nicht im Sinne der europäischen Teilhaber der Iraq Petroleum Company. Um 1927 zeigte es sich, daß die irakischen Konzessionen eine potentielle Goldgrube waren. Eine der ersten erschlossenen Ölquellen, in Baba Gurgur, förderte bald pro Tag zwischen 100000 und 200000 Barrel. Das gesamte Gebiet des früheren Osmanischen Reiches schien eine „schwarze" Goldmine zu sein. Gulbenkian zeichnete eine rote Linie auf die Landkarte des Osmanischen Reiches, und alle Mitglieder der Company stimmten zu, daß sie sich die Gewinne innerhalb des „roten" Gebietes teilen würden.

Die Existenz dieses sogenannten „Agreements der Roten Linie" veranlaßte andere Ölfirmen, sich noch eindringlicher um Erdölkonzessionen in Bahrain und Saudi-Arabien zu bemühen, wo sie ihre Interessen nicht mit Partnern teilen mußten. Diese Strategie wurde auch von der Standard Oil Company of California (jetzt Chevron) verfolgt. Zuerst verschaffte sie sich eine Konzession in Bahrain, dann verhandelte sie, überzeugt, daß es auch auf der Arabischen Halbinsel Erdöl geben mußte, mit König Ibn Saud von Saudi-Arabien. Sie schaffte es tatsächlich, die Exklusivrechte für die Suche nach Erdöl in Saudi-Arabien zu bekommen. Einen Teil ihrer Anteile verkaufte sie an die Texas Company (heute Texaco), um so den steigenden Kapitalbedarf für die Entwicklungskosten in Saudi-Arabien zu befriedigen und den besseren Verkaufsapparat der Texaner nutzen zu können.

Im Gegensatz dazu schien die Standard Oil in New Jersey bei ihren überseeischen Aktivitäten in einer schlechten Lage zu sein. Obwohl sie eine der ersten und aggressivsten amerikanischen Firmen im Ausland gewesen war, expandierte Standard vor allem deswegen, weil sie sich in schon bestehende Konzessionen einkaufte. Im Irak war sie deshalb Gegenstand des „Red-Line-Agreement" mit seinen ursprünglichen europäischen Partnern. Als sie in dem vom Agreement betroffenen Gebiet neue Konzessionen erhielt, war sie gezwungen, sie mit ihren Partnern der Iraq Petroleum Company zu teilen. Ähnliche Arrangements behinderten ihre Geschäfte überall. In Anbetracht dieser Tatsache beabsichtigten Standard und Socony-Vacuum, sich in die Arabian-American Oil Company (Aramco) einzukaufen, die der Standard Oil von Kalifornien und Texas gehörte. Gulbenkian und seine Partner von der Iraq Petroleum Company, speziell die Franzosen, widersetzten sich diesem Spiel, aber schließlich mußten sie erkennen, daß Standard und Socony, mit der Unterstützung des US-Außenministeriums im Rükken, wohl nicht von ihrem Vorhaben abzubringen waren. Das Aramco-Geschäft wurde 1947 besiegelt und verschaffte vier amerikanischen Firmen die Kontrolle über die arabischen Ölkonzessionen. Standard hatte ihre größten Schwierigkeiten gelöst. Die Firma besaß nun einen genügend großen Anteil an der arabischen Konzession und hatte sich selbst (und Socony-Vacuum) von dem „Red-Line-Agreement" befreit, so daß sie nun in der Lage war, in Aramco zu investieren, ohne die europäischen Partner teilhaben zu lassen. Zur selben Zeit konnte Standard auch ihre Position als Partner in der Iraq Petroleum Company wiedergewinnen. Wichtiger noch, sie hatte die kooperativen Beziehungen zu den europäischen Ölfirmen retten können. Das waren Shell und Anglo-Iranian, und Standard schaffte es mit langfristigen Übereinkünften über den Handel mit beträchtlichen Mengen an Öl aus ihren anderen ölfördernden Gebieten im Nahen Osten. Das Aramco-Konsortium wurde das Juwel in der Krone der vier Partner – Exxon, Texaco, Mobil und Chevron. Die Interessen an anderen erdölfördernden Ländern am Persischen Golf wurden in Zukunft zweitrangig gegenüber dem vorrangigen Einsatz in Arabien. Das Resultat war allerdings eine stetige, ärgerliche Verstimmung im Irak und Iran, als diese bevölkerungsreicheren Länder feststellten, daß ihre Ölförderung auf die gleiche Quote wie in Arabien begrenzt war, wo doch weit weniger Menschen lebten.

Zur selben Zeit, als sich das Aramco-Konsortium in Saudi-Arabien festsetzte, stimmten die anderen ölproduzierenden Länder, speziell der Iran, immer darin überein, Veränderungen in den Bestimmungen der ursprünglichen Ölkonzessionen zu fordern. Diese Verträge räumten ja den westlichen Ölfirmen exklusive Rechte ein. Die Konzession des Iran war 1901 erteilt worden. Die drückenden Bestimmungen dieser Vereinbarung und ihrer später folgenden Zusätze wurden zu einem Symbol für die Ausbeutung durch den Westen. Im Iran verlangte man radikale Änderungen in den Konzessionsbestimmungen, und im März 1951 verstaatlichte das iranische Parlament schnurstracks alle Anlagen der Anglo-Iranian

Oil Company im Iran. Zwei Monate später wurde Mohammed Mossadegh, ein radikaler nichtkommunistischer Nationalist, zum Premierminister gewählt. Nach fast einem halben Jahrhundert Vorherrschaft über die iranische Ölindustrie wurden die Briten nun aus dem Land hinausgeworfen.

Die amerikanische Regierung zeigte sich besorgt. Wenn man dem Iran erlaubte, das Eigentum der Anglo-Iranian Oil Company zu verstaatlichen, könnten andere Regierungen in der Region sehr wohl diesem Beispiel folgen. Das Problem wurde im Januar 1953 im Nationalen Sicherheitsrat der USA diskutiert. Verteidigungsministerium, Außenministerium und Innenministerium veröffentlichten daraufhin ein Papier, in dem festgestellt wurde, daß, seit das Erdöl die wichtigste Quelle für Wachstum und Reichtum in den ölproduzierenden Ländern des Nahen Ostens sei, „ihre Wirtschaft und ihre politische Existenz abhängen von Bedingungen und Quoten der Ölförderung". Die Wirtschaftshandlungen der amerikanischen Firmen in diesen Ländern – wieviel Öl sie produzierten, vermarkteten und welchen Preis sie dafür zahlten – seien „Instrumente unserer Außenpolitik gegenüber diesen Ländern ... Was diese Firmen tun und wie sie es tun, entscheidet über die Güte unserer Beziehungen mit den Ländern des Nahen Ostens und über unsere Fähigkeit, der sowjetischen Expansion und dem sowjetischen Einfluß in dieser Region zu widerstehen". Das Schreckgespenst des Bolschewismus war ein ausreichender Grund für die Weigerung der amerikanischen Regierung, der Möglichkeit ins Auge zu sehen, daß die Menschen in dieser Region auch eine berechtigte Abneigung gegen die Wiedereinführung von imperialistischen Privilegien, ganz gleich ob aus dem Osten oder aus dem Westen, entwickeln könnten.

Es galt als nationales Interesse der Vereinigten Staaten, die internationale Ölindustrie in ihrer damals existierenden Form zu erhalten – beherrscht von einer kleinen Gruppe von Firmen, sieben oder acht, fünf davon amerikanische. Im Streit um die Anglo-Iranian Oil Company war keine einvernehmliche Regelung möglich. Was die Amerikaner unter einer „Lösung" verstanden, zeigte sich unheilvoll im August 1953. Ein vom amerikanischen Geheimdienst CIA inszenierter und finanzierter Volksaufstand stürzte den Ministerpräsidenten Mossadegh und brachte den Schah (der kurz zuvor aus dem Land geflohen war) zurück auf den Pfauenthron.

Im folgenden Jahr wurde das iranische Öl-Konsortium neu gestaltet. Die Anglo-Iranian Oil Company war nun der größte Anteilseigner mit 40 Prozent. Die fünf großen amerikanischen Ölfirmen hielten je sieben Prozent (oder 35 als Gruppe), der Royal Dutch/Shell gehörten 14 Prozent, und die Compagnie Française des Petroles bekam sechs Prozent. Die verbleibenden fünf Prozent gehörten einer Gruppe von unabhängigen amerikanischen Ölfirmen. Die großen amerikanischen Ölkonzerne waren jetzt die dominierende Kraft im Nahen Osten. Wo vor dem Zweiten Weltkrieg die sich in britischem Besitz befindliche Anglo-Iranian Oil Company die exklusiven Konzessionsrechte im Iran hatte, mußte diese Konzession nun mit den amerikanischen Großkonzernen geteilt werden. Vor dem Krieg waren die Briten die politischen Mentoren der arabischen ölproduzierenden Scheichtümer gewesen. Jetzt, in der Nachkriegszeit, wuchs der amerikanische politische Einfluß ständig an. Und Saudi-Arabien, der größte Ölproduzent mit den größten bekannten Reserven, ruhte sicher in den Händen von vier amerikanischen Ölkonzernen.

Im Januar 1954 genehmigte der Nationale Sicherheitsrat der USA die Teilnahme amerikanischer Ölfirmen an dem iranischen Konsortium. Bei seiner Erklärung dieser Genehmigung gegenüber den Führern des Kongresses versicherte Finanzminister Robert Anderson, daß das Erdöl aus dem Iran vornehmlich in die östliche und nicht in die westliche Hemisphäre exportiert werde. Diese Einschätzung bestätigten danach auch Senator Lyndon B. Johnson und Außenminister John Foster Dulles. Zwei

Jahre später, 1956, wurde die amerikanische einheimische Ölindustrie gegen den Import von billigem Rohöl aus dem Nahen Osten durch ein freiwilliges Quotensystem geschützt, das später obligatorisch wurde. Der US-Markt war nun buchstäblich für Öl aus dem Nahen Osten geschlossen. Dieses Erdöl floß in die Märkte von Westeuropa und Japan. Und dank ihrer starken Position im Erdölgeschäft des Nahen Ostens waren die großen amerikanischen Ölfirmen gut gerüstet, um ihre Vorteile aus dieser Veränderung des Energieverbrauchs von der Kohle zum Öl zu nutzen.

Joe Stork, ein Washingtoner Experte für den Nahen Osten, nannte die Jahre zwischen 1948 und der Gründung der „Organisation der Erdöl exportierenden Länder" (OPEC) im Jahr 1960 „Goldgräberjahre" für die Ölfirmen. In dieser Zeitspanne erwies sich der Nahe Osten als eine sprudelnde Quelle für gigantische Profite; um exakt zu sein: für 22,2 Milliarden Dollar, aufgeteilt zwischen den jeweiligen Landesregierungen und den Ölfirmen. Die Erdöl besitzenden Länder bekamen 9,4 Milliarden Dollar, für die Ölfirmen blieb immerhin der schöne Batzen von 12,8 Milliarden. Beträchtliche Gelder flossen also in die ölproduzierenden Staaten. Vorher waren die Länder am Golf, einschließlich des Irak, relativ arm gewesen. Der kollektive Zusammenschluß in der OPEC und damit ein gemeinsames, geordnetes Handeln eröffneten ihnen Möglichkeiten, reich zu werden.

Anfang der siebziger Jahre beabsichtigten die Regierungen der arabischen Länder eine stärkere Kontrolle über die Produktion und die Preise zu erhalten, obwohl sie die Verteilung und den Verkauf in den Händen der Gesellschaften beließen. Die Schlüsselfragen hießen nun: Wer kontrolliert das Öl? Und wer profitiert von dieser Kontrolle?

Dann kam das Ölembargo von 1973, gerichtet gegen die Vereinigten Staaten und andere westliche Länder im Gefolge des Oktober-Krieges zwischen Arabern und Israelis. Das Embargo sollte besonders die Vereinigten Staaten und die Niederlande treffen, denn die Briten und die Franzosen waren durch die arabischen Minister, die die Embargo-Politik koordinierten, zu „freundlichen" Staaten erklärt worden. Briten und Franzosen versuchten anfangs Vorteile aus dieser Diskriminierung der USA und Hollands zu ziehen, indem sie die Ölimporte aus Saudi-Arabien erhöhten. Darüber hinaus lieferte das arabische Öl der britischen Regierung sozusagen einen Hebel, als sie in einem drohenden Streik mit ihrer Bergarbeiter-Gewerkschaft verhandeln mußte. Für die Franzosen bot das Embargo eine Gelegenheit, das amerikanische Monopol in Saudi-Arabien anzufechten.

Aber nicht nur die britischen und französischen Regierungen nutzten diese Lage aus. Die arabischen Länder suchten die Hilfe der Ölfirmen bei ihrer Kampagne, die westlichen Regierungen zu zwingen, Druck auf Israel auszuüben. Die Juden sollten sich aus jenen Gebieten zurückziehen, die sie im Sechstagekrieg von 1967 besetzt hatten. Die Ölfirmen verweigerten aber die Mitarbeit. Bei dieser Gelegenheit jedenfalls waren die Ölfirmen weder vollständig noch teilweise Instrumente für die Außenpolitik irgendeines bestimmten Landes. Sie richteten sich nach ihren eigenen Interessen. Sie waren keine nützlichen Mittel mehr, mit deren Hilfe man nationale Interessen im Ausland durchsetzen konnte.

Es ergaben sich zwei wichtige Konsequenzen. Erstens wurde den Vereinigten Staaten klar, daß sie ihre Beziehungen mit den Staaten am Persischen Golf nicht mehr über die großen Ölfirmen vermitteln konnten. Die USA waren gezwungen, direkt mit den Golfstaaten zu verhandeln. Die Erdölproduktion und die Entscheidung über Ölpreise standen nun in einer offenen Verbindung mit politischen Inhalten und Waffenlieferungen. 1972 und 1973 hatte König Faisal von Saudi-Arabien die Muttergesellschaften von Aramco als Vermittler oder Zwischenträger benutzt. Sie sollten für eine Veränderung der amerikanischen Politik in der Region sorgen, damit die Amerikaner „nicht alles verlieren". Bis 1973 waren diese Verbindungen von der amerikanischen Regierung ignoriert worden; nach dem Öl-Embargo benötigten die Saudis keine Vermittler mehr. Jetzt konnten sie sich direkt an die Entscheidungsträger wenden, die nur zu bereit waren, die saudischen Forderungen zu akzeptieren, speziell im Hinblick auf den Kauf von modernen Waffensystemen. Und die zweite Konsequenz? Die amerikanische Regierung war gezwungen, sich stärker und direkter in die Verhandlungen zwischen Arabern und Israelis einzuschalten, um eine Vereinbarung zustande zu bringen oder zumindest die Spannungen soweit abzumildern, daß der Strom des Erdöls aus dem Nahen Osten nicht abbrach. Ihn brauchten ja nicht nur die Amerikaner, sondern auch Amerikas Verbündete in Westeuropa und vor allem auch Japan.

Mit dem direkten Arrangement der amerikanischen Regierung wurde nun offenkundig, was man bisher nur hinter den Kulissen gehört hatte: Die Vereinigten Staaten fühlten sich verpflichtet, sicherzustellen, daß sich die Ölreserven am Persischen Golf in Händen von Staaten befanden, die sich gegenüber den USA und deren Verbündeten freundlich verhielten. Die „Nixon-Doktrin" versuchte die amerikanischen Verpflichtungen dadurch zu begrenzen, daß sie gleich zwei wichtigen Mächten am Golf – dem Iran und Saudi-Arabien – sozusagen eine geteilte Hegemonie zuerkannte. Diese „Stabilität auf zwei Säulen" sollte den Zugriff auf das Öl am Persischen Golf für die westlichen Industriestaaten absichern. Im Gegengeschäft wurde das Waffenarsenal der Vereinigten Staaten ohne Begrenzungen für die beiden Länder geöffnet. 1972 erging eine Anweisung von Henry Kissinger, daß es dem Iran erlaubt sei, ohne jede Begrenzung moderne amerikanische Waffensysteme einzukaufen. Und dem Kongreß wurde so lange gut zugeredet, bis er es hinnahm, daß den Saudis Waffen über Waffen verkauft wurden, nicht auf der Grundlage irgendeiner Analyse einer Bedrohung für Saudi-Arabien, sondern zum Beweis des „guten Willens" der Vereinigten Staaten.

Diese Strategie brachte erhebliche Probleme mit sich. Es gab ja keine Garantie, daß die „Zwillingssäulen" diese Waffen nicht für die Durchsetzung bestimmter eigener Interessen anwenden würden – Interessen, die mit denen der Vereinigten Staaten keinesfalls übereinstimmen mußten. Das war in der Tat genau das, was der Schah von Persien mit den Ölpreisen anstellte. In den siebziger Jahren führte der Schah den Kampf innerhalb der OPEC für höhere Ölpreise an vorderster Stelle. (In den drei Monaten zwischen Oktober und Dezember 1973 erhöhten sich die Ölpreise nahezu um 400 Prozent, von drei auf beinahe 12 Dollar pro Barrel.) Dazu kam die Instabilität dieser „Säulen-Staaten". In den Iran und nach Saudi-Arabien flossen gewaltige Geldmengen. Wenn man sie nicht sorgfältig kontrollierte und investierte, konnten sie ausgesprochen destabilisierend wirken angesichts der sozialen Zustände in beiden Ländern. Das galt besonders für den Iran, dessen Regierung nicht die innere Festigkeit der saudischen Herrscherfamilie besaß, um die großen sozialen Veränderungen auffangen zu können, die aus der rapiden Entwicklung resultierten. Die Aufrüstung im Iran wurde begleitet von gewaltiger Korruption und deutlich sichtbarer Verschwendung. Die Inflation traf die unteren Schichten unverhältnismäßig hart. Die Armut von großen Teilen der Bevölkerung machte empfänglich für missionarische Appelle, die eine Rückkehr zu traditionellen Werten und Verhaltensweisen forderten. Charismatische Religionsführer, die sich im Exil befanden, waren die Seele des Widerstandes. Ihre Reden wurden in den Moscheen mit Hilfe von modernen Kassettenrecordern verbreitet.

1979 wurde der Schah von Persien durch eine Revolution zur Flucht gezwungen. Das iranische Militär war unfähig oder unwillig, diesen Aufstand niederzuschlagen. Der Schah wurde durch eine Regierung ersetzt, gebildet aus einer Kaste von Mullahs, die bis dahin im Westen gänzlich unbekannt gewesen waren. Es schien, als ob der Schah, der mit seinen Einnahmen auch aus dem Öl den

Iran zu einer Macht unter den Nationen gemacht hatte, für seine Gier, seine Arroganz und seinen Stolz bestraft würde. Durch diese Vorgänge zeigte es sich, daß die amerikanische Politik auf eine Säule aus Sand gebaut hatte. Die Mullahs verstießen nicht nur den Schah, sondern auch die gesamte Idee einer Modernisierung. Anstatt dem Westen nachzueifern, verdammten sie ihn. Und sie verkündeten lauthals, daß sie ihr Evangelium über die eigenen Landesgrenzen hinaus in alle Welt tragen würden. Das Desaster im Iran vertiefte die amerikanischen Verpflichtungen gegenüber Saudi-Arabien. Präsident Carter garantierte den Saudis Sicherheit und Schutz gegen jede Aggression, und Präsident Ronald Reagan dehnte dieses Versprechen auch noch auf den fortdauernden Bestand des Herrscherhauses in Saudi-Arabien aus. Im Laufe eines Jahrzehnts hatte sich die amerikanische Politik am Persischen Golf gewaltig verändert: von den indirekten Eingriffen in die Region mit Hilfe der Ölgesellschaften über die Anwerbung der beiden wichtigsten Staaten als „Regions-Polizisten" bis zu einer direkten Beschützerrolle für Saudi-Arabien, den größten Ölproduzenten, sowohl gegen innere als auch äußere Bedrohungen.

Als weitere Konsequenz aus dem arabischen Ölembargo war Frankreich nun endlich in der Lage, sein langfristiges Ziel zu verwirklichen, die Überwindung des amerikanischen Monopols in Saudi-Arabien. Seit der Gründung des Aramco-Konsortiums im Jahre 1947 hatte sich Frankreich immer dagegen gewehrt, daß Europa – und speziell Frankreich, das weit abhängiger als die Vereinigten Staaten vom Öl des Nahen Ostens und besonders vom saudiarabischen Öl ist – sich immer darauf verlassen mußte, daß die amerikanischen multinationalen Ölkonzerne ihm den Zugang zu diesem Öl gestatteten.

Im Jahr 1967, nach dem Sechstagekrieg, erhielt Frankreich eine umfangreiche Ölkonzession im Irak, die im ganzen Nahen Osten als der große Sieg über den angloamerikanischen Imperialismus gefeiert wurde. Die Reaktion in Frankreich war gleichermaßen euphorisch. Die renommierte französische Zeitung „Le Monde" schrieb: „Wegen Frankreich verlieren die Angloamerikaner jede Chance auf ein Vordringen in die immer noch unentdeckten Ölvorkommen des Landes. Sie wurden ausmanövriert. Sie können Frankreich nicht davon abhalten, seinen Platz in den noch unentdeckten Zonen des Irak einzunehmen, ohne eine schwere politische Krise zu provozieren. Das ist die Quittung dafür, daß sie nach dem letzten Krieg Frankreich bei dem Spiel in dieser Region nicht mitspielen ließen."

1973, nach dem Oktober-Krieg, sahen die Franzosen die Chance, das ein Vierteljahrhundert während amerikanische Monopol in Saudi-Arabien zu unterlaufen. Frankreich verstärkte seine Waffenverkäufe nach Saudi-Arabien und in andere arabische Staaten. Die nationale französische Ölgesellschaft schloß einen langfristigen Liefervertrag mit den Saudis für den Import von saudischem Rohöl, und als 1979 eine Gruppe von Fanatikern die Kaaba-Moschee in Mekka überfiel, den heiligsten Platz des Islam, wandten sich die Saudis nicht an die Vereinigten Staaten, sondern sie baten französische Experten um Unterstützung bei der Aufdeckung der Hintergründe. Diese Entwicklungen waren jenseits des Atlantiks nicht unbemerkt geblieben. In der Tat vertiefte sich, je weiter die Ereignisse fortschritten, die politische und militärische Verwicklung der Amerikaner in der Golfregion.

Zur selben Zeit hatte Saudi-Arabien seine eigenen Vorstellungen über die Sicherung seiner Unabhängigkeit und Unverletzlichkeit. Das Land verfügt über die wahrscheinlich größten bekannten Ölreserven der Welt, hat aber nur eine Bevölkerung von knapp sieben Millionen Menschen (und das mag noch eine sehr hohe Schätzung sein, die Saudis haben niemals eine Volkszählung erlaubt). Die bewaffneten Streitkräfte von Saudi-Arabien waren nie, sind nicht und werden niemals ein effektiver Schutz gegen Angriffe aus bevölkerungsreicheren Ländern der Nachbarschaft sein. Deshalb haben die Saudis immer eine Strategie der Ausbalancierung von regionalen Interessen verfolgt, indem sie sozusagen jeden ihrer Nachbarn „eingekauft" haben. Direkte finanzielle Hilfen wurden oft an Ägypten, Syrien und den Irak gegeben. Was den Irak betrifft, so erwies sich dieser Versuch als Rohrkrepierer.

Durch die Finanzierung der Bewaffnung des Irak, um den Iran in Schach zu halten, half Saudi-Arabien (und die anderen Scheichtümer einschließlich Kuwait) einen „Frankenstein" aus der Taufe zu heben. Bewaffnet bis zu den Zähnen, politisch stark, aber finanziell bankrott, war die irakische Führungsschicht zu Beginn des Jahres 1990 davon überzeugt, daß sich die regionalen Gewichte der Macht zu ihren Gunsten verschoben hatten: Der Iran noch von den langen Kriegsanstrengungen angegriffen. Syrien tief in den Bürgerkrieg im Libanon verwickelt. Ägypten gelähmt von dem Konflikt mit der Weltbank wegen der geforderten wirtschaftlichen Reformen, das Land an der Schwelle zu großen sozialen Unruhen wegen der zunehmenden Verarmung der Bevölkerung. Israel mit der Eingliederung von Immigranten aus der UdSSR beschäftigt und wachsenden Spannungen mit den Vereinigten Staaten wegen des Palästinenserproblems ausgesetzt. Es schien sozusagen die Stunde von Saddam Hussein zu sein. Amerika wünschte bessere Beziehungen zu Bagdad und hatte versichert, es habe keinen Beistandspakt mit Kuwait. Saddam schloß daraus, daß der Weg frei war für einen Status als regionale Supermacht, daß er seine historischen Ansprüche auf Kuwait geltend machen konnte und in der Lage war, den Gordischen Knoten von Schulden und aufkeimender Unzufriedenheit in seinem Land zu durchhauen, der durch den Krieg mit dem Iran entstanden war. Der Irak wollte die territorialen Regelungen revidieren, die noch von den Briten am Golf stammten. Schließlich wollte er einen sicheren Zugang zum offenen Meer gewinnen und dem weitverbreiteten Zorn darüber ein Ventil verschaffen, daß die Araber am Golf während des Krieges in Luxus gelebt hätten, während die Iraker Blut und Leben geopfert hätten, um sie zu beschützen.

Was immer auch die Motivation von Saddam Hussein gewesen sein mag, Kuwait zu überfallen, und wie tragisch auch die Ereignisse für die Kuwaiter waren, die Invasion selbst bedeutete noch keine unmittelbare Bedrohung für die vitalen Interessen der Vereinigten Staaten. Die Kontrolle über die kuwaitischen Ölreserven hätte dem Irak nicht die Macht gegeben, die Ölpreise zu bestimmen. Es hätte auch nicht im wirtschaftlichen Interesse des Irak gelegen, möglicherweise erobertes Erdöl von den Weltmärkten fernzuhalten. Der Punkt, auf den es ankam, war der Ölpreis. Wie der Ölschock von 1973 schlüssig bewies, verstärken dramatisch angestiegene Ölpreise nur die Bemühungen in der Entdeckung und Ausbeutung anderer Quellen und erzwingen starke Sparmaßnahmen in den Verbraucherländern, was alles zusammen das Vertrauen in die billigeren, aber politisch unverlässigen Ölproduzenten am Persischen Golf vermindert. Der ständige Streit innerhalb der OPEC war zwischen jenen geführt worden, die wie die Saudis die Abhängigkeit der Verbraucherländer beibehalten wollten und deshalb für Preisdisziplin eintraten, und solchen wie dem Irak, der wegen seines ungeheuer großen Geldbedarfs die Ölförderung einschränken wollte, um höhere Preise erzielen zu können.

Die Ölförderung in Ländern, die nicht der OPEC angehören, war inzwischen erheblich gestiegen. Öl aus Mexiko, Angola und der Nordsee hatte die OPEC gezwungen, mit diesen neuen Produzenten zusammenzuarbeiten. Konnte Bagdad seine Erdölförderung mit jener in Kuwait zusammenlegen, war noch nicht viel gewonnen. Anders jedoch nach einer – durchaus denkbaren – irakischen Invasion in Saudi-Arabien. Zusammen verfügen Saudi-Arabien, Kuwait und der Irak über 40 Prozent der bekannten Erdölreserven in der Welt. Obwohl in der Welt heute für die Energieerzeugung mehr Öl verbraucht wird als vor den Ölschocks in den siebziger Jahren (heute sind es 45 Prozent, 1973 waren es 35 Prozent und 1979 43 Prozent), ist die weltweite Wirtschaft längst nicht mehr so abhängig von dieser besonderen Energiequelle. Trotzdem sind Amerikas wichtigste Verbündete weiterhin auf das Erdöl vom Persischen Golf angewiesen: 1989 importierte Frankreich von dort 35 Prozent seines gesamten Verbrauchs, Italien 32 Prozent und Japan 64 Prozent.

Außenminister James Baker sagte am 4. September 1990 vor dem Ausschuß für Auswärtige Angelegenheiten: „Was wirtschaftlich auf dem Spiel steht, ist die Abhängigkeit der Welt vom Zugang zu den Energie-Ressourcen am Persischen Golf … Es geht nicht in erster Linie um das begrenzte Problem der Öllieferungen aus Kuwait und aus dem Irak. Es geht vielmehr um einen Diktator, der ganz allein die Ordnung der globalen Wirtschaft strangulieren kann; der darüber entscheidet, ob wir alle in eine Rezession steuern oder sogar in die Dunkelheit einer Depression."

In amerikanischen Regierungskreisen glaubte niemand daran, auch nicht die Geheimdienste, daß der Irak in Saudi-Arabien einfallen würde. Vor den Invasionen im Iran und in Kuwait hatte Bagdad mit gewaltigem Propagandagetöse seine historischen Ansprüche auf die künftigen Ziele betont. Im Hinblick auf Saudi-Arabien tat es dies nie. Tatsächlich hatte der Irak 1989 einen Nichtangriffspakt mit Saudi-Arabien unterzeichnet. Bagdad sei aber durchaus in der Lage, so argumentierte man in amerikanischen Regierungskreisen, „durch Einschüchterung" auf gewisse Weise die saudische Ölpolitik zu beeinflussen. Wenn der Irak dank seiner gewaltigen Armee und seinem großen Arsenal an Massenvernichtungsmitteln sowohl die Ölpolitik von Saudi-Arabien als auch die des kleineren Ölproduzenten Vereinigte Arabische Emirate bestimmen könnte, dann würde er, so jedenfalls wird argumentiert, massiven Einfluß auf nahezu die halbe Ölproduktion der Welt ausüben. Die amerikanische Regierung machte sich damals weniger Sorgen um Kuwait, sondern vielmehr um alle Länder am Persischen Golf. Amerikanische Militärpräsenz sei notwendig, so hörte man aus diesen Kreisen, um Stärke zu demonstrieren und mögliche Aggressionen abzuwehren. Schwäche zu zeigen angesichts einer solchen Herausforderung, wäre gleichbedeutend mit der Akzeptanz jener unsicheren territorialen Regelungen am Ende der Kolonialzeit am Persischen Golf. Schwäche zu zeigen, hieße zugleich auch, die Stabilität in der Golfregion als flüchtige Fata Morgana zu betrachten.

Der Löwe und das Lamm

1986, zwei Jahre vor dem Ende des Krieges zwischen dem Irak und dem Iran, grübelte im fernen Washington Mazher A. Hameed, ein arabischer Experte, über die Ereignisse am Golf. „Sollte wirklich ein Friede durch welche Mittel auch immer erreicht werden, wie sicher darf man sein, daß der Irak, mit derselben politischen Führungsschicht wie während seiner aggressiven Jahre, nicht erneut seine Aufmerksamkeit auf die kleinen Golfstaaten richten wird? Die Grenzstreitigkeiten mit Kuwait blieben zum Beispiel ungelöst. Würde Bagdad nicht seine außerordentlich gut ausgerüsteten und nun auch erfahrenen Truppenmassen dazu benutzen, Regelungen in der Golfregion zu seinen Bedingungen zu erpressen oder zumindest Druck auf die Nachbarn auszuüben?"

Tatsächlich war die Lage, so schrieb Hameed, für Saddam Hussein sehr schlecht, in einem Krieg, den er selbst vom Zaun gebrochen hatte. Zu jener Zeit gab es keinerlei vernünftigen Grund anzunehmen, daß der Irak siegen könnte. Die meisten arabischen, europäischen und amerikanischen Experten waren „weiß vor Furcht", erinnert sich Richard L. Armitage, ein führender Beamter des Verteidigungsministeriums in der Reagan-Administration, daß der Irak durch den Iran überwältigt werden könnte. Die Lage war so verzweifelt, daß Saddam Hussein schließlich überredet werden mußte – durch wen und wie, ist nicht bekannt –, seinen persönlichen Oberbefehl über die Kriegführung an professionelle Militärs zu übertragen.

Hameed und einige andere vermuteten, daß ein künftiger Konflikt zwischen dem Irak und Kuwait wahrscheinlich, wenn nicht unvermeidlich war. Trotz der rhetorischen Bekenntnisse der Bath-Partei zum arabischen Nationalismus und der Bitte an das milliardenschwere Kuwait um Hilfe während des Krieges mit Teheran betrachtete der Irak seine Nachbarn mit großer Geringschätzung.

Kuwait besaß Territorien, die Bagdad seit langem als seine Gebiete ansah.

Die Spannungen zwischen Kuwait und dem Irak sind tief in der Geschichte verwurzelt. Es gibt gewaltige Unterschiede geographischer und ideologischer Natur, gewaltige Divergenzen in der Kultur und im Lebensstil. In den Monaten nach der Invasion von Kuwait veröffentlichte „The Bagdad Observer", die englischsprachige Zeitung des Regimes, fast täglich Artikel, in denen die irakischen Ansprüche auf Kuwait historisch begründet wurden. Zum Beispiel behauptete ein Artikel im August, daß die Iraker schon im zweiten Jahrtausend v. Chr. im heutigen Gebiet von Kuwait gelebt hätten. Den „Beweis" lieferte die Entdeckung einer antiken Statue auf der kuwaitischen Insel Feilaka, die große Ähnlichkeit mit denen der assyrischen Könige haben sollte. Der zweite „Beweis" war die Nachricht, Kuwait sei in den Landkarten des achten Jahrhunderts als eine militärische Außenstation der irakischen Stadt Basra eingezeichnet.

Während der Irak seine Ursprünge also 5000 Jahre zurück ins antike Mesopotamien verfolgte, waren die Kuwaiter viel bescheidener. Irgendwann im frühen 18. Jahrhundert wanderte die Sabah-Familie, die zum Utub-Clan gehörte, aus Zentralarabien im heutigen Kuwait ein, wahrscheinlich auf der Suche nach Wasser. Sie erreichten jenen Ort, der heute Kuwait-City heißt, und erbauten dort eine kleine Befestigungsanlage, ein Fort. Der Name Kuwait ist die Verkleinerungsform von „kut", am Golf das alltagssprachliche Wort für „Fort". Um diese Befestigungsanlage herum entstand eine Stadt, die Menschen lebten vom Fischen, Perlentauchen und vom Handel. Ihre kleinen Segelboote, die Daus, diese charakteristischen, buntbemalten Boote, die heute noch im Hafen herumwimmeln, fuhren einst bis nach Ostafrika, beladen mit wertvoller Fracht.

Bis zum Ersten Weltkrieg stand Kuwait unter der nominellen Kontrolle des Osmanischen Reiches. Es gehörte zum Verwaltungsdistrikt Basra. Die Sabahs, die in

Kuwait seit 1756 regierten, hatten sich einen hohen Grad von Unabhängigkeit gesichert, indem sie die Gegensätze in der Region, in der sich Türken, Wahabis (die späteren Saudis) und Briten bekämpften, geschickt für sich ausnützten.

Beim Historiker Jacob Goldberg ist zum Beispiel nachzulesen, wie sich Scheich Mubarak Al Sabah sofort britischen Schutz verschaffte, als der osmanische Regent in Bagdad versuchte, 1897 die Kontrolle über Kuwait zu erlangen. Als die Briten zögerten, dachte Scheich Mubarak öffentlich darüber nach, den Russen in Kuwait eine Kohlestation für ihre Dampfer zu überlassen. Danach änderten die Briten ihr Verhalten. 1899 unterschrieb Mubarak eine Vereinbarung, die ihn und seine Erben verpflichtete, ohne britische Zustimmung weder irgendwelche Gebiete abzutreten, noch mit ausländischen Agenten oder Politikern zu verhandeln. Dafür erhielt er von den Briten 15 000 Rupien, die Währung von Britisch-Indien, und ein Schreiben, in dem ihm „die guten Dienste Ihrer Majestät Regierung gegenüber Ihnen, Ihren Erben und Nachfolgern" zugesichert wurden. Das galt, solange die Bestimmungen der Vereinbarung exakt eingehalten wurden, als informelles Schutzabkommen mit Kuwait. Die Bitte des Scheichs um britischen Schutz war die erste ihrer Art in dieser Region, der noch viele folgen sollten. Für Kuwait war es immer sinnvoll, betrachtet man es aus heutiger Sicht, einen mächtigen Beschützer zu haben.

Für die Sabah-Familie liefen die Dinge innerhalb von Kuwait prächtig. Im Juli 1913 schlossen die Engländer und die Türken eine Vereinbarung, die Kuwait als einen autonomen Distrikt im Osmanischen Reich anerkannte und in der die Grenzen des Scheichtums formell festgelegt wurden. Aber die osmanischen Türken, kurz danach Kriegsverbündete von Deutschland, weigerten sich schließlich, das Abkommen zu ratifizieren. Die Engländer hatten ein Interesse daran, ihren Einfluß in der Golfregion am Vorabend des großen Krieges zu stabilisieren. Deshalb anerkannten sie die Unabhängigkeit Kuwaits vom Osmanischen Reich. Dafür war Mubarak bereit, mit den Briten gegen die Türken im Irak im kommenden Krieg zu kooperieren.

Trotz seines Versprechens setzte allerdings Mubarak seine Politik fort, mit allen Seiten politische Geschäfte zu machen. Es ging ja auch um soviel Geld, und Kuwait war immer noch ein armes, unterentwickeltes Land. Nach dem Krieg forderten die Engländer allerdings ihren Preis für Mubaraks Doppelzüngigkeit. 1922 beriefen sie eine Konferenz in den Golfhafen Ukair ein, an der Saudi-Arabien, der Irak und Kuwait teilnahmen. Diese Konferenz leitete Sir Percy Cox, der britische Hochkommissar in Bagdad.

Kuwaits Rechte über das Küstenland südlich der Grenze von 1913 wurden widerrufen, um den saudischen Herrscher Ibn Saud für jene Gebiete zu entschädigen, die er an den Irak abtreten mußte. Kuwaits ehemaliger Landbesitz wurde nun zur neutralen Zone erklärt, und Volksstämme beider Länder diesseits und jenseits der Grenze durften sie nutzen. Die irakische Grenze mit Kuwait wurde ebenfalls durch einen Federstrich von Sir Percy festgelegt.

Diese imperiale Grenzziehung machte den Irak praktisch zu einem Binnenland. Er verfügte nur noch über einen kleinen Küstenstreifen am Golf. Iraks Wasserweg dorthin durch den Schatt Al Arab konnte von feindlichen Streitkräften mit Leichtigkeit abgeblockt werden. Im Gegensatz dazu besaß Kuwait einen rund 200 Kilometer langen Küstenstreifen am Persischen Golf und den größten natürlichen Hafen in der Region. Kein Wunder, daß sich Iraks Begehrlichkeiten weiterhin auf den kleinen Nachbarn im Süden richteten.

Als 1932 der Irak unabhängig wurde, wurden seine Grenzen zu Kuwait bestätigt. Aber bald danach verlangte Bagdad mit großem Nachdruck das Recht, einige der kleinen Inseln vor der kuwaitischen Küste pachten zu können – Inseln, die nach Meinung der Bagdader Regierung zum Irak gehörten. Nach dem Tod des irakischen Königs Faisal im Jahr 1933 verschlechterten sich die Beziehungen zwischen Kuwait und dem Irak zusehends, weil Bagdad weiterhin gegen die Sabah-Familie agitierte. In Kuwait tauchten Oppositionsgruppen auf, die von den wachsenden Spannungen zwischen den Sabahs und anderen Familien profitieren wollten. Das Erdöl bescherte einen zunehmenden Reichtum, aber es gab keine konkreten Entwicklungsprogramme, die der gesamten Bevölkerung zugute gekommen wären. Die Ideologie des arabischen Nationalismus fand starke Verbreitung unter der jungen kuwaitischen Intelligenz, und das Scheichtum litt zusehends unter sich verschärfenden politischen Intrigen.

1937 benutzte König Ghasi eine private Rundfunkstation in seinem Palast, um Schmähreden gegen Kuwait zu führen. Leidenschaftlicher, aber unerfahrener arabischer Nationalist, griff er auch die französische Mandatsmacht in Syrien an, so wie die Forderungen der Zionisten in Palästina und überhaupt den britischen Einfluß in der Golfregion. Ghasi bezeichnete den Emir von Kuwait als einen altmodischen Monarchen, der nur noch mit Hilfe der Engländer an der Macht bleiben könnte. Das war eine frühe Variation jenes Themas, das auch Saddam rund fünfzig Jahre später ständig im Munde führen sollte. Ghasis Reden trafen einen Nerv in Kuwait. Im Jahr 1938 zwangen einige der einflußreichen kuwaitischen Kaufmannsfamilien den Emir, auf einen Teil seiner Macht zu verzichten. Vor einem totalen Desaster wurden die Sabahs aber dank einer britischen Intervention und mit etwas Glück gerettet. Im April 1939 verunglückte Ghasi tödlich, als er sein Auto in total betrunkenem Zustand gegen einen Stromleitungsmast lenkte. Die Sabahs blieben an der Macht. Am 19. Juni 1961 gaben die Briten Kuwait die volle Unabhängigkeit. Scheich Abdullah Al Sabah, nun Herrscher von Kuwait, beeilte sich, eine Nationalversammlung zu installieren und eine Verfassung zu verkünden. Wie es der Historiker Phebe Marr interpretiert, tat er dies zum Teil auch deswegen, um die Souveränität und die Unabhängigkeit seines Staates gegenüber dem Irak zu legitimieren.

Sechs Tage nach Kuwaits Unabhängigkeit bezeichnete der irakische Diktator Abdul Karim Kassem das Emirat als einen integralen Bestandteil des Irak. Auf einer Pressekonferenz behauptete er, Kuwait gehöre zum Irak, weil es im Osmanischen Reich ein Distrikt der Provinz Basra gewesen sei. Kassem verkündete zwar, daß er keine Gewalt anwenden wolle, um Kuwait wieder in das „Mutterland" zurückzuholen, schloß sie aber auch nicht aus. Immer wieder gab es Gerüchte über Truppenbewegungen an der Grenze zwischen Irak und Kuwait. Aber Truppen wurden nie eingesetzt, es wäre wohl auch gar nicht möglich gewesen, weil nahezu die gesamte Militärmacht des Irak vollauf damit beschäftigt war, einen Aufstand der Kurden im Norden zu bekämpfen. Im Süden verblieb nur ein ganz geringes Truppenkontingent.

In den Tagen nach Kassems Pressekonferenz bat Emir Abdullah alle arabischen Könige und Präsidenten um Unterstützung, wobei er sich auf die Drohung gegen sein Land berief. Nur Saudi-Arabien versprach Hilfe. Deshalb hielt Abdullah wieder einmal Ausschau nach britischem Schutz. Im Juli marschierten englische Truppen im Land ein. Noch im selben Monat nahm die Arabische Liga Kuwait als Mitglied auf, was den Irak so erzürnte, daß er sich umgehend aus der Arabischen Liga zurückzog und seine Botschafter aus allen Ländern abberief, die Kuwait anerkannt hatten. Das erste Truppenkontingent der Arabischen Liga zur Verteidigung von Kuwait traf im September ein, darunter waren auch Truppen von König Hussein von Jordanien. Im Jahr 1961 schien der „kleine König" wesentlich stärker von Kuwaits Souveränität überzeugt zu sein, als er es 1990 war. Die Krise war aber bald bereinigt, und 1963 zogen die Truppen der Liga wieder ab. Kuwait hatte seine erste große Konfrontation mit dem Irak überlebt.

Kassems fehlgeschlagener Griff auf Kuwait schwächte seine Stellung im eigenen Land. 1963 stürzte ihn die

Bath-Partei und übernahm die Kontrolle im Irak. Sozialistisch nach außenhin, aber opportunistisch im Denken, betrieb die Bath eine gemäßigte Außenpolitik, trotz der Gewalt, mit der sie gegen innere Feinde vorging. Die Bath verhielt sich gegenüber Kuwait völlig anders als Kassem und anerkannte die Unabhängigkeit des Scheichtums. Offensichtlich „vergaß" sie die alten Grenzstreitigkeiten und wurde dafür in des Wortes wahrster Bedeutung gut bezahlt. Die beiden Länder schlossen eine Vereinbarung, wonach der Irak Kuwait täglich rund 400 Millionen Liter Wasser aus dem Schatt Al Arab lieferte. Im November unterzeichneten beide Länder ein Wirtschaftsabkommen, das die gegenseitigen Zollbestimmungen für den Handel abschaffte. Aber die neue Harmonie dauerte nicht lange. Die Bath verschwand neun Monate nach ihrer Machtergreifung 1963 wieder von der Bildfläche, und als sie es fünf Jahre später erneut schaffte, das Land an sich zu reißen, hatten sich die Verhältnisse geändert. Das neue, weit bösartigere Bath-Regime belebte die alten Streitigkeiten wieder. Im März 1973 eskalierten die Spannungen, als irakische Truppen Al Samitah besetzten, einen Grenzposten im nordöstlichen Kuwait. Diesmal drehte sich der Streit um Bubiyan und Warbah, zwei kleine kuwaitische Inseln, die den Zugang zu Umm Kasr, dem irakischen Militärhafen am Golf, kontrollierten. Erst 1977 zogen beide Seiten ihre Truppen wieder zurück.

In dieser Zeit hatten sich die Beziehungen des Irak zum Iran so gefährlich verschlechtert, daß man sich nicht mehr viel um Kuwait kümmern konnte. Und als der Irak im September 1980 in den Iran einmarschierte, glaubten auch die Kuwaiter, daß die irakische Bedrohung nun nicht mehr aktuell sei.

Man kann sich kaum zwei unterschiedlichere Gesellschaften vorstellen. Auf Grund seiner geographischen Lage und seiner Geschichte ist der Irak nach innen gerichtet und mißtrauisch, voll von dogmatischen Ansichten und Ängsten. Im Gegensatz dazu ist Kuwait eine kaufmännische Gesellschaft, sie blickt nach außen über ihre Grenzen hinweg, zeigt sich weltgewandt und vor allem uneingeschränkt konsumorientiert.

Nach der Besetzung Kuwaits durch den Irak erschienen in der Presse der westlichen Welt bald kritische Artikel über Kuwait. Reporter und arabische Experten beschrieben Kuwait, und damit indirekt auch die anderen Scheichtümer am Golf, als eine „Firma mit einer Flagge", als ein „Eden mit Air-condition" oder als „der Welt größte Geschäftsstraße". Es war plötzlich in Mode, das Opfer der irakischen Aggression zu kritisieren.

Aber während die Iraker in den achtziger Jahren Waffenfabriken bauten und Lager für chemische Waffen anlegten, eröffnete Kuwait die „Suq Al Manakh", die erste Börse in der arabischen Welt; und die kuwaitischen Bürger strömten zur Eröffnung von „Al Khaleejia", Kuwaits erstes Kaufhaus mit internationalem Standard. Während die Iraker ihren langen Krieg mit dem Iran ausfochten und überall in der Welt Raketen und Bauteile für ihre Atombombe aufkauften, fuhren die Kuwaiter Wasserski und gingen einkaufen.

Während Bagdad von einem blutigen Putsch zum anderen taumelte, begnügten sich die Kuwaiter damit, sich in ihrer Nationalversammlung gegenseitig Beleidigungen an den Kopf zu werfen. Bis zu ihrer Auflösung durch den Emir im Jahre 1986 war sie das einzige gewählte Parlament in der Golfregion und eine von sehr wenigen dieser Einrichtungen in der arabischen Welt überhaupt.

Dem Irak fehlte das Geld, um eine große Zahl von Gastarbeitern entlohnen zu können. Für Kuwait gab es diese Sorge nicht, das Scheichtum nahm sie in riesigen Mengen auf. Obwohl die Schätzungen der Bevölkerungszahlen in Kuwait und in anderen Golfstaaten immer sehr unzuverlässig waren, wird allgemein angenommen, daß im Emirat vor der irakischen Invasion etwa 1,2 Millionen Ausländer lebten, unter ihnen 350 000 Palästinenser, die meisten in einem Land am Golf. Die Gesamtbevölkerung betrug 1,9 Millionen Menschen. Nach Bagdad kam man praktisch nicht hinein, es sei denn mit einem speziellen Visum, das man aber erst nach Wochen, oft nach Monaten bekam. Kuwait stellte das Visum innerhalb von 48 Stunden aus. Während des Krieges zwischen dem Irak und dem Iran war Kuwait-City der bevorzugte „Horchposten" für die ausländische Presse.

Auf dem Papier schien der Irak im Vergleich zu Kuwait ein „progressives" Land zu sein – sozialistisch und weltlich. Im Gegensatz dazu erschien Kuwait als eine überkommene Monarchie, als ein religiöser Staat, in dem Alkohol und andere Laster der westlichen Welt tabu waren und in dem die Frauen kein Wahlrecht hatten. In Wirklichkeit aber regierten im Irak hauptsächlich Terror und Einschüchterung. Kuwait hingegen zeigte sich relativ offen und tolerant, ein Platz, wo die Behörden schon einmal ein Auge zudrückten.

In der arabischen Welt nannte man Kuwait-City das „Beirut am Golf". Die liberale Atmosphäre, die freie Presse und der Geist der Unabhängigkeit erinnerten an Libanon vor dem tragischen Bürgerkrieg. In vieler Hinsicht war Kuwait ein Stadtstaat, denn über die Hälfte seiner Bevölkerung lebte in Kuwait-City. 13 Tageszeitungen, davon sieben täglich (fünf in arabischer, zwei in englischer Sprache), und sechs Wochenzeitungen verschafften der kleinen kuwaitischen Bevölkerung alle nur möglichen Informationen und einen Blick hinaus in die Welt. An der Universität von Kuwait waren 17 000 Studenten eingeschrieben. Wie Youssef Ibrahim in der Zeitung „New York Times" schrieb, war Kuwait „der größte Wohlfahrtsstaat in der arabischen Welt". Und im „Handbuch für Randstaaten der Arabischen Halbinsel", einem Standardwerk für die Politiker in den USA, stand zu lesen: „Kuwaits bestens organisierte staatliche Infrastruktur braucht den Vergleich mit den zivilisiertesten Staaten dieser Erde nicht zu scheuen." Am Anfang des zwanzigsten Jahrhunderts war Kuwait noch ungewöhnlich arm und rückständig, bewohnt von kaum 50 000 Menschen. Mitte der achtziger Jahre erfreuten sich seine

Bürger des höchsten Durchschnittseinkommens in der Welt, rund 15 000 Dollar pro Jahr. Die Kuwaiter zahlten keine Steuern und bekamen hohe Staatszuschüsse, wenn sie Land erwerben oder Häuser kaufen wollten. Kuwaiter konnten mit Hilfe von staatlichen Stipendien überall in der Welt studieren. Zur Zeit der irakischen Invasion waren 1500 kuwaitische Studenten an den Hochschulen der USA eingeschrieben.

Kuwait ist ein sehr kleines Land, es erstreckt sich nur über 17 000 Quadratkilometer. Zumeist besteht es aus erbarmungsloser Wüste, Wasserquellen sind nur spärlich zu finden. Zur Verschönerung von Kuwait-City und deren ausgedehnten Außenbezirken ließ die Regierung rund eine Million Bäume und Sträucher pflanzen, bewässerte sie mit entsalztem Wasser aus dem Persischen Golf. Die üppige Bepflanzung ist zudem eine Art Schutzwall für die luxuriösen Privatvillen, die Drei-Sterne-Hotels, die Wolkenkratzer aus Marmor und Glas und die sechsspurigen Autobahnen, die während der sommerlichen Sandstürme leicht Verwehungen ausgesetzt sind. Es gibt keine Berge, nur einige wenige Hügel. Es ist ein monotones, flaches Land.

Das Klima ist zwar milder als sonstwo am Golf, aber im Sommer herrscht doch oft unerträgliche, feuchte Hitze. Das Land leidet unter dem „Schamal" einem starken nordöstlichen Wind, der vom Irak herüber Sand und Staub aufwirbelt. Im Sommer steigt die Temperatur oft bis auf 40 oder 50 Grad Celsius an, und britische Diplomaten, die vor der Erfindung der Air-condition in Kuwait Dienst taten, flüchteten sich oft zum Schlaf auf die Dächer ihrer Villen, um wenigstens den Hauch einer kühlen Brise zu erhaschen.

Es war kein besonders angenehmer Platz, um dort zu wohnen. So entwickelten die Kuwaiter erhebliche Reiselust, speziell während des Ramadan, des heiligen Monats der Moslems, in dem man von der Morgendämmerung bis zur Abenddämmerung fastet. Während des Sommers flüchteten sie zu Tausenden an die Französische Riviera, in die Schweizer Berge oder in ihr so heiß geliebtes London. Nur Emir Jaber Al Ahmad As Sabah blieb immer mit großer Standfestigkeit in Kuwait – er haßte es, zu reisen.

Das Erdöl hat die arabische Welt verändert, im Irak ebenso wie in Kuwait. Aus einer Ansammlung von Beduinenzelten ist eine Wirtschaftsmetropole geworden. Die wirtschaftliche Produktion von Erdöl begann zwar erst 1949, aber innerhalb der nächsten zwei Jahrzehnte wurde Kuwait zum sechstgrößten Erdölproduzenten der Welt. Im Gegensatz zu Saudi-Arabien, das massiv in erdölverarbeitende Industrien, moderne Infrastruktur und Waffen investierte, schuf sich Kuwait zwei gigantische Fonds, jeder mit nahezu 40 Milliarden Dollar ausgestattet, um die Profite aus der Erdölproduktion weltweit zu investieren. Einer von ihnen, der „Fonds für künftige Generationen", ist bis zum Jahr 2001 fest angelegt und erhält zehn Prozent von Kuwaits jährlichen Öleinnahmen. Weil die Kuwaiter ihre Anlageformen und ihre Anlagenberater klug auswählten, übertrafen die Zinsen aus diesen weltweiten Anlagen allmählich die Gewinne aus dem Öl. Deshalb hatte Kuwait auch kaum ein Interesse daran, die Ölpreise erheblich ansteigen zu lassen, wie es der Irak verlangte. Hätte diese Maßnahme doch jene Börsen und Währungsmärkte, an denen die Kuwaiter gewaltig verdienten, negativ beeinflußt.

Kuwaits fast unvorstellbarer Reichtum erweckte natürlich Neid, nicht nur unter seinen relativ ärmeren Nachbarn, sondern auch, was viel problematischer war, unter den Ausländern im Scheichtum – rund 350 00 Palästinenser, 300 000 Ägypter und 200 000 Inder, Pakistani und Philippinos. Diese „kuwaitischen Bürger" mußten die einfachen und schweren Arbeiten in den Ölfeldern und den ölverarbeitenden Fabriken verrichten. Das Wort, das sie immer wieder benutzten, um ihre kuwaitischen Arbeitgeber zu beschreiben, lautete „arrogant". „Die Kuwaiter arbeiten nicht", sagten diese Fremden, die es ja waren, die das wertvolle Öl aus der Erde holten. In der Tat stellten die Kuwaiter nur 18 Prozent unter der Arbeiterschaft. Die Staatsangehörigkeit zu erwerben, war eine Frage des Blutes, nicht des Wohnsitzes oder der Loyalität. Sogar die in Kuwait geborenen Söhne und Töchter von Ausländern konnten normalerweise die Staatsangehörigkeit nicht bekommen. Die Gastarbeiter beschwerten sich bitterlich, gingen oft vor Gericht, weil sie große Geldbeträge für ihre Aufenthaltsgenehmigung zahlen mußten. Politisch unerwünschte Ausländer wurden aus dem Land hinausgeworfen, sobald ihre Arbeitsverträge abgelaufen waren. Ausländern war es nicht erlaubt, Grundstücke oder Häuser zu besitzen.

Der Ausbruch der Feindseligkeiten zwischen dem Iran und dem Irak im Jahr 1980 hatte erhebliche Auswirkungen auf Kuwait. Obwohl das Scheichtum formell neutral war, unterstützte und bewaffnete der Emir Bagdad aus vollem Herzen, wie es auch Saudi-Arabien und alle Golfstaaten taten. Kuwait und Saudi-Arabien übernahmen den Transport des Öls für den Irak, verschifften rund 310000 Barrel Rohöl pro Tag. Es dauerte aber nicht lange, bis der Krieg auch Kuwait-City erreicht hatte.

1983 gab es Bombenanschläge gegen die amerikanische und die französische Botschaft, den Flughafen und sechs Ölanlagen, wobei sechs Menschen getötet und mehr als achtzig verletzt wurden. Die Bombenanschläge erschreckten Kuwait zutiefst, und man lastete die Schuld daran sofort dem Iran und seinen Helfern an. Ein Jahr später wurde ein kuwaitisches Verkehrsflugzeug nach Teheran entführt. Es folgten weitere Bombenanschläge und mysteriöse Explosionen, die alle direkt oder indirekt mit dem Iran in Verbindung gebracht wurden. Später gab es auch noch zwei weitere Flugzeugentführungen. Schließlich versuchten Terroristen sogar einen Mordanschlag auf den Emir. Er wurde nur leicht verwundet, aber dieser Anschlag erschütterte die regierende Familie und das Land bis auf die Grundfesten. Knapp ein Jahr später entschieden die Sabahs, daß sich die Nation in

Zeiten von steigendem Terrorismus und fallenden Ölpreisen den Luxus eines Parlaments nicht leisten konnte. „Die Demokratie ist erschüttert", sagte der Emir, löste das Parlament auf und führte eine scharfe Pressezensur für die „frechsten" Zeitungen und Magazine des Landes ein. 49 führende Redakteure und Journalisten – alles Ausgebürgerte aus anderen Staaten, viele von ihnen Palästinenser, die der Presse ihr Flair und ihre deutliche Unabhängigkeit gegeben hatten – wurden des Landes verwiesen. Wie tief der Schock war, bewies auch die Tatsache, daß andere Zeitungen sowohl die Zensur als auch die Auflösung des Parlaments unterstützten. „Weiter so, wir stehen hinter euch", erklärte „Al Seyassa", eine führende und früher mutige Zeitung. „Wir wollen nicht, daß unsere Gesellschaft geteilt und verwirrt wird von geschwätzigen Sprüchen über freie Meinungsäußerung." Die „New York Times" zitierte einen verbitterten ausländischen Bürger in Kuwait mit den Worten: „Die Kuwaiter ziehen Bargeld der Demokratie vor." Aber die Bombenanschläge dauerten an und auch die Maßregelungen gegen wirkliche oder vermeintliche Schuldige. In der offiziellen Polizeistatistik ist vermerkt, daß im Jahr 1986 aus Sicherheitsgründen 26 898 Menschen ausgewiesen wurden.

Die kuwaitischen Schiiten, etwa ein Viertel der Gesamtbevölkerung dieses von den Sunniten beherrschten Emirates, wurden zunehmend von der Majorität als eine potentielle fünfte Kolonne im Land betrachtet. Saleh Selman Al Attar, ein reicher schiitischer Geschäftsmann, entschuldigte sich 1987 in einer ganzseitigen Anzeige in den kuwaitischen Zeitungen für sein Volk und versprach seine Loyalität gegenüber dem Emirat. Ein paar Tage zuvor war ein Mitglied seiner Familie zusammen mit anderen kuwaitischen Schiiten bei dem Versuch ums Leben gekommen, eine Autobombe an der Außenseite des Büros der Air France in Kuwait-City zu zünden. „Wenn diese Aktion gegen Kuwait und sein Volk gerichtet war", schrieb Attar, „dann wurden sie von Gott

gestraft. Und wenn sie von gewissen Elementen, die Kuwait Schaden zufügen wollen, dazu angeleitet worden sind, dann erklären wir unsere Unterstützung und unseren Respekt gegenüber allen Menschen, unserem Emir und dem Kronprinzen." Die Regierung entfernte Schiiten aus sensiblen Funktionen im Militär und Sicherheitsdienst, weil sie fürchtete, daß diese Menschen insgeheim mit den schiitischen Herrschern im Iran sympathisierten. Trotz der wachsenden Unsicherheit im Lande demonstrierte Kuwait aber während der Kriegsjahre überraschende Härte. 17 Anhänger der iranisch-schiitischen Al Daawa wurden verhaftet, vor Gericht gestellt und verurteilt für die Bombenanschläge von 1983 gegen die französische und die amerikanische Botschaft. Die Daawa forderte energisch die Freilassung dieser 17 Männer und kündigte an, alle notwendigen Mittel zur Befreiung ihrer Kameraden einzusetzen. Es war den kuwaitischen Behörden klar, daß viele der folgenden terroristischen Anschläge dazu dienen sollten, die Entschlossenheit der Daawa zu beweisen. Aber man ließ sich nicht kleinkriegen. In anderen Ländern hatte man ja sehr wohl solchem Druck stattgegeben und verdächtige und sogar überführte Terroristen freigelassen, um Anschläge zu vermeiden. Kuwait ließ sich nie auf einen derartigen Handel ein. Zwei von 17 Verurteilten würden schließlich im Dezember 1988 freigelassen, aber nur weil sie bis dahin ihre volle fünfjährige Gefängnisstrafe abgesessen hatten. Der Rest blieb im Gefängnis, bis die irakischen Truppen Kuwait-City stürmten. Über das Schicksal dieser Terroristen wurde im September 1990 heftig diskutiert. Kuwaitische Flüchtlinge sagten aus, daß die Gefangenen nach der irakischen Invasion der Hauptstadt aus dem Gefängnis geflohen und verschwunden seien. In Washington hieß es aber, die Terroristen seien nach Bagdad gebracht worden und dann an den Iran übergeben worden, um sich die Unterstützung von Teheran bei der Ablehnung der UN-Sanktionen gegen den Irak zu sichern.
Auch in der Außenpolitik behielt Kuwait seinen eigenen,

komplizierten Kurs bei. Obwohl es der größte Importeur amerikanischer Konsumgüter in der Golfregion war, stimmte das Land oft in den Chor derjenigen ein, die sich in der arabischen Welt am schärfsten gegen Israel und gegen die USA äußerten. Vielleicht tat man dies auch aus Rücksicht auf die Hunderttausende von Palästinensern, die in Kuwait lebten.

Nach dem Sechstagekrieg von 1967 stoppte Kuwait zum Beispiel alle Öllieferungen in die Vereinigten Staaten und beteiligte sich strikt am gesamtarabischen Boykott gegen israelische Waren und gegen Firmen, die mit Israel Handel trieben. Noch im Jahr 1988 veröffentlichte das kuwaitische „Boycott of Israel Office" entsprechende Boykottaufrufe. Ende des Jahres aber hob es das seit 21 Jahren existierende Einfuhrverbot für Coca-Cola auf, ein in der arabischen Welt sehr beliebtes Getränk.

Im August 1983 verweigerte Kuwait die Akkreditierung von Brandon H. Grove jr. als US-Botschafter, weil er früher als amerikanischer Generalkonsul in Ost-Jerusalem gearbeitet hatte. In Washington war man darüber sehr erbost. 1984 schrieb David Ottaway in der „Washington Post", daß Kuwait „schon routinemäßig den Vereinigten Staaten die Schuld für alle Streitigkeiten in der arabischen Welt und in der Golfregion im besonderen gab". Nur die Zunahme der iranischen Angriffe auf kuwaitische Schiffe veranlaßte die Regierung, den Ton ihrer Schimpfkanonaden gegen den „amerikanischen Imperialismus" etwas zu mildern.

Kuwait dämpfte zwar seine rhetorische Militanz, behielt aber seine Schaukelpolitik bei, indem es nach wie vor die Supermächte zu seinen Gunsten gegeneinander ausspielte. Es schien so, als seien die Vereinigten Staaten entschlossen, die traditionelle Rolle Großbritanniens als Verteidiger Kuwaits zu übernehmen, und man konnte sie, ähnlich wie die Briten, zu Unterstützungsmaßnahmen anstacheln, indem man die Expansionsgelüste der Sowjetrussen in der Pokerpartie einsetzte. 1984 versuchte Kuwait zum Beispiel hochmoderne Stinger-Raketen und

F-16-Düsenjäger von den Vereinigten Staaten zu kaufen, aber Washington widersetzte sich diesen Bitten. Es bot statt dessen ein 82 Millionen Dollar kostendes Luftabwehrsystem an, das aber nicht mehr auf dem neuesten technischen Stand war. Theodore Draper schrieb drei Jahre später: „Daraufhin wandte sich Kuwait an die UdSSR und schloß mit ihr einen Waffenhandel im Wert von 327 Millionen Dollar ab. Zusammen mit den Waffen schickten die Sowjets auch Techniker und Berater." Washington lernte aus diesem Vorfall, änderte seine Meinung und verkaufte 1985 den Kuwaitern militärische Ausrüstung im Wert von 1,5 Milliarden Dollar. Dieses Geschäft, so meint Draper, war im Grunde eine „Kleiderprobe" für die viel riskantere Entscheidung der Reagan-Administration im Jahr 1987. Die stimmte damals zu, die kuwaitischen Öltransporte im Persischen Golf mit Flugzeugträgern gegen iranische Angriffe zu schützen.

Vorausgegangen war wieder einmal eine typisch kuwaitische Intrige. Da sich damals Washington zuerst weigerte, kuwaitische Schiffe zu beschützen, hatten die Kuwaiter in Moskau um Hilfe gebeten. Als Washington erfuhr, daß die Absicht bestand, mindestens drei sowjetische Tanker zu chartern, entschied sich die Reagan-Administration dafür, die Russen auszutricksen. Sie teilte mit, daß sie elf kuwaitische Öltanker mit amerikanischer Beflaggung ausrüsten würde, um sie gegen den Iran zu schützen. Genau das war es aber, was die Kuwaiter von Anfang an angestrebt hatten. Nachdem das amerikanische Kriegsschiff „Stark" von einer irakischen Rakete (offensichtlich zufällig) getroffen worden war, verstärkte die Reagan-Administration ihre militärische Präsenz in der Region, um diese Schiffe unter amerikanischer Flagge zu schützen.

Nach dem Waffenstillstand zwischen dem Iran und Irak änderte Kuwait 1988 seinen Kurs erneut. Die Bedrohung durch den Iran gab es nicht mehr. Der Irak, so überlegten die kuwaitischen Strategen, würde jetzt vor allem damit beschäftigt sein, sein Militär zu demobilisieren und sein

Land wieder aufzubauen. Die amerikanischen Kriegsschiffe müßten also allmählich wieder den Persischen Golf verlassen. Der Golf-Kooperationsrat, die von den Saudis geführte politische, wirtschaftliche und militärische Allianz zwischen Kuwait und weiteren fünf Golfstaaten, schaltete in einen kleineren Gang. Erleichterung herrschte nun in Kuwait und in der gesamten Golfregion. Die Kuwaiter widmeten sich jetzt wieder mehr ihrem Zeitvertreib, wozu auch die geliebten Picknickausflüge mit allradgetriebenen, klimatisierten Jeeps in die Wüste gehörten. Im auch nachts geöffneten Al-Sultan-Kaufhaus herrschte emsiges Treiben, und der Presse gab man mehr Luft für eine freiere Berichterstattung.

Nun konnte man sich wieder zu den geliebten „Diwaniyas" treffen, den traditionellen Schwätzchen auf der abendlichen Straße oder in den Häusern. Während des Krieges hatte man sich lieber zu Hause getroffen und über die letzte iranische Offensive, den Gegenangriff der Iraker, den Tankerkrieg und den „Krieg der Städte" diskutiert, diese „spannende Angelegenheit", bei der Iraker und Iraner wechselseitig ihre Hauptstädte mit Raketen beschossen hatten. Jetzt, nach dem Krieg, konnte man sich wieder dem echten „Diwaniya" widmen, mit leichteren Gesprächsthemen. Aber es hing auch ein neues Thema in der Luft: Demokratie.

Im März 1990 waren die „Diwaniyas" sozusagen das Vehikel, um das Wort „Demokratie" in Kuwait-City zu verbreiten. Sie waren auch ein geeignetes Mittel, um die regierende Sabah-Familie dahin zu bringen, daß sie das Parlament wieder einsetzte und die Zensur aufhob.

Am Golf, ja in der ganzen arabischen Welt, sprach man es jetzt mutig aus: Wäre es möglich, daß die Demokratiebewegung, die ganz Osteuropa 1989 erfaßt hatte, vielleicht auch ihren Weg an die arabischen Küsten findet? Bei einem „Diwaniya" im Februar 1990 trafen sich Hunderte von Kuwaitern im Haus von Ahmad Al Khatib, einem früheren Parlamentsmitglied, um seinen wilden Anschuldigungen gegen die Einfamilienherrschaft in

Kuwait zu lauschen und seinen Forderungen nach einem Leben in Freiheit. „Wir sind wie die Intifada", sagte Khatib und benutzte dabei das arabische Wort für den Aufstand der Palästinenser in den besetzten Gebieten in Israel. „Wenn wir einmal die Barrieren der Angst überwunden haben, dann werden wir losmarschieren. Das Volk von Kuwait verdient etwas Besseres als eine Regierung der Zwangsmaßnahmen. Wir haben eine demokratische Tradition, Tausende von gebildeten Männern und Frauen und ein Recht, uns selbst zu regieren." Die Frauen, die nach alter kuwaitischer Tradition nicht an den „Diwaniyas" der Männer teilnehmen dürfen, sahen und hörten ihn über das interne Videosystem, in einem besonderen Raum.

Nacht für Nacht wurden nun in Kuwait-City Demokratiedebatten geführt. Tausende von Studenten und ihre palästinensischen und ägyptischen Professoren nahmen an Versammlungen teil und unterschrieben Petitionen, die zur Wiedereinführung demokratischer Institutionen aufforderten.

Im März deutete Kronprinz Saad Al Abdullah As Sabah an, daß die Herrscherfamilie bereit sei, über die Wiedereinsetzung des Parlaments nachzudenken, vorausgesetzt, man würde nicht an ihrer Macht rütteln. Im April versammelte sich die neu konstituierte Nationalversammlung zu ihrer ersten Sitzung, mit 50 gewählten und 25 von der Herrscherfamilie bestimmten Mitgliedern.

Doch das Verlangen nach weitergehenden Reformen erhöhte sich, denn das neue Parlament war weder so demokratisch noch so mächtig, wie es das alte gewesen war. Jassem Al Kotami, ein Mitglied des früheren kuwaitischen Parlaments, stellte fest, daß er und seine Freunde mehr wollten: Aus der Herrscherfamilie sollte eine konstitutionelle Monarchie werden. „Sind wir besser als die Engländer?" soll er gesagt haben. „Die Briten haben ein freies Parlament, mit dem Recht zur Kontrolle, zur Kritik und zur Repräsentation des Willens ihres Volkes, und sie respektieren dennoch die Monarchie. Auf diese Weise

226

kann kein Herrscher seine Autorität mißbrauchen. Warum soll das nicht bei uns klappen?"

Monate später schrieb Youssef Ibrahim in der „New York Times", daß, „was in Kuwait wirklich in Frage gestellt wurde, nicht das Recht der Sabahs war zu regieren, sondern der Anteil der Macht, den sie haben sollten". Die Sabahs wurden von den Kuwaitern weitgehend akzeptiert, weil sie im Gegensatz zu der saudischen Herrscherfamilie, die sich militärisch über die anderen Stämme auf der Arabischen Halbinsel durchgesetzt hatte, ihre Macht durch Verhandlungen mit den anderen einflußreichen Handelsfamilien gewonnen hatten. Die Sabahs regierten dank Tradition, nicht durch Gewalt, und mit Billigung des kuwaitischen Volkes, durchaus eine Seltenheit in der arabischen Welt.

Die Saudis und andere arabische Herrscher zeigten sich nervös wegen dieser kühnen Diskussionen in Kuwait, konnten sie doch ansteckend wirken. Arabische Intellektuelle im ganzen Nahen Osten begannen die Legitimität ihrer Herrscher zu bezweifeln. Sie fragten sich, ob man wirklich nur zwischen Monarchien oder Diktaturen zu wählen habe und warum man ihnen Loyalität schulde, die doch meistens durchaus korrupt waren. Hatten sie schon allein deshalb das Recht zum Regieren, nur weil sie ihren Staaten die Unabhängigkeit verschafft hatten? Diese Ideen waren in der Tat revolutionär und aus der Sicht der regierenden Eliten logischerweise bedrohlich. „Meiner Meinung nach gibt es keinen Zweifel daran, daß sich der Wunsch nach Demokratisierung in Kuwait weiter verstärkt hätte", sagt Ibrahim, „denn Kuwait, der in bezug auf städtische Kultur und aufgeklärte Wissenschaft am weitesten entwickelte Platz am Golf, war jetzt in der Lage, diese notwendigen Veränderungen zu schaffen." Aber die Demokratiebewegung ging in der irakischen Invasion unter. Mit den Palästen und Villen der Herrschenden wurden auch die Ideen der Revolutionäre niedergewalzt. Der Irak hat nicht nur einen Staat gemordet, er hat auch einen Traum ausgelöscht.

Bei allem Respekt vor den Toten und Verletzten war die Invasion des Irak, in den Worten eines hohen amerikanischen Offiziers, ein „leichter Tanz". Innerhalb von fünf Stunden überquerten 100000 irakische Soldaten, einige in Omnibussen, die Grenze und umstellten die Hauptstadt. „Sie unternahmen große Anstrengungen, die königliche Familie gefangenzunehmen, um im wörtlichen und übertragenen Sinne den Feind zu enthaupten", sagte ein Kenner der Vorgänge. Nur drei oder vier Mitglieder der 1000köpfigen Sabah-Familie jedoch wurden gefangengenommen. Fahd, der jüngere Bruder des Emir, wurde bei der Verteidigung des Dasman-Palastes getötet, aber der Emir und verschiedene andere Mitglieder der Herrscherfamilie flüchteten in Autos über die Grenze nach Saudi-Arabien – wie berichtet wird, genau sechs Minuten, bevor die irakischen Truppen ihren Palast erreichten.

Die auseinandergezogene und desorganisierte kuwaitische Armee wurde rasch überrannt. Das Stärkeverhältnis lautete ja auch 26:1 zugunsten der Angreifer. Widerstand leistete nur die Luftwaffe in einer kurzen, tapferen Gegenwehr. „Die Luftwaffe bombardierte die Landebahn des nördlichen Flugplatzes in den ersten Minuten des Krieges", sagte ein Militärexperte. „Dann flogen sie einen Bombenangriff auf die Iraker, kamen zurück, beluden ihre Flugzeuge eigenhändig mit Bomben und flogen einen zweiten Angriff. Dann war auch der Flughafen vom Feind eingenommen. Angesichts der Tatsache, daß der Angriff zwischen 1 und 3 Uhr am Morgen kam und daß dies eine sehr unerfahrene Luftwaffe war, hielten sie sich verdammt gut." Auch auf dem südlichen Flugplatz gab es ein paar Verteidigungsaktionen, ehe die Piloten gezwungen waren, mit ihren Maschinen nach Saudi-Arabien zu fliehen. Innerhalb von zwei oder drei Stunden formierten sich bereits einige Widerstandsgruppen in der Stadt. „Das schafften die Kuwaiter schneller als die Franzosen im Zweiten Weltkrieg. Und in Kuwait-City gab es ja keine Berge oder Wälder, wo man sich verstecken

228

konnte. Widerstand mußte in einer Stadt geleistet werden", sagte der Experte.

Die Iraker schickten ihre Truppen in drei Wellen: Zuerst kam die Republikanische Garde über die Grenze, die Elitetruppe, die sich schon im Krieg gegen den Iran bewährt hatte. Ihnen folgte eine Art Volksmiliz, gebildet aus undisziplinierten Bauernjungen und Schlagetots unter der Führung von Ali Hassan Al Majid; schließlich kam die reguläre Armee und mit ihr der gefürchtete „Mukhabarat", die Geheimpolizei, die Verhaftungen und Folterungen durchführen sollte.

In den nächsten Wochen berichteten die Flüchtlinge, die in hastig zusammengestellten Kolonnen nach Saudi-Arabien kamen, von Plünderungen, Vergewaltigungen, Folterungen und Hinrichtungen. „Sie holten meinen besten Freund ab, und am nächsten Tag warfen sie seine Leiche auf die Straße", erzählte ein kuwaitischer Arzt der „New York Times". „Sie hatten seinen Kopf in eine kuwaitische Fahne eingewickelt und ihm drei Kugeln in den Schädel gejagt."

Ein anderer Flüchtling, der 25 Jahre alte Jamal Al Ibrahim, zog sein Hemd hoch, um dem „Times"-Reporter James LeMoyne zu zeigen, was die Iraker ihm angetan hatten. „Der Rücken des Mannes und seine Arme waren bedeckt von schwarzblauen Wunden, man hatte ihn offensichtlich fürchterlich geschlagen", berichtete LeMoyne. „Es sah aus, als sei ein Panzer immer wieder über seinen Körper gerollt." Ibrahim erzählte, daß die irakischen Soldaten ihn wiederholt geschlagen und mit elektrischen Schocks gefoltert hätten, weil sie in seinem Auto eine Fotografie des Emirs von Kuwait gefunden hatten. Mitte September spekulierten amerikanische Regierungsbeamte öffentlich darüber, daß der Irak alle Kuwaiter aus deren Land vertrieb, um dort seine eigenen Leute anzusiedeln. In ähnlicher Weise war er ja früher mit den Kurden im nördlichen Irak verfahren – eine brutale irakische Taktik, um vollendete Tatsachen zu schaffen. Der CIA hat geschätzt, daß sich zum Zeitpunkt des irakischen

Angriffs ungefähr 100 000 kuwaitische Bürger außerhalb ihres Landes im Sommerurlaub aufhielten und daß bis Mitte September ungefähr 200 000 gezwungen worden waren, ihr Land zu verlassen. „Sie wollten, daß sie verschwinden", sagte ein amerikanischer Regierungsangestellter. „Sie gingen dabei an Hand von erbeuteten kuwaitischen Akten vor. Die Plünderungen und Brandstiftungen sollten auch dafür sorgen, daß diese Leute keinen Grund mehr haben würden, jemals wieder nach Hause zurückzukehren."

Es klingt paradox, aber im September hoffte man in amerikanischen Regierungskreisen, daß alle Kuwaiter, die die Chance dazu hätten, ihr Land verlassen würden. Wer es nicht tat, mußte das Schlimmste befürchten, sogar nach irakischen Maßstäben. „Die Iraker haben Majid, den Schlächter von Kurdistan, nach Kuwait-City geschickt. Er soll dafür sorgen, daß auch der letzte Widerstand zerquetscht wird. Die armen Leute dort haben gar keine Vorstellung davon, was ihnen bevorsteht."

Kuwait hätte eigentlich mehr als jeder andere Staat die irakischen Absichten voraussehen müssen. Und doch wurde es von der Invasion total überrascht. Bei drei Gelegenheiten vor dem 2. August hatten sich Beamte des US-Außenministeriums mit Kuwaits Botschafter in Washington, Scheich Saud Nasir As Sabah, getroffen, um ihn über ominöse irakische Truppenbewegungen zu informieren. Jedesmal, so berichten die amerikanischen Quellen, konsultierte der Botschafter seine Regierung und versicherte dann den Vereinigten Staaten, die Iraker wollten damit nur sein Land zwingen, auf die Forderungen von Saddam Hussein einzugehen. Dieser Auslegung stimmte auch die Bush-Administration zu. Die Vereinigten Staaten hatten im Golf im Juli Manöver abgehalten, um den Irak von möglichen Militäraktionen gegen die Vereinigten Arabischen Emirate und Kuwait abzuhalten. Kuwait hatte für kurze Zeit seine Truppen in Alarmbereitschaft versetzt, als Antwort auf den irakischen Aufmarsch. Aber nach Ende der Manöver verließen die amerikanischen Kriegsschiffe den Golf, und Kuwaits Armee blies den Alarm wieder ab. Schließlich bat Kuwait doch um militärische Unterstützung durch die Amerikaner – eine halbe Stunde nachdem der Irak in ihrem Land eingefallen war.

„Die Bush-Administration hat die Warnsignale mißachtet", sagte ein hoher Beamter des Außenministeriums, der früher am Golf Dienst getan hatte. „Aber wenn irgend jemand hätte voraussehen müssen, was passieren würde, dann waren dies die Araber, und alle mißdeuteten die Situation. Und unter den Arabern hatte Kuwait wohl die besten Gründe dafür, herauszufinden, was Saddam Hussein wirklich vorhatte. Tatsache ist, wir haben alle falsch kalkuliert. Aber für Kuwait war diese falsche Kalkulation eine Katastrophe."

Ausländische Experten meinen, daß Kuwait eine Serie von fatalen Fehlern begangen hatte. Der erste war, so sagt der israelische Historiker Joseph Kostiner, die irakischen Forderungen nach Geld für den Wiederaufbau nach dem Krieg und nach einem sicheren Zugang zum Golf abzublocken. „Sie erkannten nicht, daß für Saddam Hussein der Zugang zum Golf seine Form von Lebensraum war", sagte Kostiner und bezog sich damit auf Hitlers Argumente in den dreißiger Jahren, daß das deutsche Volk mehr Platz brauche. „Saddam wußte, daß der Schatt Al Arab nicht schiffbar war und seine Schulden enorm hoch – zwei Probleme, die die Kuwaiter hätten lösen können."

Zweitens, so behauptet Kostiner, war Kuwait während des Krieges zwischen dem Irak und dem Iran zu „selbstsicher" geworden. Saddam Hussein glaubte, daß Kuwait nicht genügend dankbar für den teuer erkauften Sieg Iraks über die iranische Bedrohung gewesen sei. Aber die kuwaitischen Herrscher waren der Meinung, daß Saddam niemals ein Land angreifen würde, das ihn während des Krieges mit der stolzen Summe von mehr als zehn Milliarden Dollar unterstützt hatte. „In Kuwait entwickelte man etwas, was man im Rückblick ein unberechtigtes Sicherheitsgefühl nennen könnte, gestützt auf seine Rolle als Geldgeber und Mittelsmann", meint Kostiner. „Außerdem provozierte Kuwait den Irak durch den beginnenden Bau einer Stadt auf der Insel Bubiyan, in irakischen Augen ein umstrittenes Gebiet, das der Irak für sich selbst forderte."

Schließlich hatte Kuwait, was sich als sehr fatal erwies, die Lektionen aus seiner eigenen Geschichte mißachtet. Kuwait hatte sich immer damit gebrüstet, daß seine Außenpolitik bündnisfrei sei. Theodore Draper schrieb im Jahr 1987: „Kuwait war aber zu reich, um in Ruhe gelassen zu werden, und es war zu schwach, um sich selbst verteidigen zu können." Mit anderen Worten, ein kleines, schwaches und ölreiches Land im turbulenten Teil dieser Welt braucht einen ehrlichen Beschützer.

1899 hatte es die Engländer. 1987 hatte es die Amerikaner. 1990 hatte es niemanden.

Von der „kleinen" Invasion
zur großen Schlacht

Mit dem Einmarsch seiner Truppen in das Emirat in den frühen Morgenstunden des 2. August war Saddam Hussein ein wirklicher Coup gelungen. Dank seiner eindeutigen militärischen Überlegenheit gelang ihm auch, was den Arabern 1973 im Oktoberkrieg gegen Israel und ihm selbst im September 1980 nach seinem Überfall auf den Iran mißglückt war: seine Gegner innerhalb von wenigen Stunden vor vollendete Tatsachen zu stellen. Der Aggressor hatte die Last der Entscheidung seinen Opfern aufgebürdet, sie mußten nun entweder die neue Situation akzeptieren oder ernsthaft versuchen, militärisch zurückzuschlagen. Die Bush-Administration und die arabischen Gegner des Irak entschieden sich für die militärische Lösung. Diese grundsätzliche Entscheidung war am Anfang vor allem defensiv gedacht, wollte man doch das befürchtete Vordringen der irakischen Armee nach Saudi-Arabien verhindern. Aber in ihr steckte schon die Keimzelle der späteren offensiven Zielsetzung.

Bereits in den frühen Morgenstunden des 2. August, nur etwa zehn Stunden nach dem irakischen Überfall, trat der Sicherheitsrat der Vereinten Nationen auf Antrag Kuwaits und der USA zu einer Sondersitzung zusammen. Er stellte völkerrechtlich verbindlich fest, daß die irakische Invasion einen Bruch des internationalen Friedens und der Sicherheit darstelle. Die UN verurteilten die Invasion und bestanden darauf, daß der Irak seine gesamten Truppen „umgehend und bedingungslos" aus Kuwait zurückziehe, sie forderten Kuwait und den Irak auf, die Differenzen durch sofortige Verhandlungen beizulegen, und entschieden sich, „weitere Schritte" ins Auge zu fassen, um die Durchführung dieser Resolution zu erreichen. Es war eine bemerkenswerte Sitzung, denn noch nie zuvor in der Geschichte der Vereinten Nationen hatten sich die Mitglieder des Sicherheitsrates so schnell geeinigt, so weitreichende Entscheidungen getroffen. Am 6. August verschleppten irakische Truppen mehrere hundert in Kuwait lebende Ausländer nach Bagdad. Am 7. August befahl US-Präsident George Bush die Entsendung von Kriegsschiffen sowie Kampfbombern und Truppen nach Saudi-Arabien, um das Land vor einem möglichen Angriff des Irak zu schützen. Auch Großbritannien, Frankreich, Australien und die UdSSR schickten Streitkräfte in die Golfregion. Am 8. August gab das irakische Regime offiziell die Annexion Kuwaits bekannt. Am nächsten Tag wurden die Grenzen geschlossen. Der Sicherheitsrat der Vereinten Nationen tagte am 9. August und erklärte alle Gebietsansprüche des Irak für „null und nichtig".

Am 16. August rief Saddam Hussein in einer Fernsehansprache alle Moslems zum „Heiligen Krieg" auf, um die heiligen Stätten in Saudi-Arabien vor den ausländischen Truppen zu schützen. Die USA hatten inzwischen 85000 Soldaten am Golf stationiert, größtenteils auf Kriegsschiffen oder auf saudiarabischem Gebiet. Experten schätzten, daß sich diese Streitkräfte bald auf 100000 Mann erhöhen würden – der größte Einsatz von amerikanischen Soldaten seit dem Vietnam-Krieg. In Kuwait und im Irak hielt Saddam immer noch rund 6000 Bürger aus den EG-Staaten und rund 2500 Amerikaner fest, denen er die Ausreise verweigerte. Die Arabische Liga verurteilte am 10. August in Kairo die irakische Besetzung Kuwaits und beschloß die Entsendung einer Friedenstruppe nach Saudi-Arabien. Am 12. August trafen die ersten Soldaten aus Syrien, Marokko und aus Ägypten dort ein.

Bereits am 4. August hatte sich Präsident Bush trotz starker Bedenken seiner militärischen Führung dafür entschieden, US-Truppen an den Golf zu entsenden. Kurz danach verabschiedete der UN-Sicherheitsrat eine zweite Resolution, in der ein für alle Staaten verbindliches Embargo über den Irak und das besetzte Kuwait verhängt wurde. Den Vereinigten Staaten kam von Anfang an in diesem Konflikt eine Schlüsselrolle zu. Die Bush-Administration hatte durch die Entsendung von Truppen und durch öffentliche Erklärungen frühzeitig unterstrichen, daß sie den militärischen Druck auf Saddam Hussein so weit erhöhen wolle, daß sich dieser aus Kuwait zurückziehe. US-Außenminister Baker verkündete, daß die USA einer formellen Bitte der kuwaitischen Regierung entsprechen werden und alle Schiffe, die unter dem Verdacht stünden, UN-Sanktionen zu unterlaufen, „mit den notwendigen und angemessenen Mitteln" gestoppt würden. Proteste der engsten Verbündeten und der UdSSR führten jedoch schon wenige Tage später zu einer Korrektur der amerikanischen Politik. Sie hielt zwar an der Option für militärische Gewalt fest, erklärte sich aber bereit, durch Sondierungen im Weltsicherheitsrat zu prüfen, inwieweit diese Vorgehensweise durch die Vereinten Nationen legitimiert werden könnte. Der Bush-Administration lag vor allem daran, die sowjetische Führung auf diesen Kurs einzustimmen.

Nach der Anordnung der Seeblockade des Irak am 17. August ließ Präsident Bush einen Tag später Warnschüsse auf zwei irakische Tanker abgeben. Am 20. August wurden US-Truppen auch in den Vereinigten Arabischen Emiraten stationiert. Am 21. und 22. August schafften es die USA nicht, im UN-Sicherheitsrat die offizielle Erlaubnis für die militärische Seeblockade zu bekommen. Im besetzten Kuwait und im Irak wurden nun mehr als 10 000 Bürger westlicher Länder als Geiseln festgehalten. Ab dem 20. August ließ Saddam Hussein diese Geiseln an verschiedene strategisch wichtige Standorte im Irak bringen, um diese militärischen Anlagen vor Angriffen zu schützen. In Kuwait übte die irakische Regierung harten Druck aus, um alle westlichen Botschaften zu schließen.

Am 25. August beschloß der Sicherheitsrat, daß zur Einhaltung der Handelsblockade gegen den Irak auch Waffengewalt eingesetzt werden dürfe. Österreichs Bundes-

präsident Kurt Waldheim erreichte mit einem Allein-
gang bei Saddam Hussein die Freilassung aller 95 öster-
reichischen Geiseln. Anfang September ließ der Irak
dann Hunderte von ausländischen Geiseln, vor allem
Frauen und Kinder, ausreisen. Das erste Flugzeug mit 163
Menschen an Bord kam in Frankfurt an. Ein Gespräch
zwischen UN-Generalsekretär Perez de Cuellar und dem
irakischen Außenminister Asis blieb ergebnislos.

Am 9. September erklärte sich der sowjetische Präsident
Gorbatschow in einem Gespräch mit Präsident Bush in
Helsinki dazu bereit, in Übereinkunft mit den USA not-
falls weitere Zwangsmaßnahmen in Abstimmung mit der
UN-Charta zu ergreifen, falls die bereits verabschiedeten
Resolutionen nichts bewirkten. Die USA werteten dieses
Signal so, daß die UdSSR bereit sein würde, am Ende
auch einen Krieg zu tolerieren.

Am 29. und 30. Oktober trafen in Paris insgesamt rund
500 überwiegend französische Geiseln ein, denen Saddam die Ausreise gestattet hatte. Es wurde bekannt, daß
der SPD-Vorsitzende und frühere Bundeskanzler Willy
Brandt eine Reise nach Bagdad plante, um die Aus-
sichten für eine friedliche Lösung zu prüfen, sowie die
Freilassung möglichst vieler Geiseln zu erreichen. Am
Golf hatte sich die Lage weiter verschärft. US-Präsident
George Bush und Außenminister James Baker sprachen
am 30. Oktober davon, nötigenfalls „auch vor einem militärischen Schlag" nicht zurückzuschrecken. Saddam
Hussein forderte seine Truppen auf, sich auf einen Kampf
einzustellen. Der Militärausschuß des Weltsicherheits-
rats drohte dem Irak in seiner zehnten Resolution zur
Golfkrise mit Zwangsmaßnahmen. Nun eskalierte auch
der Nervenkrieg. Zahlreiche Vermittler aus den verschiedensten Staaten machten sich auf den Weg nach Bagdad
zur Suche einer diplomatischen Lösung. Meldungen, daß
Saddam Hussein nun endlich bereit sei, Zugeständnisse
zu machen, wurden oft schon nach wenigen Stunden
durch den Irak dementiert. Offenbar sah Saddam Hussein alle diese Vermittlungsversuche als ein Zeichen der

Schwäche an. Immer wieder schloß er den Abzug seiner Truppen aus dem besetzten Kuwait kategorisch aus.

Am 8. November erklärte Präsident Bush auf einer Pressekonferenz, die Stärke der US-Streitkräfte würde so weit erhöht, daß die Koalition über „eine angemessene Offensiv-Option verfügt, falls dies notwendig werden sollte, um unsere gemeinsamen Ziele zu erreichen". Nach weiteren drei Wochen intensiver diplomatischer Bemühungen begannen die ständigen Mitglieder des UN-Sicherheitsrates unter dem Vorsitz der USA am 19. November mit den Beratungen über die zwölfte UN-Resolution in bezug auf die Kuwait-Krise. Anfang November erreichte Willy Brandt bei zwei Gesprächen mit Saddam Hussein in Bagdad die Freilassung von 170 Geiseln, unter ihnen 120 Deutsche. US-Präsident Bush kündigte die Entsendung weiterer 100 000 Soldaten und 700 Panzer nach Saudi-Arabien an. Am 21. November versprach Saddam Hussein die Freilassung der noch im Irak verbliebenen 180 deutschen Geiseln.

Nachdem letzte Appelle und eine weitere Warnung des sowjetischen Präsidenten Gorbatschow keine Änderung in der irakischen Haltung bewirkt hatten, verabschiedete der Sicherheitsrat am 29. November die bislang weitreichendste Resolution in seiner Geschichte. Darin wurde dem Irak mit dem Einsatz militärischer Mittel gedroht, falls er nicht bis zum 15. Januar 1991 seine Truppen aus Kuwait abzöge. Zwölf der 15 Ratsmitglieder stimmten für die Resolution, China enthielt sich der Stimme. Im Text der Resolution heißt es: „Feststellend, daß der Irak sich trotz aller Bemühungen der Vereinten Nationen weigert, seiner Verpflichtung nachzukommen, die Resolution 660 und die darauffolgenden ... relevanten Resolutionen zu erfüllen, beschließt der Rat, dem Irak eine Gnadenfrist einzuräumen, um ihm eine letzte Gelegenheit zu geben, dies zu tun." Der Sicherheitsrat bevollmächtigte „seine Mitgliedstaaten, die mit der Regierung von Kuwait zusammenarbeiten, alle notwendigen Mittel einzusetzen, um die ... Resolutionen umzusetzen und zu verwirklichen, um den Frieden und die internationale Sicherheit in der Region wiederherzustellen, wenn der Irak nicht bis zum 15. Januar 1991 die Resolutionen ... voll angewendet hat."

In den sechs Wochen zwischen der Verabschiedung dieser Resolution 678 des UN-Sicherheitsrates und dem Ablauf des UN-Ultimatums am 15. Januar erlebte die Welt noch einmal intensive diplomatische Aktivitäten. Mit jedem Tag wurde aber auch deutlicher, wie wenig Spielraum der Diplomatie in Wahrheit noch zur Verfügung stand.

Am 7. Dezember bestätigte das irakische Parlament formell die von Präsident Saddam Hussein entschiedene Ausreiseerlaubnis für alle ausländischen Geiseln. Die Ausreise der noch rund 8000 im Irak und in Kuwait festgehaltenen Ausländer sollte nach Angaben von Bagdad bereits am darauffolgenden Tag beginnen. Die amerikanische Regierung ließ verlauten, sie sei nicht mehr zu einer Kompromißlösung im Golfkonflikt bereit. Der amerikanische Präsident George Bush kommentierte das für den 17. Dezember in Washington vorgesehene Gespräch mit dem irakischen Außenminister Tarik Asis mit den Worten, er sei nicht „in der Stimmung zu Verhandlungen".

Tatsächlich begann im Irak am 10. Dezember die Ausreise der ausländischen Geiseln. Bis zum 12. Dezember waren die letzten Amerikaner von irakischen Flugzeugen in den Westen ausgeflogen. Auch eine große Gruppe aus Briten, Japanern und sowjetischen Bürgern verließ das Land. Saddam Hussein krempelte seine innere Führung um, setzte Verteidigungsminister Chanchal ab und ersetzte ihn durch Generalinspekteur Saadi Abbas. In der UdSSR war inzwischen Außenminister Eduard Schewardnadse am 20. Dezember überraschend von seinem Amt zurückgetreten, und kurz zuvor hatten die Amerikaner ein geplantes Treffen von Außenminister Baker mit dem irakischen Außenminister Tarik Asis abgesagt. Präsident Bush warf dem Irak wegen seiner starren Haltung in der Terminfrage dieses Treffens vor, alle Bemühungen um eine friedliche Beilegung des Golfkonflikts zu boykottieren. Der Irak hielt dagegen, Washington wolle ihm Termine „aufzwingen". Während die Amerikaner auf einem Treffen von James Baker mit Saddam Hussein vor dem 3. Januar bestanden, hielt der Irak am 12. Januar fest. Am 27. Dezember drohte Saddam Hussein in einem Fernsehinterview mit dem Einsatz chemischer Waffen, falls es zu einem Krieg am Golf kommen würde. Kurz zuvor hatte er auch öffentlich bekundet, er werde als erstes Land Israel angreifen, unabhängig davon, ob sich das Land am Krieg beteiligen würde. In Washington ließ Präsident George Bush verlauten, die amerikanischen Truppen am Persischen Golf und ihre Alliierten seien beim Ablauf des UN-Ultimatums gegen den Irak am 15. Januar einsatzbereit. Weitere Bemühungen um direkte Gespräche zwischen den USA und dem Irak blieben ergebnislos.

Die Diplomatie schien am Ende zu sein. Die Gegner von Saddam Hussein beharrten vor allem unter dem Druck der Amerikaner und Briten darauf, daß von keiner UN-Resolution Abstriche gemacht werden dürften und daß es vor allem keinen Zusammenhang gäbe zwischen der Besetzung Kuwaits und der Lösung des Palästinenser-Problems, eine Verbindung, die Saddam Hussein zumindest rhetorisch immer wieder herstellte. Der irakische Diktator machte sich selbst militärisch Mut, indem er auf Erfahrungen im Vietnamkrieg verwies. Selbst wenn die Amerikaner angriffen, würden sie diesen Krieg nicht nur nicht militärisch gewinnen, sie würden ihn auch politisch, vor allem wegen des Drucks der amerikanischen Öffentlichkeit, nicht durchhalten können.

Angesichts der bestehenden Erstarrungen sah nun auch UN-Generalsekretär Perez de Cuellar nach einem letzten, quasi verzweifelten Vermittlungsversuch in Bagdad „keinen Grund mehr, optimistisch zu sein". Saddam Hussein machte nicht die geringsten Anstalten, die UN-Resolution, die seinen Rückzug aus Kuwait zum 15. Januar befahl, zu beachten.

Auf Anweisung von Präsident Georg Bush unterschrieb der amerikanische Verteidigungsminister Richard Cheney, wie glaubwürdige Quellen beweisen, bereits neun Stunden vor Ablauf des UN-Ultimatums am 15. Januar den Angriffsbefehl für die Operation „Desert Storm" (Wüstensturm). Dies war der Deckname der Aktionen der verbündeten Truppen gegen den Irak und gegen Kuwait. 33 Stunden später begannen die Luftangriffe auf Bagdad.

Im Bombenhagel

Am 17. Januar um 0.30 Uhr (MEZ) starteten die Bomber. Ihre Angriffe galten strategischen Zielen im Irak und im besetzten Kuwait. Genau 19 Stunden nach Ablauf des Ultimatums begann die große Schlacht. In den frühen Morgenstunden des 18. Januar wurde zum erstenmal in den Städten Tel Aviv und Haifa Luftalarm gegeben. Irakische Raketen vom Typ Scud, die sowohl von festen wie auch von mobilen Rampen abgeschossen werden können, waren im Anflug. Die bange Frage lautete: Sind diese Raketen mit chemischen Waffen bestückt? Für die Menschen in Israel, die seit langem auf Gasangriffe vorbereitet worden waren und die Gasmasken immer bei sich trugen, begannen schlimme Zeiten. Allmählich wurde dann aber die hastige Flucht in die sorgfältig abgedichteten Räume zur Routine. Es gab bis zum Ende des Krieges keine Gasangriffe. Bei dem ersten Raketenüberfall wurden in Israel dreizehn Menschen verletzt.

In den nächsten Tagen kam so etwas wie Euphorie auf, schienen doch die alliierten Flugzeuge kaum auf irakische Gegenwehr zu stoßen. US-Generalstabschef Colin Powell erklärte vor der Presse, die alliierten Streitkräfte seien in der Lage, den Luftraum über dem Irak zu kontrollieren. Würde es wirklich ein schneller Krieg werden? Die Information der Weltöffentlichkeit blieb jedoch während des gesamten Krieges unvollständig, vergleichsweise einseitig, ja sogar manchmal unglaubwürdig, wurden doch sämtliche Berichte und Fernsehbilder auf beiden Seiten massiv von den einschlägigen militärischen Stellen zensiert. Die hitzigen Debatten darüber begleiteten den gesamten Krieg.

An den ersten Lufteinsätzen gegen strategische Ziele im Irak und in Kuwait beteiligten sich Kampfflugzeuge und Bomber aus den USA, Großbritannien, Saudi-Arabien und Kuwait; später auch Verbände aus Frankreich und Italien.

Ungeachtet der massiven Agriffe versprach der irakische Präsident Saddam Hussein in einer Rundfunkrede, daß Bagdad den Kampf bis „zur Befreiung Palästinas und des Libanon" fortsetzen werde. Präsident George Bush unterstrich in einer Fernsehansprache, die Kriegsziele seien neben der Befreiung Kuwaits auch die Zerstörung aller Anlagen für eine atomare und chemische Kriegführung der Iraker. Bush rechtfertigte die Angriffe damit, daß die von der UNO verhängten wirtschaftlichen Sanktionen allein den Irak niemals zum Rückzug gezwungen hätten. In der ganzen Welt demonstrierten Hunderttausende von Menschen gegen den Krieg am Golf – allein in der Bundesrepublik gingen dafür rund eine Viertelmillion Menschen auf die Straßen. Mahnwachen zogen vor den US-Botschaften auf, in den Kirchen wurde für den Frieden gebetet. Die Welt beobachtete weiterhin voller Angst und Schrecken die Geschehnisse in der Golfregion. Der dritte Raketenüberfall des Irak gegen Israel am 22. Januar forderte drei Menschenleben und 96 Verletzte. Trotz des Einsatzes moderner Abfangraketen vom Typ Patriot schlug ein Geschoß in Tel Aviv ein. Die israelische Regierung verzichtete weiterhin auf einen Gegenschlag. Er hätte möglicherweise einen Keil in die Allianz von 28 Ländern, die sich in diesem Kriegsbündnis gegen Saddam Hussein zusammengefunden hatten, getrieben. Es schien so, als würden nach einem israelischen Eingreifen in den Krieg Syrien und Ägypten eventuell ausscheren. Der Irak begann mit der angedrohten Zerstörung kuwaitischer Ölanlagen. Kriegsgefangene wurden nicht nur, offenbar gefoltert, im Fernsehen gezeigt, man verschleppte sie auch zu strategisch wichtigen Einrichtungen, um sie als lebende Schutzschilde zu benutzen. Am 24. Januar betonte Präsident George Bush in Washington, der Kampf gegen Saddam Hussein verlaufe genau nach Plan und würde unerbittlich fortgesetzt.

Bis zum 24. Januar, dem achten Kriegstag, hatten die Alliierten nun schon 15000 Einsätze geflogen. Japan zeigte sich bereit, zusätzlich zu den ersten vier Milliarden, die es schon bezahlt hatte, weitere neun Milliarden Dollar Kriegsbeitrag zu entrichten. Am 25. Januar wurde die Welt von der Nachricht erschreckt, daß der Irak Erdöl in den Golf hatte fließen lassen. Wieder bedrohten Scud-Raketen Israel, wieder wurden sie abgefangen. Inzwischen bedeckte der Ölteppich im nördlichen Golf eine Fläche von 15 mal 55 Kilometern. Saddam Hussein ließ verlauten: „Jeder Moslem, der an einem Angriff gegen die Nationen teilnimmt, die sich an der barbarischen Aggression gegen den Irak beteiligen, ist ein Märtyrer in der Mutter aller Schlachten."

Weltweit rätselte man nun darüber, was es mit jenen irakischen Flugzeugen auf sich habe, die im Iran gelandet waren. Man sprach von siebzig Maschinen. Waren es Deserteure, war es Saddams Reserve, war es Fahnenflucht oder Kriegslist? Die Gesamtzahl der alliierten Flugzeugangriffe betrug nun 22 000 Einsätze. Eine nüchterne Statistik vermerkte, der Irak habe bisher 25 Scud-Raketen auf Israel und 28 auf Saudi-Arabien abgefeuert. Nachdem sich weitere irakische Flugzeuge in den Iran „gerettet" hatten, bekräftigte Teheran seine Neutralität: „Diese Flugzeuge sollen bis Kriegsende auf den Flughäfen festgehalten werden." Der riesige Ölteppich im Golf bewegte sich gefährlich weit nach Süden. 1,7 Milliarden Liter sollen nach Schätzungen von Experten, die aber später wieder etwas nach unten korrigiert wurden, ausgelaufen sein. Das Gespenst einer riesigen Umweltkatastrophe auf viele Jahre hinaus bewegte die Menschen in aller Welt. George Bush sagte in Washington: „Der Krieg im Golf ist kein christlicher Krieg, kein jüdischer Krieg, kein moslemischer Krieg. Er ist ein gerechter Krieg." Man fragte sich immer wieder, warum die Scud-Abschußrampen des Irak immer noch nicht zerstört waren, obwohl die Einsätze der alliierten Flugzeuge nun schon knapp die Zahl 30 000 erreichten. Die Bundesrepublik Deutschland, die bisher Kriegsleistungen von rund fünf Milliarden Mark erbracht hatte, zeigte sich bereit, ihren Beitrag zur Golfaktion um weitere acht Milliarden zu erhöhen.

Nun kam es erstmals auch zu ernsthaften Bodenkämpfen. Am 30. Januar griffen irakische Truppen die saudische Grenzstadt Chafdschi an. Sollten die multinationalen Truppen in einen Bodenkrieg verwickelt werden? Die Verbündeten eroberten die Stadt am 31. Januar zurück und sprachen von großen Verlusten auf irakischer Seite. Saddam Hussein rechtfertigte in seinem ersten Interview seit Ausbruch des Krieges den Einsatz von Öl zum Zweck der Selbstverteidigung. Er schloß auch nicht den Gebrauch von atomaren, biologischen und chemischen Waffen aus. In Bonn beschloß man, zum Schutz der bedrohten Türkei Luftwaffeneinheiten und Raketen-abwehrsysteme bei dem NATO-Verbündeten zu stationieren.

Am 7. Februar nahmen US-Verteidigungsminister Richard Cheney und Generalstabschef Colin Powell die Front selbst in Augenschein. Sie flogen nach Saudi-Arabien, und Journalisten vermuteten, daß sie dort über den Beginn einer eventuellen Bodenoffensive, vor der sich wohl alle Welt fürchtete, beraten wollten. In der britischen Zeitung „Sunday Times" war zu lesen, der irakische Staatschef Saddam Hussein habe den Einsatz von chemischen Waffen genehmigt.

Am 6. Februar, dem 21. Kriegstag, stand in der Statistik über die Zahl der Luftangriffe die Zahl 49 000. Militärische Stellen der Amerikaner gaben bekannt, daß nun bereits 134 irakische Militärflugzeuge im Iran gelandet seien. Immer wieder wurde über den Beginn des Landkrieges gerätselt, gab es doch eigentlich keine Hinweise darauf, daß die irakische Armee in unmittelbarer Zukunft unter den Bombenschlägen zusammenbrechen würde. Am 9. Februar wurden 26 Israelis zum Teil schwer verletzt, als brennende Teile einer Scud-Rakete in Tel Aviv einschlugen. Am 10. Februar wurde der 45. amerikanische Soldat als vermißt gemeldet. Das alliierte Oberkommando gab bekannt, bislang seien 750 irakische Panzer (von insgesamt 4500), 650 von 3200 Artillerie-Einheiten und 600 von 4500 gepanzerten Fahrzeugen zerstört worden. Angeblich waren das rund 25 Prozent des irakischen Militärpotentials in Kuwait und im südlichen Teil des Irak. Über den Frontlinien der Iraker wurden 14 Millionen Flugblätter abgeworfen, die zur Desertation aufriefen. Man sprach davon, daß seit August bereits 1300 irakische Soldaten übergelaufen seien. In Washington sagte Verteidigungsminister Cheney: „Saddam hat noch immer einen beträchtlichen Teil dessen zur Verfügung, was einmal die viertgrößte Armee der Welt war." Die irakische Regierung sprach zum erstenmal von Tausenden getöteter Zivilisten. Am 12. Februar gab es wieder Raketenangriffe auf Israel und Saudi-Arabien. Die Welt registrierte mit Erleichterung, daß alle 33 bisher abgefeuerten Scud-Raketen mit konventionellen Gefechtsköpfen bestückt waren.

Am 15. Februar kündigte das Regime im Irak überraschend den Rückzug aus Kuwait an, wenn bestimmte Bedingungen erfüllt würden. Saddam Hussein forderte, Syrien müsse sich aus dem Libanon, Israel aus den besetzten Gebieten und die alliierten Truppen aus dem gesamten Nahen Osten zurückziehen. Der Irak müßte außerdem Zahlungen für Kriegsschäden erhalten und es müßten ihm alle Schulden bei den Golfstaaten erlassen werden.

Nüchtern erklärte ein Sprecher des amerikanischen Verteidigungsministeriums, die Angriffe der Alliierten würden unvermindert fortgesetzt. Am 13. Februar hatten zwei spezielle US-Bomben einen Luftschutzkeller in Bagdad zerstört. Die Iraker behaupteten, es handele sich um eine zivile Einrichtung, in der mindestens 400 Menschen ums Leben gekommen seien. Die Alliierten beharrten darauf, daß es eine getarnte militärische Einrichtung gewesen sei. In Washington erklärte man, daß es trotz dieses Vorfalles keine Änderung der Strategie gäbe.

In Moskau sprach Präsident Gorbatschow von der wachsenden Zahl von Kriegsopfern und warnte die Alliierten davor, das UN-Mandat zu überschreiten. Er entsandte seinen Sonderbotschafter Primakow an den

Golf. Nach seinem Treffen mit Saddam Hussein in Bagdad erklärte Primakow, Saddam sei zu einer Zusammenarbeit mit der UdSSR bei der Friedenssuche bereit. Der „Charakter" seiner Gespräche sei „sehr hoffnungsvoll" gewesen.

Die Fernsehbilder der verbrannten Menschen in jenem angeblichen Luftschutzbunker lösten weltweites Entsetzen aus. Marlin Fitzwater, der amerikanische Regierungssprecher, sagte in Washington: „Wir werden weiter fortfahren, Kommandozentralen anzugreifen. Es wird weiterhin auf beiden Seiten Opfer unter der Zivilbevölkerung geben."

Als die Einzelheiten jenes angeblichen Rückzuges aus Kuwait, den der irakische Revolutionsrat beschlossen haben sollte, bekannt wurden, wies Präsident George Bush diese Offerte von Saddam Hussein als „unannehmbar" zurück. „Bedauerlicherweise erscheint die irakische Erklärung nur als grausamer Scherz, der die Hoffnungen der Menschen zerstört", sagte George Bush.

In Moskau bahnte sich eine Initiative zur Friedensvermittlung an. Michail Gorbatschow bat am 16. Februar, dem 31. Kriegstag, angeblich den amerikanischen Präsidenten in einem Telefongespräch, noch mit dem Landkrieg zu warten, bis er mit dem irakischen Außenminister Tarik Asis in Moskau verhandelt habe. In der saudischen Wüste rückten Zehntausende von alliierten Soldaten immer näher an die kuwaitische Grenze heran. Die Presse zitierte Avi Pazner, den Sprecher des israelischen Ministerpräsidenten Schamir: „Saddam Hussein muß als das eigentliche Friedenshindernis ausgeschaltet werden."

Am 17. Februar, dem 32. Kriegstag, gaben die Alliierten offiziell die Zahl ihrer Verluste mit 35 an, vermißt wurden 63 Soldaten. Einen Tag später übergab der sowjetische Präsident Gorbatschow dem irakischen Außenminister Asis einen „Plan zur Lösung des Konflikts mit politischen Mitteln". Einzelheiten wurden vorerst nicht bekannt. Seit dem 17. Januar hatten die alliierten Kampfflugzeuge nun 80 000 Einsätze geflogen. Dabei hatten sie angeblich ein Drittel der 4200 irakischen Panzer zerstört. Am 19. Februar sagte US-Präsident Bush in Washington, der Gorbatschow-Plan bleibe deutlich hinter dem zurück, „was notwendig wäre". Nach Schätzungen des alliierten Oberkommandos der Golftruppen hatte der Krieg bisher rund 80 000 Irakern, Soldaten und Zivilisten, das Leben gekostet. 1300 irakische Soldaten, die meisten von ihnen Deserteure, befanden sich in Kriegsgefangenschaft. In den Zeitungen der Welt wurde US-Präsident George Bush zitiert: „Es wird keine Verhandlungen geben und keine Zugeständnisse."

In der letzten Februarwoche hatte es, vor allem durch die Vermittlungsversuche von Präsident Gorbatschow in Moskau, fieberhafte diplomatische Bemühungen gegeben, nicht nur den drohenden Landkrieg um Kuwait abzuwenden, sondern überhaupt den Frieden zu erreichen. Wenige Tage zuvor hatte Saddam Hussein ein völlig unzureichendes, mit für die USA unannehmbaren Bedingungen verknüpftes Rückzugsangebot gemacht, was aber in weiten Teilen der Welt eher als Propaganda-Versuch bewertet wurde. So nahm man auch seine Ansprache über Radio Bagdad am 21. Februar auf, in der Saddam zeigte, daß er zu keinerlei Konzessionen bereit war. Diese Rede schien vor allem aus Propagandazwecken an das eigene schwergeprüfte Volk gerichtet zu sein. Dann reiste Iraks Außenminister Asis mehrere Male nach Moskau, um dort die vor allem von Gorbatschow angeregten Friedenspläne zu besprechen. Der erste Achtpunkteplan wurde am 22. Februar zu einem Sechspunkteplan modifiziert, dessen Details aber wiederum nicht von den Vereinigten Staaten akzeptiert wurden. Ein sichtlich verärgerter Präsident George Bush reagierte am selben Tag mit einem Ultimatum an Saddam Hussein. Die Ver ärgerung in Washington rührte vermutlich auch daher, daß die irakische Besatzung in Kuwait begonnen hatte, Öleinrichtungen und andere Anlagen systematisch zu zerstören, und somit anscheinend eine Art von „Politik der verbrannten Erde" betrieb, die aus den unseligen

Tagen des Zweiten Weltkrieges nur noch allzugut bekannt war.

Der zweite, überarbeitete Moskauer Friedensplan, dem der Irak sofort zustimmte, räumte den Irakern 21 Tage Zeit ein, Kuwait zu verlassen.

Das Ultimatum, das Präsident George Bush im Namen der Alliierten aussprach, war sehr scharf gefaßt: Der Irak wurde aufgefordert, am 23. Februar bis 12 Uhr mittags Washingtoner Zeit (High noon!) mit dem Abzug seiner Truppen ohne jede Bedingung begonnen zu haben.

Zu den Moskauer Friedensplänen sagte Bush, der Irak habe jetzt wohl, oberflächlich betrachtet, mehr Vernunft gezeigt, bleibe aber bei einer Reihe von Bedingungen, die nicht mit den UN-Forderungen vereinbar seien. Deshalb könne er diesen Plänen nicht zustimmen.

Präsidentensprecher Fitzwater erläuterte später vor der Presse die Details des Ultimatums seines Präsidenten: Ankündigung des Rückzugs in den nächsten Stunden; Beginn des Abzugs um 12 Uhr mittags (18 Uhr MEZ); Räumung von Kuwait-City innerhalb von 48 Stunden; Ermöglichung der sofortigen Rückkehr der kuwaitischen Regierung; Abschluß des Rückzuges innerhalb einer Woche. Er fügte noch hinzu, daß während des Abzugs den Alliierten die völlige Lufthoheit über dem Irak und über Kuwait eingeräumt werden müsse. Alle Minenfelder seien umgehend zu räumen und alle Gefangenen freizulassen.

In der Nacht zum 23. Februar schwanden die kurz aufgeflackerten Hoffnungen auf baldigen Frieden, zumindest auf einen Waffenstillstand. Gemessen an den Reaktionen beider Seiten, sah man kaum die Möglichkeiten für eine Annäherung. Noch in der Nacht lehnte die irakische Führung, sprich Saddam Hussein, das Ultimatum aus Washington strikt ab, bezeichnete es als „schändlich" und bekannte sich zum Moskauer Plan.

Dieser zweite und revidierte Plan, den offensichtlich Präsident Gorbatschow und Außenminister Asis in Moskau ausgehandelt hatten, umfaßte folgende sechs Punkte:

Der Irak wird seine Truppen vollständig und bedingungslos aus Kuwait abziehen. Der Abzug beginnt am Tag nach dem Beginn eines Waffenstillstandes. Der Abzug wird binnen 21 Tagen abgeschlossen, und Kuwait-City wird binnen vier Tagen geräumt. Das UN-Embargo endet, wenn alle Truppen abgezogen sind. Alle Kriegsgefangenen werden umgehend freigelassen. Die UN überwachen den Abzug.

Die Welt wartete nun gespannt und voller Angst, was zum Zeitpunkt des Ablaufens des Ultimatums aus Washington passieren würde.

Der Diktator am Ende?

Acht Stunden nach Auslaufen des Ultimatums, am 24. Februar, einem Sonntag, um 2 Uhr MEZ, begann dann tatsächlich auf Befehl von Präsident Bush die Landoffensive gegen Kuwait. Sie war offensichtlich seit langem systematisch vorbereitet worden. Wie es hieß, habe der Oberkommandierende der Alliierten, General Norman Schwarzkopf, diesen Angriff schon vor 14 Tagen ausgearbeitet und festgelegt. Danach seien auch die Termine des Ultimatums bestimmt worden. In Washington stellten sich Präsident Bush und Verteidigungsminister Cheney zwei Stunden nach Beginn des Landkrieges der Presse.

In einer nur wenige Minuten dauernden Rede wandte sich Bush an seine Nation und die Welt und bestätigte, daß die Bodenoffensive zur Befreiung Kuwaits begonnen habe. Dieser Beschluß sei im Einvernehmen und nach intensiven Konsultationen mit den Alliierten erfolgt. Saddam Hussein habe erneut die Chance zur Beendigung des Krieges ausgeschlagen. Er, Bush, habe deshalb General Schwarzkopf den Auftrag gegeben, alle zur Verfügung stehenden Kräfte einzusetzen und „schnell und entschlossen" vorzurücken. Präsident Bush forderte die Amerikaner auf, für einen guten Ausgang dieses Krieges zu beten.

Der UN-Sicherheitsrat hatte mehrmals in dieser Nacht getagt, aber alle Beratungen waren ergebnislos verlaufen. Bush und sein militärischer Führungsstab hatten die Lage fest im Griff. Die UNO wirkte eher hilflos. Nach Bekanntwerden der Bodenoffensive wurden auch keinerlei Friedensvorschläge mehr diskutiert. Verteidigungsminister Richard Cheney verkündete die totale Nachrichtensperre, um die militärische Operation und das Leben der alliierten Soldaten nicht zu gefährden. Mindestens 48 Stunden lang würden nun keine Einzelheiten mehr über die Kämpfe mitgeteilt. Die täglichen Pressekonferenzen seien bis auf weiteres gestrichen. Auch britische und französische Militärstellen schnitten die Presse von allen Informationsmöglichkeiten ab.

Kriegsberichterstatter, die sich ihre Informationen oft auf abenteuerlichste Weise beschaffen mußten und die leider auch oft unzuverlässige Quellen benutzten, sprachen davon, daß die Alliierten auf einer Breite von 200 Kilometern, in vier bis fünf Keilen Kuwait angegriffen. Die Offensive würde von See her mit schwerster Artillerie unterstützt, und französische Truppen bewegten sich in einer Zangenbewegung von Saudi-Arabien aus in den Süden des Irak.

Mit den „Erfolgen" der Bodenoffensive lockerten sich aber schnell Zensur und Nachrichtensperre. Auch die Generäle hielten bald wieder Pressekonferenzen im Hauptquartier in Saudi-Arabien ab. Schon am zweiten Tag der Offensive zeigte sich die Führung der alliierten Truppen sehr optimistisch. Die motorisierten Kolonnen waren, ohne auf „nennenswerten Widerstand" zu treffen, tief in den Irak und bis nach Kuwait-City vorgestoßen. Einigermaßen glaubwürdige Zahlen wurden offiziell genannt, man sprach von 16 gefallenen Soldaten der Alliierten, darunter fünf Amerikaner. Erstaunlich war die Zahl der gefangenen Iraker: bis zum Abend des zweiten Tages der Offensive schon rund 20 000 Mann, darunter viele „Überläufer" in einem erbarmungswürdigen Zustand. Der Rundfunk in Bagdad sendete pausenlos Durchhalteparolen und Falschmeldungen über eigene „Erfolge". Scud-Raketen flogen allerdings immer noch, auf Israel und Saudi-Arabien. Eine traf am Abend des 25. Februar ein US-Militärlager bei Dhahran und tötete 28 amerikanische Soldaten, mehr als bisher im Kampf um Kuwait gefallen waren.

Kurz vor Mitternacht am 25. Februar, bereits am zweiten Tag der Offensive, meldete Radio Bagdad eine Sensation: Saddam Hussein befiehlt den Rückzug seiner Truppen aus Kuwait! War es eine Finte? Fast gleichzeitig legte die UdSSR in New York dem UN-Sicherheitsrat eine neue Friedensinitiative vor, die ungefähr den Forderungen des US-Ultimatums entsprach.

In Washington glaubte man zunächst an einen Propagandatrick von Saddam Hussein. Präsidentensprecher Fitzwater gab bekannt, die US-Regierung sei noch nicht offiziell vom Irak unterrichtet worden; der Krieg werde fortgesetzt. Iraks UN-Botschafter sagte in New York, sein Land füge sich der UN-Resolution 660, sprach aber nicht von den anderen Forderungen. Der US-Regierung genügte das nicht. Der Krieg ging weiter, während der UN-Sicherheitsrat fieberhaft, aber offenbar auf einer „Nebenbühne" tagte. Er debattierte weiterhin über Iraks Ankündigung auf Grundlage des Moskauer Friedensplans, während Washington eine „persönliche und öffentliche" Rückzugserklärung von Saddam Hussein verlangte.

Dies tat Saddam dann am 26. Februar um 9.30 Uhr MEZ. Der vollständige Rückzug aus Kuwait solle noch am selben Tag abgeschlossen sein, und Kuwait sei nicht länger ein Teil des Irak. Saddam hielt aber grundsätzlich am irakischen Anspruch auf das Nachbarland fest. Das irakische Volk habe sich einen Monat lang heldenhaft einer „verräterischen" feindlichen Übermacht einer Allianz aus dreißig Staaten widersetzt. Es bleibe die Erinnerung an den „Heiligen Krieg", das irakische Volk habe „gesiegt". Selbst diesen Rückzug verwandelte er also rhetorisch noch in einen Sieg und versuchte politisches Kapital aus seiner Niederlage zu schlagen. Die „arabischen Massen" sollten nach wie vor in ihm ihren „Helden" sehen.

Den Alliierten reichte Saddams „Rückzug" offensichtlich nicht. Er müsse sich auch allen anderen UN-Resolutionen beugen, hieß es, vorläufig gehe der Krieg weiter, allerdings würde auf „waffenlose" Iraker auf dem Rückzug nicht geschossen. Bei den weiteren UN-Resolutionen ging es vor allem um die Aufrechterhaltung des Wirtschaftsembargos und die Anerkennung der Zahlung von Reparationen nach dem Krieg. Das Präsidialamt der

252

USA sagte am Mittag des 26. Februar: Der Krieg geht
weiter! Am Nachmittag äußerte sich auch Präsident Bush
scharf ablehnend, bezeichnete Saddams jüngste Rede als
„Unverschämtheit". Saddam akzeptiere nicht die notwendigen Bedingungen. Bush: „Die Koalition setzt den
Krieg fort!" Er forderte, die irakischen Truppen müßten
bedingungslos ihre Waffen niederlegen. Am Abend
waren rund 30 000 irakische Soldaten in Gefangenschaft.
Die Alliierten standen am Euphrat, der „Kessel" war ge-
schlossen, die irakischen Truppen in Kuwait und im
Süden des Irak hatten keine Möglichkeit zum Rückzug in
Richtung Bagdad mehr. In Kuwait brannte die Hälfte
aller Ölquellen oder Ölanlagen.
In der Nacht wurde in Kuwait, auch am Rande von
Kuwait-City, noch immer gekämpft. Man sprach von
„Panzerschlachten". Aber der größte Teil des Landes war
bereits befreit. Die Menschen feierten schon in den Vor-
städten, wie es übrigens auch einige Iraker nach Saddams
Rückzugsrede in Bagdad taten.
Die Führung der Alliierten, besonders Präsident George
Bush, schien nun die „Kriegsziele", auch die inhaltliche
Bedeutung der UN-Resolution 660, etwas auszuweiten.
Offenbar dachte man an eine bedingungslose Kapitulation, um Saddam auch nicht die leiseste Chance zu geben,
seine Niederlage doch noch in einen politischen Sieg
umzumünzen. Auch sein Ansehen unter den arabischen
Massen sollte wohl durch eine harte Kapitulation erheblich vermindert werden.
In Kuwait-City begannen sehr rasch erste Wiederauf-
bauarbeiten. An verschiedenen Stellen nahmen Techniker die Reparatur der völlig zerstörten Strom- und Wasserversorgung einzelner Stadtteile in Angriff. Last-
wagenkolonnen machten sich mit Ladungen von Lebens-
mitteln auf den Weg. In Kuwait-City waren zuerst kuwaitische Truppen, dann auch die US Marines einmarschiert.
Die höllischen Flammen der brennenden Ölanlagen
zuckten immer noch gen Himmel. Das kleine Land schien

völlig verwüstet. Gewaltige Rauchwolken verdüsterten den Himmel, kündeten nicht zuletzt auch von schlimmsten ökologischen Folgen. Wieder wurde ein neuer, riesengroßer Ölteppich auf dem Golf gesichtet. Er bedrohte die iranischen Küsten mit unabsehbaren Schäden.

Zwischen der kuwaitischen Grenze und Basra im südlichen Irak hielten alliierte Truppen, weit in den Irak vorgestoßen, die gefürchtete Armee der sogenannten Republikanischen Garde fest. Diese Elitetruppe Saddam Husseins wurde auf ungefähr 100 000 bis 150 000 Mann geschätzt. Niemand aber wußte, wie stark noch die Kampfkraft dieser Männer war, nach sechs Wochen pausenlosen Bombardements.

Die eingekesselte Garde wurde unentwegt mit Bombenflugzeugen angegriffen. Im benachbarten Iran, wo man ja fast Ohrenzeuge der Detonationen war, sprach man vom schwersten Bombardement seit Ablauf des Ultimatums. Die Alliierten versuchten vor dem sich abzeichnenden Endkampf, die Garde so weit wie möglich zu schwächen, um eigene Verluste weitgehend zu vermeiden.

Am Morgen des 27. Februar war die Hälfte des Emirats Kuwait sicher in den Händen der Alliierten. In der Stadt Kuwait gab es noch vereinzelte Kämpfe mit Irakern, gegen die vor allem auch kuwaitische Widerstandskämpfer vorgingen. US Marines besetzten die amerikanische Botschaft. An der Grenze zum Irak kam es zu einer großen Panzerschlacht, von der Experten behaupteten, sie sei die größte seit dem Zweiten Weltkrieg. Die Elitetruppe des Saddam Hussein war nun anscheinend völlig eingekesselt, ihre Lage praktisch aussichtslos. Schon sprachen viele davon, daß der Krieg nur noch Stunden dauern würde.

In New York tagte zwar der UN-Sicherheitsrat, der eigentliche „Auftraggeber" in diesem Krieg, mehrere Male. Er kam aber zu keinem Resultat. Seine Mehrheit sprach sich dafür aus, daß sich Saddam Hussein erst zur Befolgung aller UN-Resolutionen bekennen müsse, ehe es einen Waffenstillstand geben könne. Eine Minderheit, vor allem Kuba und der Jemen, war für einen sofortigen Waffenstillstand. Aus dem Irak war offiziell nichts dazu zu hören, ob man alle UN-Forderungen, unter anderem auch die nach Reparationen für die angerichteten Schäden, befolgen wolle. Die Initiative in diesem Krieg blieb also wie zuvor bei den USA und ihren Alliierten, die UN spielten eher eine untergeordnete Rolle.

Am Morgen des 27. Februar eroberten amerikanische Truppen den internationalen Flughafen etwa 15 Kilometer außerhalb von Kuwait-City. Mit der Republikanischen Garde gab es weiterhin Panzerschlachten. Die Alliierten gaben bekannt, daß nun die Hälfte der insgesamt rund 4200 irakischen Panzer zerstört sei, sowie die Hälfte der Artillerie. Radio Bagdad meldete, „beim ersten Licht dieses Tages" habe sich die letzte irakische Militäreinheit aus Kuwait zurückgezogen. Die Alliierten mußten nun über 40000 Kriegsgefangene versorgen.

Dazu eine Anekdote am Rande, die auch die Aberwitzigkeit dieses Krieges zeigt. „Wo zum Teufel seid ihr nur so lange gewesen?" Mit diesen Worten empfing einer der in Kuwait gefangengenommenen Iraker die amerikanischen Soldaten in ihrer Muttersprache. Nach Angaben eines US-Offiziers sprach er mit einem leichten Chicagoer Akzent. Auch seine Kleidung wirkte sehr amerikanisch: Er steckte in Bermudas und in einem T-Shirt. Den erstaunten US-Soldaten erklärte der Mann, er sei zu Besuch bei seiner Großmutter im Irak gewesen, als er in die Armee von Saddam Hussein gepreßt worden sei.

Die Zahl der gefallenen alliierten Soldaten wurde jetzt mit 18 angegeben. Angeblich waren bis zu dieser Zeit 20 der insgesamt 42 irakischen Divisionen „unter Kontrolle", also rund 350000 Soldaten der irakischen Armee beziehungsweise der Republikanischen Garde. Alliierte Fallschirmjäger landeten tief im Irak bei der Stadt Nasirija, um den Ring um die eingekesselte Garde noch fester zu schließen und jeden Rückzug nach Bagdad unmöglich zu machen.

Für Saddam Hussein wurde die Lage immer prekärer. Am Abend des 27. Februar waren nach Angaben der Alliierten nur noch 15 der insgesamt 42 irakischen Divisionen kampffähig, auch nur noch die Hälfte der Republikanischen Garde. Zwischen 60 000 und 80 000 irakische Soldaten befanden sich inzwischen in Gefangenschaft.

Die Alliierten meldeten 27 gefallene Soldaten. Neun Engländer kamen bei einem versehentlichen Angriff eines US-Jagdbombers auf ihr Fahrzeug ums Leben.

Der Irak versuchte eine neue diplomatische „Rettung". Außenminister Asis teilte UN-Generalsekretär Perez de Cuellar brieflich mit, sein Regime lasse nach einem Waffenstillstand den Anspruch auf Kuwait fallen, es würde Reparationen zahlen und alle Kriegsgefangenen freilassen. Dann setzte der irakische UN-Botschafter Al Anbari noch eins drauf. Er teilte dem UN-Sicherheitsrat mit, der Irak würde nun alle zwölf UN-Resolutionen anerkennen und befolgen, falls es einen Waffenstillstand gäbe.

Präsidentensprecher Fitzwater äußerte sich sehr zurückhaltend, meinte, der Irak stelle noch immer Bedingungen. Aus dem Weißen Haus hörte man, die USA wollten ihrerseits Bedingungen stellen. Der Sicherheitsrat zeigte sich „positiver" und tagte wegen des irakischen Antrags auf Waffenstillstand. Aber die fünf ständigen Mitglieder lehnten dann am Abend das irakische Ansinnen wegen der nach wie vor gestellten Bedingungen ab. Das „Angebot" kam offenbar nicht von Saddam Hussein persönlich, der Brief war von Außenminister Asis unterschrieben.

Unterdessen tobte südlich von Basra eine gewaltige Panzerschlacht, 250 Tanks der Alliierten gegen 200 der Republikanischen Garde. Der Oberbefehlshaber der alliierten Truppen, General Norman Schwarzkopf, gab für die US-Streitkräfte offizielle Verlustzahlen des Bodenkriegs bekannt: 79 Tote, 213 Verwundete und 44 Vermißte bei den Amerikanern. Frankreich betrauerte zwei tote Soldaten, Großbritannien 13. Schwarzkopf gab nun doch, trotz Nachrichtensperre, seine erste Pressekonferenz seit Beginn der Bodenoffensive und schilderte der Presse seine erfolgreiche Strategie seit dem 24. Februar morgens, als der Vorstoß begann: Mit einem gigantischen Täuschungsmanöver hätten die Alliierten die irakische Führung geblufft. Man habe eine Landung von See her vorgetäuscht und sei dann doch westlich von Kuwait über irakisches Gebiet weit nach Norden vorgestoßen. Norman Schwarzkopf sagte auch, wenn die Amerikaner die Absicht gehabt hätten, Bagdad auf dem Landweg zu erobern, hätten sie das vor Tagen leicht tun können, so weit seien die Truppen nach Norden vorgestoßen. Aber Bagdad sei nun mal nicht das Ziel gewesen. „Wir haben unsere Mission erfüllt", sagte Schwarzkopf.

Am Abend des 27. Februar war aus dem alliierten Hauptquartier zu hören, die Armeen des Irak seien keine Gefahr mehr, über 3000 irakische Panzer seien inzwischen zerstört worden. Dann wurde bekannt, Präsident George Bush würde um 21 Uhr Washingtoner Zeit eine Rede halten. War der Friede in Sicht?

Und dann schwiegen tatsächlich die Waffen! Nach 41 Tagen Krieg sagte Präsident George Bush: „Kuwait ist befreit, die irakische Armee ist besiegt, unsere militärischen Ziele sind erreicht!" Bush kündigte an, daß ab Mitternacht (Washingtoner Zeit) eine Feuerpause eintrete. Jetzt liege es am Irak, ob daraus auch ein Waffenstillstand würde. Der Irak müsse alle UN-Bedingungen anerkennen. Der UN-Sicherheitsrat solle einen Friedensplan ausarbeiten.

„Sechs Wochen nach Kriegsbeginn und 100 Stunden nach Beginn der Bodenoffensive werden die Alliierten ihre Kampfhandlungen einstellen", sagte Bush und nannte folgende Bedingungen:

- Sofortige Freilassung aller Kriegsgefangenen, Bürger dritter Länder und aus Kuwait verschleppter Geiseln
- Informationen für Kuwait über Art und Position aller irakischen Minen zu Land und Wasser

- Erfüllung aller UN-Resolutionen
- Benennung von Offizieren für ein Treffen mit Alliierten innerhalb von 48 Stunden, um die Einzelheiten eines Waffenstillstandes auszuhandeln.

Bush und die Alliierten, mit denen alles abgesprochen worden war, hatten sich offenbar aufgrund der Meldungen aus dem Hauptquartier von General Schwarzkopf für das Angebot der Feuerpause entschieden. Dort hatte die Führung von einem „militärischen Sieg" gesprochen. Die Republikanische Garde hatte in der Kesselschlacht eine vernichtende Niederlage erlitten. Schwarzkopf erklärte, es gäbe nur noch eine einzige intakte Elitedivision der Iraker, die sich aber in Auflösung befände, 4000 Panzer seien zerstört worden.

In den Morgenstunden des 28. Februar gab das Regime in Bagdad über Rundfunk bekannt, es habe ebenfalls seine Truppen angewiesen, das Feuer einzustellen. Es formulierte diese Erklärung wiederum so, als sei dies ein Ergebnis der Stärke der eigenen Armee. Die habe den Alliierten „Lektionen" erteilt. Das irakische Volk werde keine „imperialistische Hegemonie" dulden.

„Dieser Krieg liegt hinter uns", hatte Präsident George Bush gesagt, „jetzt müssen wir die Zukunft regeln."

In Israel herrschte Jubel über den „glorreichen Sieg". Die Regierung forderte die Zerstörung aller verbliebenen irakischen Raketensysteme und chemischen Waffen. Israel könne die Aufgabe „notfalls selbst übernehmen". Die Bilanz des Krieges in Israel: 18 irakische Angriffe auf das Land mit insgesamt 39 Raketen; 14 Tote, 250 Verletzte. Der Alarmzustand wurde aufgehoben, die jüdischen Bürger konnten ihre Gasmasken beiseite legen und die privaten Schutzräume wieder in normale Zimmer verwandeln. Gottlob war keine der Raketen, die auf Israel abgeschossen worden waren, mit Gas ausgerüstet gewesen.

Nach einem Bericht der „Washington Post" schätzten saudiarabische Militärs, daß im Golfkrieg bis zu 100 000 irakische Soldaten getötet oder verwundet worden waren. Das alliierte Hauptquartier gab die Zahl der eigenen Gefallenen jetzt mit insgesamt 126 an. 56 alliierte Soldaten galten noch als vermißt, 13 befanden sich in irakischer Gefangenschaft, 450 waren verwundet worden.

Die Feuerpause wurde am ersten Tag ihres Inkrafttretens offensichtlich befolgt. Es kam nur zu einigen kleinen Scharmützeln, die aber offenbar auf Kommunikationsschwierigkeiten beruhten, weil noch nicht alle der wenigen verbliebenen irakischen Truppen die Nachrichten aus Bagdad erhalten hatten.

Am Abend sagte Präsident Bush vor Journalisten, der Irak habe Waffenstillstandsverhandlungen zugestimmt und werde Offiziere für die Gespräche benennen. Der UN-Sicherheitsrat beriet über die neue Situation, faßte jedoch noch keinen Beschluß über einen formellen Waffenstillstand. Beobachter rechneten damit, daß dies sich noch Tage hinziehen könnte.

Mit der Zustimmung der irakischen Führung in Bagdad zu den Bedingungen der USA für die Waffenstillstandsverhandlungen war der erste Schritt getan, damit aus der Feuerpause im Golfkrieg ein dauerhafter Waffenstillstand werden konnte. Ort und Zeit der Verhandlungen waren noch nicht bekannt. In Washington wurde erwartet, daß der Oberkommandierende der alliierten Truppen, General Norman Schwarzkopf, die Gespräche selbst leiten werde. Das Oberkommando der alliierten Streitkräfte in Riad gab neue Verlustzahlen bekannt. Im sechswöchigen „heißen" Krieg waren insgesamt 162 Soldaten getötet worden, 57 wurden noch vermißt. Die USA betrauerten 101 tote Soldaten, die Araber 44, die Briten 15 und die Franzosen 2. In Washington diskutierte die US-Regierung mit ihren Verbündeten der Golf-Allianz einen Resolutionsentwurf, der dem Sicherheitsrat der Vereinten Nationen vorgelegt werden sollte. Zu den Grundlagen dieses Friedensplans, den dann die UN zu beschließen hatten, gehörten die Freilassung aller ausländischen Gefangenen im Irak und die Annahme aller UN-Resolutionen. Die USA bestanden auch auf der Beibehaltung des Waffen- und Handelsembargos.

Während Kuwait befreit war, die Allianz den Süden des Irak weitgehend kontrollierte und aus dem Nordirak nichts zu hören war, herrschte in Bagdad das alte Regime offenbar ziemlich unangefochten weiter. Der Staatsrundfunk verkündete unentwegt Siegesparolen, tönte großsprecherisch, die tapfere irakische Armee sei es gewesen, die Bush zur Feuerpause gezwungen habe. Der „Führer" Saddam Hussein wurde gebetsmühlenartig gelobt. Der Diktator schien tatsächlich seine Macht, zumindest in der Region der Hauptstadt, behalten, wenn nicht gar gefestigt zu haben. Aber das konnte ja nicht im Sinne des kommenden Friedens sein, denn keiner der Bündnispartner in der Allianz dachte auch nur im Traum daran, mit Saddam zu verhandeln. Er als Gesprächspartner am Nachkriegs-Konferenztisch – undenkbar! Im Konzert der internationalen Kommentatoren häuften sich kritische Stimmen, die meinten, die Amerikaner hätten zwar militärisch gesiegt, aber das notwendige politische Ziel, der Sturz Saddam Husseins, sei verfehlt worden, obwohl es doch ganz nahe schien. Aber was war mit dem Diktator? Wo hielt sich Saddam Hussein auf? Warum trat er nicht an die Öffentlichkeit? Lebte er überhaupt noch? Immer noch sorgte dieser Mann für großes Rätselraten in aller Welt. Sein Schicksal war völlig offen.

Wilde Gerüchte schwirrten durch den Äther. Saddam Hussein hatte angeblich versucht, Asyl in Algerien, Marokko oder Mauretanien zu erhalten. Seine Flucht sei beschlossene Sache, meldeten verschiedene westliche Zeitungen.

Fernsehsender und Zeitungen berichteten von gewalttätigen Demonstrationen gegen Saddam Hussein in Bagdad und Basra. Die öffentliche Ordnung sei zusammengebrochen, verschiedene Gruppen von Soldaten schössen aufeinander.

Immer noch wurde über schreckliche Verlustzahlen spekuliert. Die Alliierten gaben über vieles genaue Auskünfte, aber die Zahl der getöteten irakischen Soldaten war noch unbekannt. Geheimdienstexperten schätzten sie auf über 150 000. Diese Soldaten seien angeblich in Massengräbern bestattet worden. Mehr als 170 000 irakische Soldaten befanden sich in Gefangenschaft. Ihre Versorgung bereitete zunehmende Probleme.

Die Umweltkatastrophe, bedingt vor allem durch die brennenden Ölanlagen in Kuwait, schien gigantisch zu sein: Täglich verbrannten angeblich 600 Millionen Liter Öl. Dadurch entstanden pro Tag 700 000 Tonnen Ruß. Im Irak drohten eine gewaltige Hungersnot und enorme Seuchengefahren, wie Cholera und Typhus, da es zum Beispiel in Bagdad keine Wasserversorgung mehr gab.

Am 3. März, einem Sonntagmorgen, begannen auf einem besetzten Luftwaffenstützpunkt nahe der südirakischen Kleinstadt Safwan, 40 Kilometer südlich von Basra, in einem Zeltkomplex die Waffenstillstandsverhandlungen zwischen Offizieren der Alliierten unter Leitung von General Schwarzkopf und irakischen Militärs. Die Iraker hatten wegen „Klärung logistischer und technischer Fragen" um eine Verschiebung der Verhandlungen gebeten, die ursprünglich am Samstag hatten stattfinden sollen. Der UN-Sicherheitsrat verabschiedete vorher bei drei Enthaltungen und der Gegenstimme aus Kuba eine neue Golfresolution als Grundlage der Waffenstillstandsverhandlungen, die alle bisherigen Resolutionen zusammenfaßte und den Alliierten den Einsatz von Gewalt zubilligte, falls der Irak sich wieder feindselig verhalten sollte.

In zwei gepanzerten Fahrzeugen, auf denen weiße Flaggen wehten, fuhren die irakischen Militärs am Verhandlungsort vor. Bereits nach knapp zwei Stunden traten General Schwarzkopf und der saudiarabische Prinz Khalid, der Sprecher der arabischen Alliierten, vor die Presse und verkündeten die Zustimmung der Iraker zu allen Punkten dieser ersten Waffenstillstandsverhandlung. Es waren ja eigentlich keine „Verhandlungen", und somit konnte es auch keine „Einigung" geben. Es war ein Diktat der siegreichen Alliierten. Schwarzkopf hatte das deutlich gemacht. Er sei nicht gekommen, um Konzessionen zu machen. Der Waffenstillstandsvertrag war schon jetzt unterschriftsreif.

Alle Kriegsgefangenen sollten unverzüglich freigelassen werden. Die Iraker waren bereit, genaue Auskünfte über die Minenfelder zu geben, so daß mit der Räumung begonnen werden konnte. Die Truppenmassierungen wurden „entflochten". General Schwarzkopf am Sonntagvormittag des 3. März vor der internationalen Presse: „Wir sind auf dem besten Weg zu einem dauerhaften Frieden!"

Mit blankem Entsetzen verfolgte die Weltöffentlichkeit immer noch die Bilder und die Berichte von den Schandtaten, die die Iraker im besetzten Kuwait seit dem 2. August 1990 begangen hatten. Täglich wurden neue Greueltaten aufgedeckt. Das Land war nicht nur nahezu völlig zerstört, das menschliche Leid der Vergewaltigten, Gefolterten und förmlich Abgeschlachteten schien alle Dimensionen zu sprengen. Es war einfach unvorstellbar, wie die irakische Soldateska mit den kuwaitischen Menschen während der vergangenen sieben Monate umgegangen war. Das mußte einfach noch gesühnt werden.

Es galt aber auch schon die Zeit danach, die Nachkriegszeit, die Ausfüllung des kommenden Friedens zu bedenken. Das waren die wichtigsten, langfristigen Zukunftsziele, die der Region endlich Ruhe und Frieden bringen mußten:

- Weitgehender Abzug westlicher Soldaten aus dem Nahen Osten
- Einlösung der Versprechen der Amerikaner, die arabischen Alliierten und „Sympathisanten" wohl in Fülle gegeben worden waren
- Lösung des Palästina-Problems
- Ehrliches Engagement für die Umverteilung des gesamten Ölreichtums der Region, an dem in Zukunft alle Araber teilhaben mußten.

Und eine entschiedene Förderung der bereits hier und da erkennbaren Ansätze zur Demokratisierung auch der alten, absolutistischen Regime. Alle Regierungen in der

Golfregion mußten in Zukunft ein besseres, demokratisches Fundament bekommen.

Der Krieg war zwar vorbei, aber das verbrannte und noch lodernde, das verwüstete und verminte, das verödete Kuwait blieb als noch lange brennendes Mahnmal dieses schrecklichen Krieges für alle Menschen sichtbar zurück. Eine Warnung zur Umkehr – würde der zerbrechliche Frieden halten?

Dietrich Strothmann
Der Krieg und die Deutschen

E s war wieder soweit: Krieg herrschte. Zwar tobte er
weit weg von den Deutschen, am fernen Golf. Aber
er herrschte, in den verbalen Auswüchsen gegenseitiger
Verdächtigungen und Beschuldigungen, auch unter
ihnen selber.

Bist du für einen Waffenstillstand in Kuwait – dann bist
du gegen Israel! Bist du grundsätzlich gegen diesen Krieg
der UN-Allianz unter Washingtons Führung gegen den
Aggressor Irak – dann bist du gegen die Amerikaner! So
lauteten in Deutschland die Vorwürfe. Da wurde dann
schnell einer zum Antisemiten oder zum Antiamerikaner
gestempelt.

Deutschland in den Tagen des Golfkrieges – diesmal kein
verschlafenes, verträumtes Land hinter den sieben Bergen, kein Wintermärchen. Es war ein zutiefst aufgewühl-
tes, aufgebrachtes Land. Es war, verglichen mit dem
euphorischen Taumel des Mauerabbruchs und der Vereinigung vor gerade knapp einem halben Jahr, kaum wie-
derzuerkennen. Dieser Krieg hat alle seine tiefen Wunden, breiten Narben wieder sichtbar gemacht: die Wunden des von Deutschen verübten Massenmords an den
Juden, die Narben, einen Hitler möglich gemacht und
einen Weltbrand verursacht zu haben.

Als dieses Jahrhundert in sein zweites Jahrzehnt getreten
war, lösten die Deutschen einen Weltkrieg aus. Als es
seine Mitte erreicht hatte, ging ein zweiter, von ihnen ver-
schuldeter Weltkrieg unter unvorstellbaren Verwüstungen zu Ende. Und ehe das 20. Jahrhundert nun
seinen Abschied nimmt, herrschte noch einmal Krieg
gegen einen Gewalttätigen, der mit deutscher Hilfe Israel
in ein „Krematorium" verwandeln wollte. Wen also,
wenn nicht gerade die Deutschen, mußte die Lebensfrage
von Krieg und Frieden umtreiben?

Der Streit auch, ob dieser Krieg am Golf tatsächlich und

unumstößlich notwendig war oder ob es noch andere Mittel als dieses äußerste, schrecklichste gegeben hätte, den irakischen Tyrannen Saddam Hussein zu „disziplinieren". Die Kontroverse ebenso, ob etwa die Bonner Regierung bei der Kontrolle von Waffenexporten in dieses notorische Krisen- und Kriegsgebiet zu halbherzig, ob sie dann nach dem Ausbruch der Schlacht zu wankelmütig gewesen ist. Schließlich auch die Debatte darüber, worum es im Kern bei diesem Krieg ging: um ein Recht (die staatliche Existenz Kuwaits), um ein Interesse (das Öl) oder um eine Ideologie (die „Neue Weltordnung" des amerikanischen Präsidenten George Bush) – oder um alles auf einmal. Und die Auseinandersetzungen unter den Deutschen und um die Deutschen gingen ja noch weiter und tiefer:

Wie verläßlich sind sie denn eigentlich, wenn es zum Schwur kommt, fragten die Verbündeten. Sie wollen ja nicht einmal, wozu sie sich im NATO-Vertrag feierlich verpflichtet hatten, ihrem Partner Türkei beistehen?

Wie dankbar sind sie denn eigentlich, wenn sie einmal gebraucht werden, fragten die Verbündeten weiter. Sie haben wohl vergessen, daß wir für sie ihre Befreiung von Hitler erkämpft, später ihren Staat und Berlin vor der sowjetischen Bedrohung geschützt haben?

Wie solidarisch und verantwortungsbewußt sind sie denn tatsächlich, fragten die Verbündeten außerdem. Sie haben es wohl für selbstverständlich gehalten, daß wir ihnen dazu verhalfen, ein vereinigtes Deutschland und eine der stabilsten, stärksten Wirtschaftsmächte der Welt zu werden, mit dem angemessenen Anspruch, eines nicht allzu fernen Tages auch ständiges Mitglied im Sicherheitsrat der Vereinten Nationen zu sein? Stattdessen diese Angsthasen, Drückeberger, Besserwisser – kurz gesagt: diese Deutschen. Ist es so? Ist es so einfach? Ganz gewiß nicht.

Nicht etwa deshalb, weil solche Vorwürfe und Vorhaltungen vorwiegend aus dem befreundeten Ausland kamen und schon allein deshalb zu billiger Münze zu haben waren. Allemal dann nicht, wenn diese Kritik von Israel an uns gerichtet wurde. Es waren Deutsche gewesen, die Juden zu Millionen mit Gas ermordet hatten. Es sind wieder Deutsche gewesen, die dem Irak dazu verholfen haben, Israelis mit Gas zu bedrohen. Das ist weit mehr als nur eine schwere Last, und sie fordert auch zu mehr heraus als nur zu Schuldbekenntnissen, Schecks und Treueschwüren. Die sind jederzeit und billig zu bekommen. Es war der auch in Deutschland weithin bekannte israelische Schriftsteller Amos Oz, nebenbei ein Mitbegründer der Bewegung „Frieden jetzt" und Befürworter eines Staates Palästina, der zu der drohenden Gefahr einer irakischen Giftgasattacke sagte: „Jeder unprovozierte Angriff auf Israel müßte als ein Angriff auf Deutschland angesehen werden. Weil die deutsche Zivilisation historisch die Juden für die nächsten Jahrzehnte verkrüppelt und uns gewissermaßen in einen Rollstuhl gesetzt hat, hat sie diese letzte Verantwortung, nicht Schuld, für die Krüppel."

Wir stehen in dieser einzigartigen, außergewöhnlichen Pflicht, keine Frage und keine Debatte, keine Diskussion darüber. Bündig hatte der Soziologe Jürgen Habermas in einer kritischen Abwägung von Kriegsursachen und Kriegswirkungen dazu bekannt: Die irakische Drohung gegenüber Israel gebe dem Krieg für die Deutschen eine besondere Legitimität. Aber wer sich fragte, wie der Bischof Walter Kaspar von Rottenburg-Stuttgart, ob „wir einem zweiten Holocaust tatenlos zusehen wollen", hatte dennoch die kritische Einrede seines Limburger Amtsbruders Franz Kamphaus zu würdigen: „Nicht der Sieg im Krieg, nur der Sieg über den Krieg schafft Frieden", wegen der schrecklichen Mittel des Krieges nämlich. Deswegen, weil Kriege heute durch die unkontrollierbare Zerstörungskraft der Waffen nicht mehr zu rechtfertigen sein könnten, gebe es auch so etwas wie eine „geduldete Ungerechtigkeit". Das betrifft in diesem Fall gewiß nicht Israel, es betrifft eher die Besetzung von Kuwait, den Anlaß dieses Krieges am Golf.

Zumal in Deutschland, auf den Straßen, in Vortragssälen wie in den Medien, wogte das Streitgespräch um diesen Krieg „Hussein gegen den Rest der Welt" zwischen zwei Axiomen hin und her:

Geht es im Kern darum, die Welt von einem neuen Hitler zu befreien?

Handelt es sich vornehmlich um eine „gerechte" Sache, den Irak des Angreifers und Diktators Saddam Hussein mit Krieg zu überziehen?

Hier schieden sich immer wieder die Geister, hier taten sich Gräben auf, wurden Freunde zu Feinden. Was Wunder, daß gerade die Deutschen von diesen Fragen hin- und hergerissen wurden. Rechte standen gegen Linke auf, Linke gegen Rechte, Linke gegen Linke. Freibriefe wurden gegenseitig ebenso wohlfeil ausgeteilt wie Schuldzuweisungen. Diskussionen gerieten zu Anklageerhebungen, Disputationen zu Gerichtstagen. Und das alles nach den Freudenfeuern anläßlich des historischen Sonderdatums der nationalen Vereinigung. Dieser Krieg hatte die Deutschen kalt erwischt, auf dem falschen Bein sozusagen. Hitler also *redivivus?* Justament einer der Wortführer der Studentenrevolution von 1968, Hans Magnus Enzensberger, marschierte hier wieder an der Spitze, ein sogenannter Altlinker aus der ersten Reihe der damaligen intellektuellen Avantgarde. Nicht nur, daß Saddam Hussein seiner Meinung nach ein „Wiedergänger" Adolf Hitlers sei, von derselben kriminellen Energie, derselben inhumanen Gleichgültigkeit gegenüber seinem Volk und der Zahl von Toten. Enzensberger entdeckte bei Deutschen wie bei Irakern denselben Todesrausch, der Hitler wie Hussein erst „erlaubte". Er notierte daher, wie bei einem mathematisch schlüssigen Dreisatz: „Die Deutschen waren die Iraker von 1938 bis 1945." Und in seinem zwanghaften Vergleich war denn auch 1938 wie 1991, die Appeasementpolitik eines Neville Chamberlain wie die „Angstlust" der Friedensdemonstranten gegen den Golfkrieg.

Andere, selbst Warner vor einer durch und durch emotionalen pazifistischen Welle, gaben dagegen immerhin zu bedenken, ob etwa Auschwitz durch Hiroschima hätte verhindert werden können, ob das Dilemma zwischen Recht und Frieden nicht vielmehr eine uralte politische Tragödie sei, ob der Zweck noch immer jedes Mittel heilige – abgesehen einmal von den vielen, die zu Enzensbergers enggeführter Simultanthese heftigen Widerspruch einlegten: Hitler sei, alles in allem, in seiner überdimensionalen Schrecklichkeit doch einzigartig gewesen, unerreichbar selbst von einem Despoten wie Saddam Hussein, unnachahmbar gerade unter den gegenwärtigen Bedingungen der Weltpolitik.

Grundsätzlicher und überzeugender in den Argumenten und Gegenargumenten war der Meinungsstreit über die Notwendigkeit und Art des Gegenkrieges der multinationalen Streitmacht unter amerikanischer Führung im Auftrag des Weltsicherheitsrates zur Durchsetzung der zwölf UN-Resolutionen gegen den Kuwait-Eroberer Saddam Hussein. Dabei ging es im wesentlichen um den Unterschied zwischen einem „gerechten" und einem „gerechtfertigten" Krieg als Antwort auf die vorangegangene Aggression. Auch hier schieden sich die Geister, meldeten indessen selbst die Befürworter einer militärischen Gegenwehr gegen den Kriegsauslöser aus Bagdad Bedenken an.

Die einen zogen die Möglichkeit eines „humanen Krieges" ernsthaft in Zweifel – gerade nach den erschreckenden Erfahrungen von Vietnam mit den dort verwendeten neuen Waffen. Sie geißelten ihn als unmenschliches „Computerspiel" (der lasergesteuerten, angeblich zielgenauen „smart bombs", die Zivilisten aussparen sollen). Und sie mokierten sich über George Bush, der seinem Land in einem „Nationalen Gebetstag" pathetisch auftrug, der „Welt als Leuchtfeuer zu dienen". Die anderen wiederum, die durchaus ihre Vorbehalte gegen den Krieg im allgemeinen wie gegen den um Kuwait im besonderen haben, wandten dennoch ein, was wohl andernfalls die schlimmen Folgen gewesen wären.

So bei einem Gasangriff auf Israel: Dann hätten die Israelis wieder Grund gehabt, „wie ungerecht das in unseren Augen auch sein mag, Auschwitz und Dachau in unseren Städten und Dörfern zu erkennen und Himmler und Eichmann in uns" (der Berliner Professor Michael Nehrlich).

So angesichts des Einmarschs in Kuwait: „Hätte die freie Welt 1939 denn den Überfall Hitlers auf Polen hinnehmen sollen, um einen Krieg zu verhindern? Das Faustrecht wird schnell zu einer ‚Rechtsordnung', wenn man dem Anwender eines solchen ‚Rechts' nicht Einhalt gebietet" (der Mainzer Bischof Karl Lehmann).

Grundlinien wie Enzensberger zum Komplex „Der Hitler von Bagdad" zog auf dem Streitgebiet des „notwendigen Krieges" der Frankfurter Soziologe Jürgen Habermas. Einerseits hielt er es für unangemessen, den Teufel mit dem Beelzebub auszutreiben: „Stehen die Opfer, die der Krieg bereits gefordert hat, in einem begründbaren Verhältnis zu dem Übel, das er abwenden soll?" formulierte er eine der Kernfragen. Und kam dennoch zu dem aus der Geschichte durchaus beweisbaren Schluß: „Es kann schlimmere Übel geben als den Krieg." Wie übrigens der Israeli Amos Oz in einer deutschen Zeitung ähnlich argumentierte: „Auch wenn jeder in jedem Krieg nur alles verlieren kann, so muß man doch manchmal bereit sein, etwas zu verlieren, damit das wirklich Böse alles verliert." Habermas, der den „gerechtfertigten" vom „gerechten" Krieg abgrenzte, stellte vier Bedingungen für diesen militärischen Konflikt auf: Er dürfe über eine Polizeiaktion (der Vereinten Nationen) nicht hinausgehen zu einem normalen Krieg (der Allianz unter amerikanischer Führung). Es dürfe kein Wirtschaftskrieg sein (Blut für Öl), kein Krieg um kulturelle Vorherrschaft (des Abendlandes über den Islam) und kein Krieg der unverhältnismäßigen Mittel und der unkontrollierten Führung (die strittige Frage der Kriegsziele: Befreiung Kuwaits oder tödliche Bestrafung Saddam Husseins samt Zerstörung seiner Militärmaschinerie?).

Ein typischer deutscher Streit um Mittel und Methoden, nicht um Rechthaberei oder um Rechtsverständnis? Mag sein. Er hat freilich seine historischen Gründe und Anlässe in der jüngsten Geschichte der Deutschen. Auch beschränkte er sich keineswegs auf Zeitungskommentatoren, Schriftsteller und Professoren – Kirchenleute nahmen ebenfalls aktiven Anteil an dem oft lautstarken Für und Wider. Und der Streit fand überdies nicht nur in Deutschland statt. Über die bloße Unterstellung hinaus, am Golf wolle, selbst zur international anerkannten Durchsetzung eines Selbstbestimmungsrechtes (der Kuwaiter), nur der Stärkere (Amerika) sein Recht demonstrieren, wurde der ehemals religiös begründete Anspruch eines „gerechten Krieges" gerade von Geistlichen unmißverständlich in Frage gestellt. Gegen den Kirchenlehrer Augustinus, der diese Lehre des „bellum iustum" in seiner Abhandlung über den „Gottesstaat" aufgestellt hatte, wurden nicht nur die Gegenpositionen des Zweiten Vatikanischen Konzils, sondern auch die aktuellen Äußerungen des Papstes zum Golfkrieg ins Feld geführt. Und gegen den Baptisten George Bush, dem in diesem Fall freilich sogar seine eigene Kirche energisch widersprach, wurde Martin Luther mit dem Ausspruch aufgeboten: „Wer Krieg beginnt, muß aufpassen, ob er, nur um den Löffel aufzuheben, gleich eine ganze Schüssel zertritt."

Im übrigen hatte schon der alte Augustinus bei seiner Rechtfertigungslehre vom „gerechten Krieg" eingeräumt, daß auch der Kriegsherr, „wenn er menschlich fühlt, noch viel mehr über die Notwendigkeit gerechter Kriege trauern müßte". Schon damals also gab es selbst bei einem so gestrengen Kirchenlehrer ernste Zweifel über Sinn und Sinnlosigkeit von Kriegen – etwa auch über den Sinn eines anderen hehren lateinischen Grundsatzes: „fiat iustitia pereat mundus", möge die Welt auch zugrunde gehen, wenn nur der Gerechtigkeit Genüge getan wird. Eine solche Welt wäre nichts als eine Welt des Friedhofs, tot auch sie. Erst recht in diesen Tagen wechselten Worte die Widerworte unaufhörlich ab, zumal in der politischen Auseinandersetzung. Es war ein ständiger Schlagabtausch. In einem anderen Sinn waren die Deutschen bei dieser Debatte „an der Front". Nirgendwo sonst wurde über den Krieg am Golf so leidenschaftlich gestritten: über den Bündnisfall der NATO (im Fall der Türkei), über das Recht auf Kriegsdienstverweigerung, über den Aufbau einer europäischen NATO-Truppe, die Einführung einer Berufsarmee, den Zwang zur Beteiligung von Einheiten der Bundeswehr auf Verlangen der Vereinten Nationen im Kriegsfall, über die künftige Mitwirkung deutscher Soldaten bei UN-Friedensmissionen. Kein Thema war tabu.

Für die größer gewordene Bundesrepublik gab es plötzlich den „heilsamen Zwang" der Realitäten: Sie war länger keine Schönwetteridylle, lebte nicht mehr in einer wohlbehüteten weltpolitischen Nische. Nicht der Zweite Weltkrieg, nicht Auschwitz, so erfuhren es die Deutschen, konnten noch als selbstverständliche Ausreden gebraucht werden, sich abseits zu halten. Auch Bundespräsident Richard von Weizsäcker beschwor nur die Vergangenheit, als er konstatierte: „Es wird sich bald zeigen, daß die Welt gar nicht wiederentdecken will, was für gute Soldaten die Deutschen sein können." Die Nachkriegszeit ging am Golf für sie zu Ende, ein für allemal. Sie hatten von nun an Farbe zu bekennen.

Im Zentrum der öffentlichen Debatte indes standen die Demonstrationen gegen diesen Krieg, für den Frieden. Vom Pazifismus der Appeaser war da schnell die Rede, vom Kinderkreuzzug (bei den zahlreichen Schülerumzügen in deutschen Städten), von den Friedensfundamentalisten, den Angstapologeten und Verweigerungsaposteln auf den „Hochsitzen der Moral". Die einen schalten die spontan wiederaufgelebte Friedensbewegung (nach Vietnam und dem Nachrüstungsstreit) der „unpolitischen Sprachlosigkeit", registrierten bei den Protesten vorschnell antiamerikanische und antiisraelische Unter- und Zwischentöne. Die anderen verdäch-

271

tigten den „Wüstensheriff" George Bush, er tarne seinen Krieg nur als begrenzte Polizeiaktion; tatsächlich ginge es um das Weltmachtmonopol der Vereinigten Staaten, handele es sich sogar um einen „heiligen" Kulturkrieg der Moderne gegen den Islam, des Nordens gegen den Süden.

Die gegensätzlichen, unvereinbaren Positionen unter Verfechtern und Verweigerern dieses Golfkrieges nahmen ein Kirchenmann, der Berlin-Brandenburger Bischof Gottfried Forck, und ein ehemaliger Verteidigungsminister, Rupert Scholz, ein. Wandte sich jener gegen die „Fahrlässigkeit der amerikanischen Politik und der Vereinten Nationen, die ein Unrecht mit noch größerem Unrecht beantwortet haben", und empfahl, nichts unversucht zu lassen, selbst einen „Wahnsinnigen" statt mit Bomben durch „kluge, freundliche Worte" zu entwaffnen, so stellte dieser fest: Es handele sich um einen Fall kollektiver Selbstverteidigung zur Disziplinierung eines Rechtsbrechers.

Dies war der Kern des innerdeutschen Konfliktes. Der Krieg stellte aber auch Bonns Außenpolitik auf eine harte Probe – in Israel vor allem (wo der Bundestagspräsidentin Rita Süssmuth von einem offiziellen Redner vorgehalten wurde: „Vor fünfzig Jahren lief ich mit dem gelben Stern herum, heute mit der Gasmaske. Wir sind wieder gezeichnet"), aber auch in den Vereinigten Staaten. Von Verwerfungen im Verhältnis der beiden Staaten war da die Rede, von der Wiederkehr alter deutscher Identitätsprobleme, von der Gefahr eines deutschen Sonderwegs. Goethe wurde mit seiner einleuchtenden Einsicht bemüht: „Der Handelnde ist immer gewissenlos. Gewissen hat immer nur der Betrachtende." Nur ein sarkastisch klingender Aphorismus oder eine nach wie vor aktuelle, bittere Erfahrung? Die Vorwürfe an die deutsche Adresse reichten vom Mangel an Solidarität, einem gravierenden Vertrauensverlust bis zur Skepsis gegenüber der Verläßlichkeit der Deutschen bei künftigen Konflikten und zu Bedenken, ihnen bei der angestrebten „Neuen Weltordnung" im Nahen Osten eine Mitsprache zuzugestehen. Als „schlechte Europäer" hätten sich die Deutschen erwiesen, als Duckmäuser, die sich aus Halbherzigkeit und purer Angst, sich die Hände schmutzig zu machen, zwischen alle Stühle gesetzt hätten. So hatte dieser schreckliche Krieg nebenbei auch eine schlimme Krise zwischen Washington und Bonn ausgelöst, die noch ihre fatalen Folgen haben wird.

Die unmittelbaren Nachwirkungen dieses Krieges indessen werden noch weitaus gravierender sein. Schon in der Vergangenheit haben Kriege nur selten Konflikte aus der Welt geschafft, zu Frieden geführt. Schon gar nicht im Nahen Osten, wo vier Kriege allein zwischen Israel und seinen arabischen Nachbarn bisher nur in einem einzigen Fall, mit Ägypten, in einer vertraglich verbrieften Aussöhnung beendet werden konnten. In dieser Region traf die Regel noch nie zu, wonach die Angst vor seinem Schrecken noch immer der beste Lehrmeister gegen den Krieg sei.

Hier stimmt eher Schillers Diktum: „Es kann der Frömmste nicht im Frieden bleiben, wenn es dem bösen Nachbarn nicht gefällt." Hier sind die Biedermänner den Brandstiftern noch stets hoffnungslos unterlegen gewesen. Hier wollen alle die klugen, vernünftigen Appelle nichts fruchten: nicht die Ächtung jedes Krieges ohne Ausnahme als verwerflich wegen seiner gewachsenen Grausamkeit durch das Zweite Vatikanische Konzil im Jahr 1965; nicht Sigmund Freuds Forderung, wonach Krieg zwar eine „von vielen peinlichen Notlagen des Lebens" sei, gegen den sich ein jeder aber dennoch empören müßte, weil „wir ihn einfach nicht mehr ertragen"; und auch nicht die optimistische Erwartung des großen jüdischen Religionsphilosophen Martin Buber, der speziell zum konfliktreichen Spannungsverhältnis zwischen Israelis und Arabern sagte: „Frieden ist möglich, weil er notwendig ist."

Wäre es so einfach, so selbstverständlich, so unausweichlich! Kampf und Krieg sind noch immer eher das Normale, das Alltägliche im Nahen Osten, Friede dagegen die Ausnahme, das Außergewöhnliche. Und so wird es, steht zu fürchten, noch lange bleiben – nach dem Ende dieses vorläufig letzten Krieges erst recht.

Es wird kein Krieg gewesen sein, der in dieser kriegerischen Region Frieden bereitet, weit mehr wird er neue Probleme schaffen und neue Konflikte. Er wird auch alte Krisen verschärfen: den schroffen Gegensatz zwischen Amerikanern und Arabern, den klaffenden innerarabischen Kontrast zwischen Wohlhabenden und Habenichtsen, den internen Konkurrenzkampf um die Macht am Golf, die andauernde Rivalität schließlich zweier Völker um ein Land, der Israelis und Palästinenser um Palästina, und sei es um eine gerechte Teilung. Das und noch manches andere mehr. Friede nach dem Golfkrieg im Nahen Osten ist nichts weniger als eine Jahrhundertaufgabe.

Das nächste, das 21. Jahrhundert, so hat der französische Politiker und Schriftsteller André Malraux vorausschauend behauptet, wird „religiös oder es wird nicht sein". Er hat dies nicht im frommen, gläubigen Sinn gemeint, sondern so, daß nur ein religiös bestimmtes Mindestmaß an allen gemeinsamen Werten einen Weltenbrand verhindern könne. Er hatte die auslöschende Wirkung der Atombombe vor Augen, den wirklich totalen Krieg und die totale Niederlage.

Diese Waffe in Husseins Händen – wäre ein Krieg, um sie ihm zu entreißen, nicht gerechtfertigt, notwendig, sogar gerecht gewesen, die gefürchtete Weltkatastrophe zu verhindern? War also vielleicht doch dieser Golfkrieg das „kleinere Übel"? Auch wenn der Friede, der dann folgen mag, doch wieder nicht mehr ist als die Abwesenheit des Krieges.

Der klagende Matthias Claudius konnte den richtigen, den furchtbaren Krieg gar nicht gekannt haben, als er sein in diesen Tagen häufig zitiertes „Kriegslied" aufschrieb – mit der wehmütig klingenden, berühmten Zeile: „'s ist leider Krieg – und ich begehre nicht schuld daran zu sein!" Von den „Geistern der Erschlagenen" ist

in dem Gesang weiter die Rede, von Männern, „verstümmelt und halbtot".

Der „Wandsbecker Bote" hatte dies 1779, angesichts
eines der vielen, vergleichsweise „kleinen Kriege" geschrieben, die Preußen gegen Österreich führte. Danach
kamen Verdun, Stalingrad, Dresden, danach auch ge-
schahen Auschwitz und Treblinka. Noch später waren
Vietnam, Kambodscha, Afghanistan. Und jetzt war da
der Bunker von Bagdad, mit den Leichen verbrannter
Frauen und Kinder. „'s ist leider Krieg – und ich begehre
nicht schuld daran zu sein!"

Zeittafel

610 Mohammed beginnt die Existenz eines einzigen allmächtigen Gottes (Allah) zu verkünden. Heilige Schrift des Islam wird der von Mohammed verfaßte „Koran", der durch die „Heiligen Überlieferungen", die Sunna (arabisch für: Sitte, Gepflogenheit), ergänzt wird.

622 Opposition und Verfolgungen zwingen Mohammed, Mekka zu verlassen. Er vergibt sich mit seinen Anhängern nach Medina (Hidschra). Hier Ausarbeitung einer theokratischen Staatsdoktrin. Mit der Hidschra beginnt die islamische Zeitrechnung.

630 Eroberung Mekkas durch die Moslems. Mohammed reinigt die Kaaba (alte arabische Kultstätte in Mekka) von Götzenbildern und erhebt sie zum islamischen Hauptheiligtum. Die Stämme der Arabischen Halbinsel werden im wesentlichen bis 632 zur Anerkennung der neuen Religion gezwungen.

632 Tod Mohammeds. Mit seinem Wirken veränderte Arabien sein Gesicht. Erstmals wurden die sich befehdenden zahlreichen arabischen Stämme, die bisher der Vielgötterei anhingen und deren Zentrum Mekka war, unter einem neuen monotheistischen Glauben vereint. Der durch Mohammed verkündete neue Glaube der Araber wurde nach dem Tode des Propheten innerhalb von hundert Jahren in einem Heiligen Krieg bis zum Indus im Osten und bis zu den Pyrenäen im Westen durch die Nachfolger Mohammeds, die Kalifen, ausgebreitet. Die Araber bildeten im Zuge der Verfestigung ihrer Macht vom 7.–13. Jahrhundert das bedeutendste weltliche Staatswesen. Mit der Verbreitung des Islam ging eine Arabisierung und die Ausbreitung der arabischen Sprache einher. Es entwickelte sich eine eigenständige arabische Kultur mit zahlreichen Zentren.

633 Beginn der arabischen Einfälle in byzantinisches Reichsgebiet (634 Eroberung Syriens, 638 Fall Jerusalems, 639/640 Besetzung Mesopotamiens, das den arabischen Namen „Irak" erhält, 640 Vordringen nach Armenien).

634 Beginn des Kalifats Omars I., eines Vertrauten Mohammeds. Er ist der Begründer des arabischen Weltreiches.

637 Niederlage des persischen Heeres bei Kadesia.

653 Aufzeichnung des aus 114 Suren bestehenden Koran, der die Offenbarungen Gottes an Mohammed wiedergibt, auf Veranlassung des Kalifen Otman.

656 Ermordung des Kalifen Otman durch aufständische

Landsleute in Medina wegen angeblicher Bevorzugung der Omaijaden. Beginn des Kalifats Alis, des Vetters und Schwiegersohns des Propheten. Kamelschlacht bei Basra (Irak), in der Kalif Ali sich gegen die Anhänger von Mohammeds Witwe Aischa behauptet; Spaltung der Gläubigen in die Anhänger Alis (Schiiten) und Aischas (Sunniten). Verlegung der Residenz des Kalifen von Medina nach Kufa am Euphrat.

657 Schlacht von Siffin am mittleren Euphrat zwischen Ali und seinem späteren Nachfolger Muawija; da Ali trotz eines möglichen Sieges wegen des Streits mit Muawija ein Schiedsgericht anruft, spalten sich enttäuschte Anhänger Alis ab (Charidschiten).

661 Ermordung des Kalifen Ali; Ende der Periode des Wahlkalifats. Beginn des Kalifats des Muawija, eines Nachkommen der mit Mohammed verwandten Omaijaden; Begründer der Dynastie der Omaijaden. Damaskus wird Residenz der Kalifen.

680 Der Kalif Jazid I. schlägt die aufständischen Schiiten bei Kerbela, das von da an schiitischer Wallfahrtsort ist. Hussain, Enkel Mohammeds, fällt.

740 Revolte und Tod des Said ibn Ali in Kufa am Euphrat.

750 Sturz des Kalifen Marwan II. Vernichtung und Ausrottung der Omaijaden durch die Abbasiden. Nur Prinz Abd Ar Rahman entkommt nach Spanien und gründet dort das omaijadische Emirat von Córdoba. Abdallah Abu Abas wird als erster Abbaside in Kufa zum Kalifen proklamiert. Unter den abbasidischen Kalifen erreichen Wissenschaft und Kultur in Bagdad den Höhepunkt ihrer Blüte.

762 Gründung von Bagdad. Die Stadt wird Residenz der Kalifen.

786(–809) Kalifat des Harun Ar Raschid; Glanzzeit der Abbasiden-Dynastie. Märchensammlung „Tausendundeine Nacht".

945 Die westiranische Dynastie der Bujiden erobert den Irak und Bagdad und reißt die weltliche Macht an sich. Der Kalif bleibt nur noch geistliches Oberhaupt.

1055 Einnahme von Bagdad durch die aus der Zentraltürkei vorgedrungenen Seldschuken; sie vertreiben die Bujiden vom Hof der Kalifen und setzen den letzten Bujiden Togrul Beg ab.

1096–1099 1. Kreuzzug. Einnahme von Jerusalem durch die Kreuzritter; Gründung des christlichen Königreiches Jerusalem.

1118–1194 Herrschaft der Seldschuken im Irak.

1231 Anfang des 13. Jh. gelangten die türkischen Ogusen unter Ertogrul bis in das westliche Kleinasien, wo ihnen der Seldschukensultan von Konia (Rûm-Sultanat) an den Grenzen von Byzanz Land zuwies. Als das Rûm-Sultanat Mitte des 13. Jh. zerfällt, gründet Ertogrul (1231–1288) ein selbständiges Emirat, die Keimzelle des türkisch-osmanischen Reiches.

1258 Eroberung und Zerstörung von Bagdad durch die Mongolen unter Hulagu, dem Enkel Dschingis Khans; Ermordung des letzten Abbasiden-Kalifen; Ende des Kalifats.

1379 Timur-Lenk (pers.: „der Lahme"), seit 1360 Mongolenherrscher, dehnt seine Macht über Persien, Georgien, Teile Rußlands, Mittelasien, Indien (Eroberung Delhis 1398), im Gebiet der Goldenen Horde und im islamischen Raum aus, eine Spur zerstörter Städte und verbrannter Erde hinter sich lassend. Seine Hauptstadt Samarkand läßt er durch verschleppte Handwerker und Künstler prächtig ausgestalten.

1453 Eroberung Konstantinopels (Istanbuls), das zur Hauptstadt des Osmanischen Reiches erhoben wird.

1534 Eroberung Bagdads und Besetzung Mesopotamiens; damit steht das gesamte Gebiet des Fruchtbaren Halbmondes und die Rotmeerküste Arabiens unter osmanischer Herrschaft; Bagdad wird osmanische Provinzhauptstadt.

1551 Die Golfregion kommt unter osmanische Oberhoheit.

1669 Osmanische Truppen dringen von Mesopotamien aus in die Golfregion vor, die sie bis zur Rub Al Kali im Süden in Besitz nehmen; die Golfregion untersteht dem osmanischen Gouverneur (Wali) in Basra.

1703 Mohammad Ibn Abd Al-Wahhab, Begründer der Reformbewegung der Wahhabiten, in Al Ajaina im Wadi Hanifa (Nedschd) als Sohn eines geistlichen Würdenträgers aus dem Stamm der Tamim geboren.

1803–1818 Imamat Abdallahs I., Sohn von Saud II.; während dessen Herrschaft Eroberung Innerarabiens durch die Osmanen; Zerstörung des saudischen Wahhabitenstaates und Übernahme der Oberhoheit über den Nedschd.

1804 Vordringen der Wahhabiten nach Mesopotamien; Plünderung des schiitischen Wallfahrtsortes Kerbela und Zerstörung des Grabmals von Hussain, dem Enkel des Propheten Mohammed, größtes Heiligtum der Schiiten.

1806–1820 Britische Truppen unterwerfen die Piratenküste am Arabischen Golf. Großbritannien schließt 1820 mit lokalen Machthabern einen allgemeinen Friedenspakt. Die britische Flotte kontrolliert den Arabischen Golf.

1829 Die Golfregion unterwirft sich den saudischen Wahhabiten und wird Teil deren Machtbereiches (bis 1838).

1838 Rückeroberung der gesamten Golfregion durch die Osmanen.

1838 Rückeroberung des gesamten Nedschd durch osmanische Truppen unter Kurschid Pascha; Innerarabien steht erneut unter osmanischer Herrschaft bzw. Oberhoheit (Nordteil bis 1919; Südteil bis 1843, danach wieder von 1885–1914); Imam Faisal I. nach Ägypten deportiert, dessen Vetter Chalid als osmanischer Vasall in Nedschd eingesetzt.

1839 Großbritannien besetzt Aden.

1859–1869 Bau des Suezkanals. Das größte hydrotechnische Projekt des 19. Jh. wird von britischem Kapital finanziert, der britische Einfluß auf Ägypten und Arabien wird vorherrschend.

1860 Christenpogrome in Libanon und Syrien schaffen den Vorwand für die Besetzung des Libanon durch französische Truppen.

1897 1. Zionistischer Weltkongreß unter Führung Theodor Herzls in Basel fordert die Gründung einer jüdischen Heimstätte in Palästina.

1899 Britischer Protektoratsvertrag mit Kuwait, der den deutschen Einbruch in die britische Interessensphäre am Arabischen Golf verhindern soll (Kuwait war als Endpunkt der Bagdadbahn vorgesehen, siehe 1903).

1902 Ibn Saud (Abd Al Asis Ibn Saud) erobert im Handstreich Er-Riad und läßt sich zum Emir in Nedschd und Imam der Wahhabiten ausrufen. Beginn der Herausbildung des theokratischen saudiarabischen Königreiches.

1903 Beginn des Baues der Bagdad-Bahn mit Kapital der Deutschen Bank. Die Pforte verzichtet auf die Sinai-Halbinsel, die Teil Ägyptens wird. Großbritannien und das Deutsche Reich definieren ihre Interessen am Golf, die Gegensätze sind aber unüberbrückbar. England spielt fortan die arabische Karte, Deutschland die türkische.

1914, 2.–5. Nov. Kriegserklärungen Rußlands, Großbritanniens sowie Frankreichs an die Türkei. **23. Nov.** Die britisch-indischen Verbände unter General Townsend marschieren, vom Golf aus operierend, in Basra ein.

1915, 15. Juli Beginn eines Briefwechsels zwischen Großbritannien und Scherif Hussein von Mekka mit dem Ziel, die Araber als Verbündete zu gewinnen. Hussein verlangt als Gegenleistung die Unabhängigkeit sämtl. arabischer Gebiete mit Ausnahme von Aden und die Bildung eines Großarabischen Reiches. **24. Okt.** Hussein-MacMahon-Abkommen (sog. MacMahonkorrespondenz). Der britische Hochkommissar in Ägypten verspricht dem Großscherifen von Mekka, Hussein, britische Unterstützung für die Bildung eines feudalen arabischen Einheitsstaates unter Führung der Haschemiten nach dem Sieg über die Türkei. Hussein garantiert die Teilnahme arabischer Verbände an der Seite der britischen Truppen gegen die türkisch-deutschen Streitkräfte. Diese militärischen Operationen werden als „Aufstand in der Wüste" bekannt. **26. Dez.** Vertrag von Ukair zwischen Nedschd und Großbritannien. Die Wahhabiten verpflichten sich, die britischen Protektorate und Interessensphären auf der Arabischen Halbinsel zu respektieren; Großbritannien erkennt Ibn Saud als Herrscher in Zentralarabien an.

1916, 29. April Die in Kut Al Amara eingeschlossenen britisch-indischen Verbände kapitulieren vor türkisch-deutschen Verbänden. **9.–15. Mai** Sykes-Picot-Geheimabkommen. Es definiert die Aufteilung der ostarabischen Länder unter Frankreich (Syrien und Libanon) und Großbritannien (Irak und die Häfen Akkon und Haifa) nach dem Krieg. **5. Juni** Scherif Hussein von Mekka ruft die arabischen Völker zum „Heiligen Krieg" gegen die Türkei auf. **9. Juli** Scherif Hussein nimmt den Titel „König der Arabischen Länder" an, Beginn des Aufstandes der Araber unter Führung von Faisal, einem Sohn des Königs von Mekka.

1917, 11. März Britisch-indische Verbände nehmen, vom Golf her vordringend, Bagdad ein; danach Eroberung Mesopotamiens; lediglich das Erdölgebiet von Mosul wird bis Kriegsende von türkischen Verbänden gehalten. **6. Juli** Eroberung von Akaba durch den britischen Oberst T. E. Lawrence, der danach mit Hilfe von Beduineneinheiten in Transjordanien operiert und damit den in Palästina vorrückenden General Allenby erheblich entlastet („Lawrence von Arabien"). **2. Nov.** Balfour-Deklaration; der britische Außenminister Balfour sichert dem britischen Zionistenführer Lord Rothschild mit Billigung des Kabinetts eine jüdische Heimstatt in Palästina zu; die Rechte der nichtjüdischen Gemeinschaften sollen jedoch gewahrt bleiben. **13. Nov.** Die Araber erhalten durch die Veröffentlichung des geheimen Sykes-Picot-Abkommens zur Aufteilung Nordarabiens in britische und französische Mandatsgebiete durch die Bolschewiken Kenntnis und erwägen, wegen dieses Verrates mit den Türken zu paktieren.

1918, 30. Okt. Waffenstillstand von Mudros; damit Zusammenbruch des Osmanischen Reiches; das deutsche Hilfskorps zieht sich zurück; die türkischen Truppen räumen die arabischen Gebiete mit Ausnahme von Mosul.

1920, 25. April Auf der Konferenz von San Remo wird das im Sykes-Picot-Abkommen von 1916 zwischen Großbritannien und Frankreich beschlossene Mandat über Syrien legalisiert sowie die britischen Mandate über Palästina und den Irak. **10. Aug.** Unterzeichnung des Friedensvertrages von Sèvres: Die Türkei verliert de jure den Anspruch auf Syrien, das an Frankreich abgetreten wird. Syrien wird zum autonomen Staat erklärt; die Türkei verliert de jure den Anspruch auf den Irak, der an Großbritannien abgetreten wird, weigert sich jedoch erfolgreich, den erdölreichen Distrikt von Mosul abzugeben.

1921, Aug. Großbritannien proklamiert den 1920 von den Franzosen aus Syrien vertriebenen Faisal zum König des Irak.

1924 – 1925 Durch die Eroberung des Hedschas schließt Ibn Saud die Vereinigung des größten Teils der Arabischen Halbinsel ab.

1925 Transjordanien erwirbt den Hafen von Akaba von Saudi-Arabien und erhält damit einen Zugang zum Meer. Der Völkerbund bestätigt das britische Mandat über den Irak und erkennt den Anspruch des Irak auf den erdölreichen Distrikt von Mosul an; Rückweisung des türkischen Anspruches.

1926 Der Irak wird von Großbritannien als eigenständiger Staat anerkannt, bleibt jedoch unter britischem Mandat.

1927, 19. Jan. Ibn Saud wird „König des Nedschd, Hedschas und der abhängigen Gebiete". Versuche, die Zentralgewalt im Königreich durchzusetzen, stoßen auf den erbitterten Widerstand der Stammesscheichs. **20. Mai** Vertrag von Dschidda; Großbritannien erkennt Ibn Saud als Herrscher des neuen Staatswesens an; Ibn Saud erkennt seinerseits die Söhne des bisherigen Scherifen von Mekka als Herrscher in Transjordanien und Irak sowie den Sonderstatus der Scheichtümer am Golf an.

1930 Mosul-Vertrag; die türkischen Ölfelder von Mosul werden dem britischen Mandatsgebiet Irak eingegliedert. Im Vertrag von Bagdad gesteht Großbritannien dem Irak die Unabhängigkeit zu, die bei Eintritt des Irak in den Völkerbund in Kraft treten soll; Großbritannien behält sich das Recht zur Unterhaltung von Luftwaffenstützpunkten vor.

1932 Der Irak erhält mit Eintritt in den Völkerbund seine Souveränität; der britische Einfluß bleibt bestehen. Vereinigung des Nedschd und Hedschas zum Königreich Saudi-Arabien. Abschluß der Herausbildung des zentralarabischen Einheitsstaates.

1933, 29. Mai Die Standard Oil Company of California erwirbt die erste amerikanische

Erdölkonzession in Saudi-Arabien.

1941, 3. Apr. Antibritischer Staatsstreich der Armee unter Führung Raschid Al Gailanis im Irak. Unterstützung durch Hitler-Deutschland. **2. Mai** Beginn militärischer Auseinandersetzungen zwischen britischen und irakischen Truppen, die am 31. Mai mit einem Waffenstillstand, der Flucht Gailanis und der Wiederherstellung der britischen Herrschaft im Irak enden.

1945, 11. Febr. Unterredung zwischen Präsident Roosevelt und König Ibn Saud. Ibn Saud befürwortet den Bau eines US-Luftstützpunktes in Dhahran (am Persischen Golf) und die Verlegung einer amerikanischen Pipeline zum Mittelmeer. **22. März** Gründung der Arabischen Liga.

1947 Resolution 181 (II) der UN-Vollversammlung beschließt die Gründung eines souveränen jüdischen Staates in Palästina, der die vorwiegend von Juden bewohnten Gebiete umfassen soll; das vorwiegend von Arabien bewohnte Gebiet westlich des Jordan soll mit Transjordanien vereinigt werden; Jerusalem ist zu neutralisieren.

1948/49 1. Nahostkrieg; mit Niederlegung des britischen Mandates über Palästina und der Ausrufung des Staates Israel beginnen Kämpfe zwischen Arabern und Juden; nach Beendigung des 1. Nahostkrieges eignet sich Transjordanien die nicht von den Juden besetzten Gebiete Westjordaniens einschließlich der Altstadt von Jerusalem an. Die arabische Bevölkerung flieht bis auf einen Rest von 20 Prozent aus dem Staatsgebiet Israels.

1949, 24. Febr.–29. Juli Waffenstillstandsabkommen Israels mit Ägypten, Libanon, Transjordanien und Syrien; Transjordanien erhält Ostpalästina und die Altstadt von Jerusalem zugesprochen.

1955 Unterzeichnung des Bagdad-Pakts zwischen dem Irak und der Türkei. Später treten Großbritannien, Pakistan und der Iran bei.

1956, 26. Juli Präsident Nasser verstaatlicht den Suezkanal wegen der Zurückziehung der Zusage der USA, Großbritanniens und der Weltbank zur Finanzierung des Assuan-Staudammes. **29. Okt.** Beginn des 2. Nahost-Kriegs; Besetzung der Sinai-Halbinsel durch Israel. **1. Nov.** Landung anglofranzösischer Verbände am Suezkanal.

1958, Mai Nach der Vereinigung Ägyptens und Syriens zur Vereinigten Arabischen Republik kommt es im Libanon zu pronasseristischen Aufständen, worauf (im Juli) auf Drängen des Staatspräsidenten Schamun US-Truppen im Libanon intervenieren. **14. Juni** Aufstand nationalistischer Offi-

ziere im Irak, König Faisal II.
und seine gesamte Familie werden ermordet; die Monarchie endet, der Irak wird Republik. Bildung einer Regierung unter Generalmajor Abdel Kerim Kassem. Kündigung des Bagdad-Pakts.

1961, Juni Beendigung der britischen Schutzherrschaft über Kuwait; Proklamation der Unabhängigkeit; Abschluß eines Beistandspaktes, der Kuwait auf Ersuchen militärische Hilfe gewährt. Der Irak erhebt Gebietsansprüche auf Kuwait. Landung britischer Truppen auf Ersuchen des Scheichs von Kuwait angesichts eines drohenden irakischen Angriffs. **Juli** Kuwait wird trotz Einspruchs des Irak Mitglied der Arabischen Liga. **Sept.** Truppen der Arabischen Liga landen in Kuwait, um es vor iranischen Übergriffen zu schützen und die britischen Einheiten abzulösen. **Okt.** Aufstand der Kurden im Irak unter Führung Mustafa Barsanis gegen die Regierung Kassem, die den Kurden Autonomie und demokratische Rechte verweigert.

1963, Febr. Sturz der Regierung Kassem im Irak durch einen Militärputsch unter Führung des Obersten Abd As Salam Arif und der Bathpartei. **April** Wiederaufnahme des Vernichtungskrieges gegen die Kurden. **Mai** Kuwait wird Mitglied der UN.

1965, Juli Abkommen Kuwaits mit Saudi-Arabien über die territoriale Aufteilung der Neutralen Zone; die Einnahmen aus der Erdölförderung in diesem Gebiet werden künftig geteilt; Ausweitung der Territorialgewässer auf 12 Meilen.

1967, Juni 3. Nahost-Krieg (auch: Sechs-Tage-Krieg); Präventivkrieg Israels, das innerhalb von 6 Tagen den Gaza-Streifen und die gesamte Sinaihalbinsel bis zum Suezkanal, die Altstadt von Jerusalem und das gesamte Westjordanien sowie die Syrien gehörenden Golan-Höhen nimmt; die eroberten Gebiete werden einer Militärverwaltung unterstellt.

1968, Juli Staatsstreich im Irak: Präsident Abd As Salam Arif wird von einer Bathisten-Offiziersgruppe unter Führung des Generals Ahmad Hassan Al Bakr gestürzt.

1971, Dez. Proklamation der „Vereinigten Arabischen Emirate" (United Arab Emirates), ihnen gehören die Vertragsscheichtümer Abu Dabi, Dubai, Schardscha, Adschman. Um Al Kaiwain und Fudschaira an.

1973 Der seit Jahren schwelende Grenzkonflikt zwischen dem Irak und Kuwait führt zu Kampfhandlungen zwischen den beiden Ländern und zu einer irakischen Invasion. Später werden die irakischen Truppen wieder abgezogen. **Okt.** 4. Nahost-Krieg (auch: Jom-Kippur-Krieg); ein ägyptisch-syrischer Überraschungsangriff führt nach anfängl. Erfolgen zur Niederlage der Araber.

1974–1977 In den von Kurden bewohnten Bergregionen des Irak kommt es zu blutigen Auseinandersetzungen zwischen kurdischen Unabhängigkeitskämpfern und irakischen Truppen.

1974, Nov. Der Palästinensischen Befreiungsorganisation PLO wird durch Beschluß der UN-Vollversammlung der Beobachterstatus bei den UN zuerkannt. Die UN-Vollversammlung billigt das Recht zur Rückehr der Palästinenser in ihre Heimat.

1977, 30. Okt. Die UN-Vollversammlung bezeichnet mit 131 gegen 1 Stimme die israelische Siedungspolitik als „gefährliches Hindernis" für die Erlangung eines Nahostfriedens. Der Kritik schließen sich die neun Staaten der EG an.

1979, 16. Jan. Schah Resa Pahlawi und Kaiserin Farah verlassen den Iran für unbestimmte Zeit. Die Abreise gilt als Beginn eines Exils. In Teheran begrüßen Hunderttausende die historische Wende mit Demonstrationen. **1. Febr.** Der iranische Schiitenführer Ajatollah Ruhollah Khomeini kehrt aus seinem Frankreich-Exil nach Teheran zurück.

1. April Aufgrund eines Referendums ruft Schiitenführer Khomeini im Iran die Islamische Republik aus. Die Monarchie ist damit abgeschafft, die Rechtsprechung des Landes hat sich der Religion unterzuordnen. **Juli** Rücktritt des irakischen Präsidenten Bakr, der bisherige Vizepräsident Saddam Hussein übernimmt die Macht. Wenige Tage nach dem Aufstieg an die Spitze gibt Hussein die Aufdeckung einer „Verschwörung" bekannt. Noch im Juli werden 34 Personen hingerichtet, im August folgt die Erschießung von 21 weiteren angeblichen Verschwörern. **18. Aug.** Schiitenführer Khomeini befiehlt den iranischen Streitkräften einen erbarmungslosen Krieg gegen die kurdische Minderheit, die für ihr Gebiet die Autonomie fordert. **3. Nov.** Iranische Studenten stürmen in Teheran die Botschaft der USA und nehmen rund 100 Personen als Geiseln. **21. Nov.** Mehrere hundert islamisch-religiöse Fanatiker besetzen in Mekka das größte Heiligtum der Moslems, die Große Moschee mit der Kaaba. Kämpfe mit der saudiarabischen Nationalgarde fordern eine große Anzahl von Todesopfern.

1980, 21. Sept. Aufgrund von Interessengegensätzen um die Schiffahrtsrechte im Schatt Al Arab bricht zwischen Irak und Iran der bewaffnete Konflikt (1. Golfkrieg) aus. Flugzeuge beider Seiten unternehmen Luftangriffe auch auf Bagdad

und Teheran. **24. Sept.** Die irakischen Truppen dringen in die iranische Provinz Chustestan ein, belagern die Stadt Chorramschahr und attackieren Ölverarbeitungszentren. **31. Okt.** Die USA verlegen starke Flotteneinheiten in den Indischen Ozean vor der Region des Persischen Golfs. Sie wollen die Ölversorgung auch bei einer Fortdauer des Krieges zwischen Iran und Irak garantieren.
1981, 1. Febr. Frankreich liefert dem gegen Iran Krieg führenden Irak vier Mirage-F-1-Flugzeuge. Weitere 56 Maschinen sollen später nach Bagdad geflogen werden. Das iranische Regime protestiert scharf gegen die Waffenlieferungen. **7. Juni** Israelische Kampfflugzeuge zerstören das im Aufbau begriffene irakische Atomzentrum Osirak bei Bagdad. Menachem Begin rechtfertigt den Angriff mit der Behauptung, Irak hätte den Kernreaktor zur Herstellung von Atombomben mißbrauchen wollen. **28. Sept.** Den Truppen des Iran gelingt erstmals seit Beginn des Krieges eine größere Gegenoffensive gegen die irakischen Truppen. Teheran spricht von 650 gefallenen Gegnern und von 5000 Gefangenen. **5. Okt.** Den iranischen Truppen gelingt wieder eine Offensive im Krieg mit dem Irak. Sie durchbrechen bei Abadan die irakischen Linien.

1982, 3. März Den iranischen Truppen gelingt bei der Stadt Dezful ein Vorstoß gegen die Iraker. **25. Mai** Nach einer über zweiwöchigen Schlacht gelingt den iranischen Truppen die Rückeroberung der Stadt Chorramschahr. Tausende von Irakern finden bei den Kämpfen den Tod, und mehr als 10 000 werden gefangengenommen.
1982, 14. Juli Die iranischen Truppen lösen eine neue Offensive aus und dringen über die Grenze nach Irak vor. Tausende von Soldaten finden den Tod. **21. Juli** Die iranische Luftwaffe unternimmt, zum ersten Mal seit einem Jahr, einen Angriff gegen die irakische Hauptstadt Bagdad. Irak seinerseits bombardiert die iranische Stadt Ahwas.
1983, 25. Juli Im Krieg gegen den Irak startet der Iran eine neue Offensive. Die Erdölexporte durch den Persischen Golf in die westliche Welt werden dadurch erneut bedroht.
1985, März Der Krieg zwischen Iran und Irak wird immer gewalttätiger. Bei Kämpfen in der Golfregion kommen in wenigen Tagen 50 000 Soldaten ums Leben. **25. Mai** Die extremistische Organisation „Islamischer Heiliger Krieg" verübt einen Mordanschlag gegen den Herrscher von Kuwait. Scheich Dschabir Al Ahmad As Sabah entkommt dem Attentat mit Verletzungen.

1986, 23. Febr. Die irakischen Truppen holen zum Gegenschlag gegen Iran auf der Insel Fao aus. Die Kämpfe fordern Tausende von Toten. Irak setzt Giftgas ein. **22. Aug.** Der Irak greift iranische Ölfelder an. Der Krieg erfährt an mehreren Abschnitten eine Steigerung. Iran bombardiert in der Folge mehrfach Wohnquartiere der irakischen Hauptstadt Bagdad; große Verluste unter der Zivilbevölkerung.

1987, 1. Jan. Die iranische Armee startet eine breitangelegte, blutige Offensive im Krieg gegen Irak. Sie nähert sich der Millionenstadt Basra. **26. Jan.** In Kuwait versucht die Islamische Konferenz, eine Vermittlung im Golfkrieg zustande zu bringen. Iran nimmt jedoch nicht an den Beratungen teil. **27. Jan.** Die iranische Armee gewinnt, unter schweren Menschenverlusten, Terrain im Krieg gegen Irak. Den Iranern gelingt die Eroberung der Millionenstadt Basra jedoch nicht. Die Offensive (sie trägt den Namen „Kerbela 5") wird durch eine Offensive an der Nordfront in Kurdistan ergänzt. **18. Mai** Irakische Flugzeuge beschießen „aufgrund eines Irrtums" die amerikanische Fregatte „Stark" im Persischen Golf. 37 Amerikaner kommen ums Leben. **19. Mai** Der irakische Präsident Saddam Hussein äußert gegenüber dem amerikanischen Präsidenten sein Bedauern über den Zwischenfall im Golf. **28. Juli** Irans Revolutionsführer Khomeini droht dem Westen mit einem Ölkrieg wegen der Unterstützung Iraks im Golf-Krieg.

1988, 1. März Der Irak schießt an einem einzigen Tag 15 Raketen gegen Teheran ab. Sie fordern zahlreiche Todesopfer. Es handelt sich um sowjetische „Scuds". **23. März** Iraks Armee setzt in der Stadt Halabdscha Giftgas ein. Hunderte von Menschen kommen ums Leben. **31. März** Iran beschießt die irakische Hauptstadt Bagdad massiv mit Raketen. Die Angriffe fordern zahlreiche Todesopfer. **5. April** Ein kuwaitisches Großraumflugzeug wird auf der Route Bangkok-Kuwait von islamischen Fundamentalisten gekapert und in der iranischen Stadt Meschhed zur Landung gezwungen. Das Geiseldrama geht am 20.4. in Algier zu Ende. **25. Juni** Im Golfkrieg gelingt irakischen Truppen an mehreren Abschnitten ein Vormarsch. Die iranischen Einheiten geraten in die Defensive. **18. Juli** Die iranische Regierung akzeptiert widerstrebend eine UN-Resolution, die zu einem Waffenstillstand im Krieg gegen Irak führen soll. **9. Aug.** Nach fast achtjährigem Krieg wird zwischen Irak und Iran eine Waffenruhe wirksam. Der Konflikt hat nach

Schätzungen zwischen 600 000 und 800 000 Tote gefordert. Die Ausgaben beider Kriegsgegner werden von 1980 bis Anfang 1988 auf mindestens 900 Mrd. Dollar (1836 Mrd. DM) geschätzt. **2. Sept.** Die irakische Armee geht gegen Hochburgen der Kurden vor.

1989, 3. Mai PLO-Chef Arafat erklärt in Paris, die PLO-Charta (in der die Zerstörung Israels als Ziel deklariert worden war) sei „hinfällig". **4. Juni** Irans Revolutionsführer Ajatollah Khomeini stirbt im Alter von 88 Jahren.

1990, 2. Aug. Irakische Truppen fallen mit einem Überraschungsangriff in Kuwait ein. Die kuwaitische Führung mit Scheich Dschabir Al Ahmad As Sabah flieht nach Saudi-Arabien. Der UN-Sicherheitsrat fordert den sofortigen und bedingungslosen Rückzug. US-Präsident Bush verhängt Wirtschaftssanktionen gegen den Irak. Moskau stoppt Waffenlieferungen. In der Folge verurteilt neben den USA und der Sowjetunion auch die Arabische Liga den Angriff. **6. Aug.** Der UN-Sicherheitsrat beschließt einen Handelsboykott, durch den unter anderem der Rohöl-Export als wichtigste Einnahmequelle des Irak gestoppt wird. **8. Aug.** Der Irak annektiert Kuwait. Die Vorhut eines Expeditionskorps der USA landet in Saudi-Arabien. Der UN-Sicherheitsrat erklärt

die Annexion am 9. August für „null und nichtig". **10. Aug.** Der Staatspräsident des Irak ruft alle Araber zum Heiligen Krieg auf. Am 12. August fordert er für die Wiederherstellung von Frieden und Sicherheit unter anderem die Lösung des Palästinenserproblems und des Libanon-Konflikts. Am 15. August macht er dem Iran Zugeständnisse. Die NATO-Außenministerkonferenz erklärt sich zur Beteiligung an einer internationalen Streitmacht im Nahen Osten bereit. Die Arabische Liga beschließt, eine arabische Streitmacht zum Schutz Saudi-Arabiens zu entsenden. **17. Aug.** Eine von den USA verhängte Seeblockade, in deren Verlauf unzählige Schiffe gestoppt und kontrolliert werden, wird wirksam. **18. Aug.** Der Irak erklärt Tausende Ausländer zu „Gästen", nachdem viele von ihnen schon zuvor trotz internationaler Proteste als „lebende Schutzschilde" an strategisch wichtige Orte verschleppt wurden. Der UN-Sicherheitsrat fordert am 18. August ihre Freilassung. **24. Aug.** Nach Ablauf eines am 9. August gestellten irakischen Ultimatums wird den Botschaften in Kuwait die Versorgung abgeschnitten. Der UN-Sicherheitsrat erlaubt die Durchsetzung des Wirtschaftsembargos notfalls mit Waffengewalt und beschließt eine Seeblockade. **29. Okt.** Der UN-Sicherheitsrat bekräftigt seine harte Haltung gegen den Irak und droht mit weiteren Strafmaßnahmen wie der Anwendung militärischer Gewalt. **5. Nov.** Der SPD-Ehrenvorsitzende Brandt beginnt eine private Geisel-Mission im Bagdad und erreicht am 8. November die Ausreisemöglichkeit für 194 (davon 138 deutsche) Geiseln. Am 20. November ordnet Saddam Hussein die Freilassung aller 180 noch festgehaltenen Deutschen an. **29. Nov.** Der UN-Sicherheitsrat setzt Bagdad in seiner zwölften und härtesten Golf-Resolution eine letzte Frist, um bis zum 15. Januar das Ölscheichtum zu räumen. Nach Ablauf des Ultimatums können „alle notwendigen Mittel" – also auch gewaltsame – eingesetzt werden, um den Aggressor zu vertreiben. Die Führung in Bagdad nennt die als „letzte Warnung" deklarierte Resolution „illegal und ungültig" und schließt in den Folgewochen eine Räumung Kuwaits wiederholt kategorisch aus. **6. Dez.** Saddam Hussein ordnet die Freilassung aller noch im Land verbliebenen rund 2500 ausländischen Geiseln an. Die ersten verlassen das Land am 8.12. **1991, 6. Jan.** Saddam Hussein hält an seiner unnachgiebigen Haltung fest und ruft über Rundfunk zur „Schlacht aller Schlachten" und zur Befreiung Palästinas auf. **11. Jan.** Das Gespräch zwischen James Baker und Tarik Asis in Genf bringt keine Bewegung in die Positionen beider Länder. **13. Jan.** Der UN-Generalsekretär Perez de Cuellar reist nach Bagdad, um Saddam zu einem Rückzug in letzter Minute zu bewegen, doch seine Mission scheitert. **17. Jan.** Beginn der militärischen Operationen der multinationalen Streitkräfte unter Führung der USA zur Befreiung Kuwaits. In den nächsten Wochen werden über 80 000 Luftangriffe geflogen. **15. Febr.** Der Irak kündigt seinen Rückzug aus Kuwait an, macht ihn jedoch von Bedingungen abhängig, die die Alliierten ablehnen. **16. Febr.** Vermittlungsversuch des sowjetischen Präsidenten Gorbatschow. **22. Febr.** Der irakische Außenminister Asis verhandelt in Moskau über den „Achtpunkteplan". Ultimatum des US-Präsidenten Bush fordert Räumung Kuwaits bis 23.2., 12 Uhr. **24. Febr.** Beginn der Landoffensive. **26. Febr.** Saddam Hussein befiehlt vollständigen Rückzug. **27./28. Febr.** Kuwait in der Hand der Alliierten. Feuerpause auf beiden Seiten. **3. März** Waffenstillstandsverhandlungen. Der Irak erkennt sämtliche UN-Resolutionen an. In den nächsten Wochen bürgerkriegsähnliche Auseinandersetzungen vor allem in den kurdischen Gebieten und in der Region Basra.